本書の特色と使い方

全て印刷・コピーして学校で使えます。

児童が書きやすい B4 か A3 に拡大コピーしてお使いください。

本書で適切な評価ができます。

各社の教科書を徹底研究して，観点別のテストを作成しました。
各学年・各単元で必要な基礎基本を評価するのに役立ちます。

どの単元も観点別評価ができます。（一部単元を除く）

どの単元でも「知識・技能」と「思考・判断・表現」の 2 つの観点で評価できます。2 つの観点ともに対等な点数配分（100 点満点）で構成しているため，観点別の評価が適切にできます。

選べるＡ・Ｂ　２タイプの評価テスト（一部単元を除く）

A では基礎基本の定着をねらいとした問題構成に，B では一層の学習内容の定着をねらいとして発展的内容も加え，問題数を多くした構成にしています。
児童の実態や単元の重要度に応じて，選んで使用できます。

テストの前にも使えます。

市販のテストを使用される学級でも，本書を活用して単元のまとめができます。市販のテストの前に本書のテストを活用することで，確実な学力がつきます。

学習準備プリントで既習内容の確認ができます。

新たな単元を学習する上で必要な基礎基本を振り返り，内容の定着を確かめることができます。児童の学習の準備とともに，学習計画を立てる上でも役立てることができます。

６年　目次

知識技能A　　　月　日

5年までのふりかえり（数と計算）

名前

1　6.7を100倍した数と $\frac{1}{100}$ した数を書きましょう。(5×2)

(1) 100倍した数 □

(2) $\frac{1}{100}$ した数 □

2　次の計算を筆算でしましょう。(5×4)

(1) 3.5 + 5

(2) 2.3 − 0.12

(3) 2.46 × 9.7

(4) 2.8 ÷ 1.6
わり切れるまで計算しましょう。

3　分数の計算をしましょう。(5×2)

(1) $\frac{5}{6}+\frac{2}{9}$

(2) $\frac{5}{12}-\frac{1}{6}$

4　次の分数は小数に，小数は分数にしましょう。(5×2)

(1) $\frac{5}{8}$ □

(2) 0.15 □

5　0.8mの重さが52.8gの針《はり》金があります。この針金1mの重さは何gですか。(5×2)

式

答え

6　1mが240円のリボンがあります。このリボンの次の長さの代金を求めましょう。(5×4)

(1) 3.2m

式

答え

(2) 0.7m

式

答え

7　5.1mのテープを0.6mずつに切ります。何本できて，何mあまりますか。(5×2)

式

答え

8　縦《たて》18cm，横30cmの板に正方形をすき間なくはります。はることができるいちばん大きい正方形は，1辺が何cmですか。また，何枚《まい》の正方形が必要ですか。(5×2)

1辺が □ cmの正方形

□ 枚

(A3 141%・B4 122%拡大)

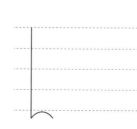

知識技能 B　　　　月　　日

5年までのふりかえり（数と計算）

名前

1 次の計算をしましょう。(4×4)

(1) 65 × 3.14

(2) 2.16 ÷ 4.5
わり切れるまで計算しましょう。

(3) 2.7 ÷ 4.2
商は四捨五入《ししゃごにゅう》して上から2けたのがい数で表しましょう。

(4) 7.6 ÷ 1.8
商は整数であまりも求めましょう。

2 分数の計算をしましょう。(4×2)

(1) $1\frac{2}{3} + \frac{5}{6}$

(2) $2\frac{1}{2} + \frac{3}{4}$

3 計算をしましょう。(4×3)

(1) 16 + 12 ÷ 4

(2) 4 × 15 − 12 ÷ 3

(3) 4 ×(15 − 12)÷ 3

4 最小公倍数と最大公約数をいいましょう。(4×2)

(1) 12と18の最小公倍数

(2) 28と42の最大公約数

5 □あてはまる数を書きましょう。(4×2)

(1) 728 > 7□9

(2) 5□7 > 586

6 次の文章から，12 × 0.6 の式になるものと，12 ÷ 0.6 の式になるものを選び，記号で答えましょう。(4×4)

㋐ 1本が0.6mになるように，12mの針金《はり》を切ります。何本できますか。

㋑ 1本が0.6mの針金を12本作ります。針金は何mいりますか。

㋒ 1mが12円の針金を0.6m買います。代金はいくらになりますか。

㋓ 0.6mで12gの針金があります。この針金1mの重さは何gですか。

12×0.6 □ □　　12 ÷ 0.6 □ □

7 7.5m²の畑に10.5Lの肥料をまきます。$1m^2$あたり何Lになりますか。
また，それは何mLですか。(4×3)

式

答え　　　　L　　　　mL

8 右の○と●を合わせた数を求めます。
次の考え方で求める式を，1つにまとめて書きましょう。(4×2)

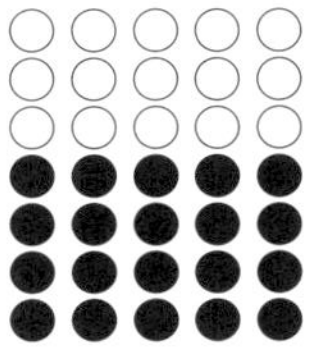

○と●の個数を別々に求めて，合わせる考え方

たての列の○と●の個数が横に何列あるかで求める

9 △と□の関係を，式に表して求めましょう。(4×3)

(1) 時速50kmで走る自動車が，△時間に走る道のりは□kmです。

□＝

(2) △が2.5時間では，□は何kmになりますか。

式

答え

(A3 141%・B4 122%拡大)

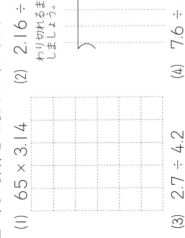

月　日

5年までのふりかえり（図形）

名前

1　面積を求めましょう。(5×8)

(1)

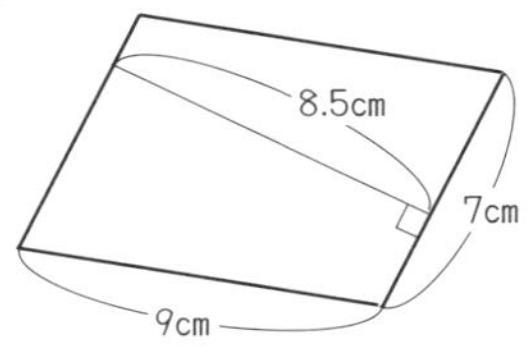

式

答え

(2)

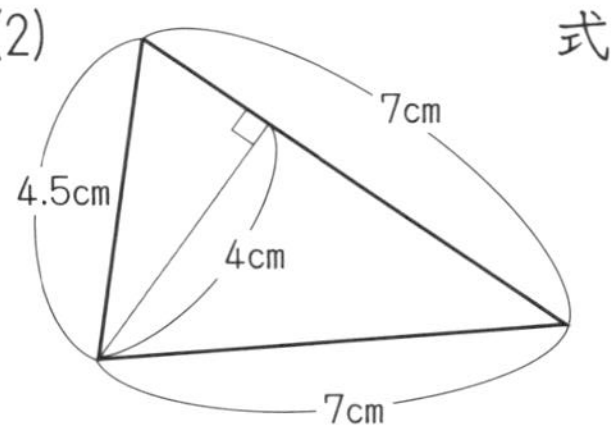

式

答え

(3)

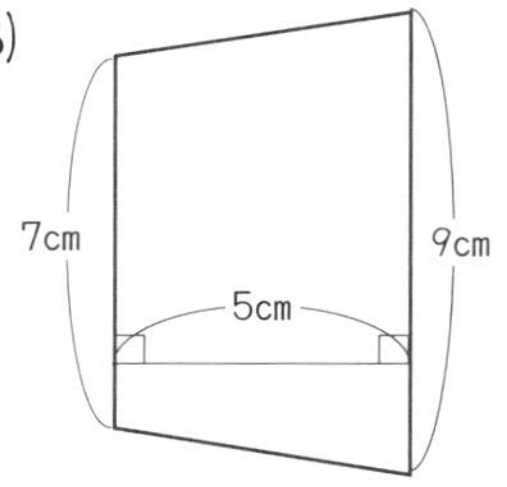

式

答え

(4)

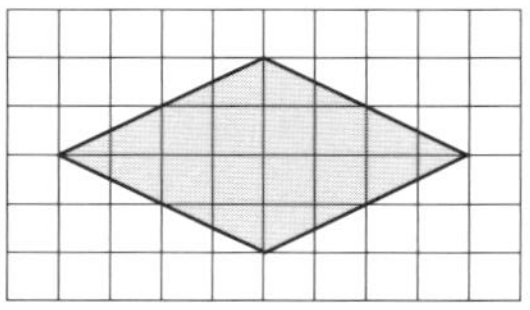

（方眼の1ますは，1cm×1cm）

式

答え

2　体積を求めましょう。(5×4)

(1)

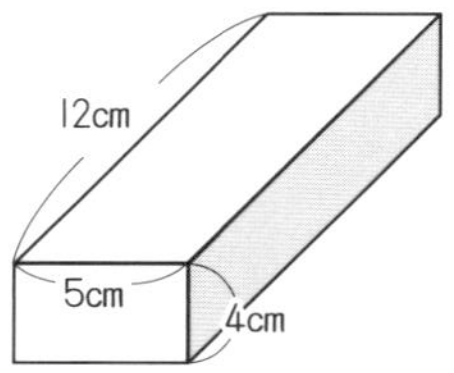

式

答え

(2)

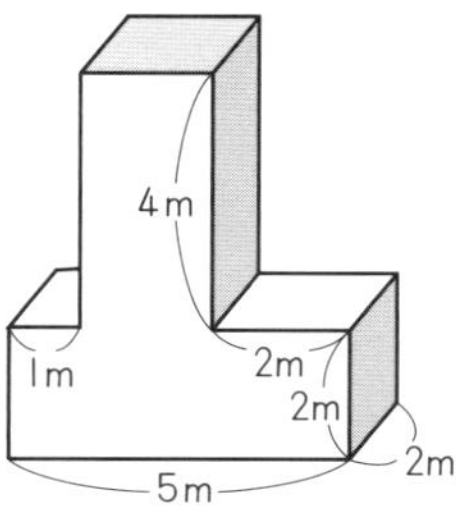

式

答え

3　アの角度を求めましょう。(5×4)

(1)

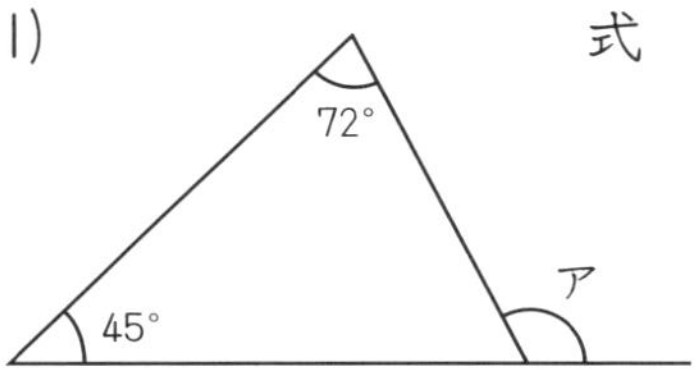

式

答え

(2)

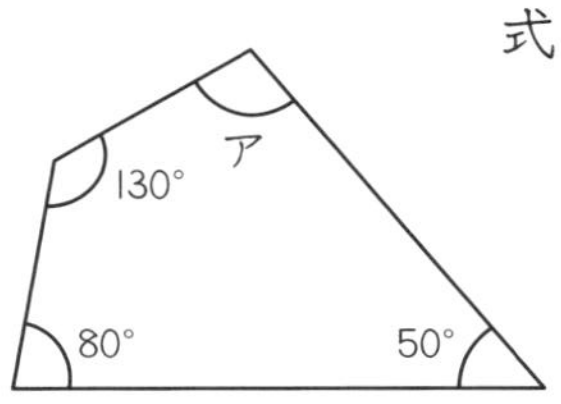

式

答え

4　辺カキが辺アイに対応する辺になるように，合同な四角形をかきましょう。(10)

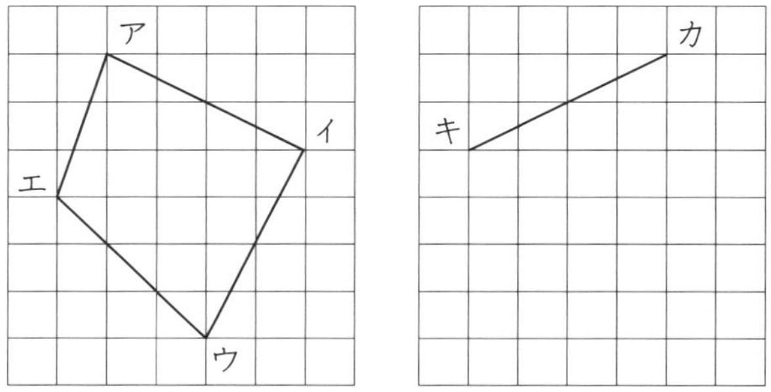

5　次の円の円周の長さを求めましょう。(5×2)

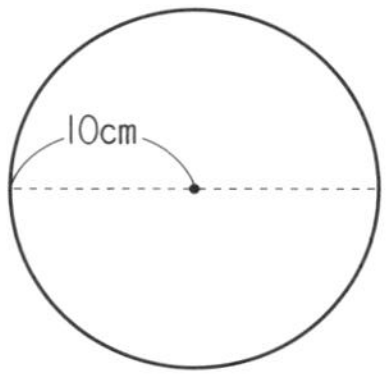

式

答え

（A3 141%・B4 122%拡大）

知識技能 B　　　　月　日

5年までのふりかえり（図形）

名前 ________

1　色のついた図形の面積を求めましょう。(4 × 8)

(1)

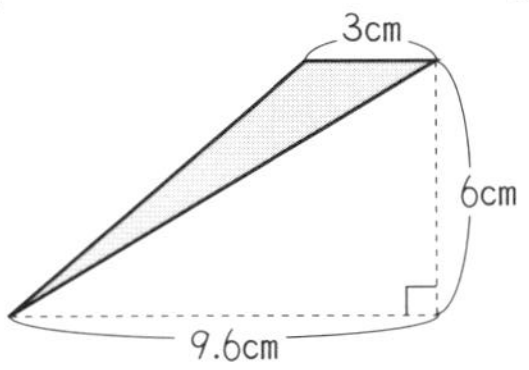

式

答え ________

(2)

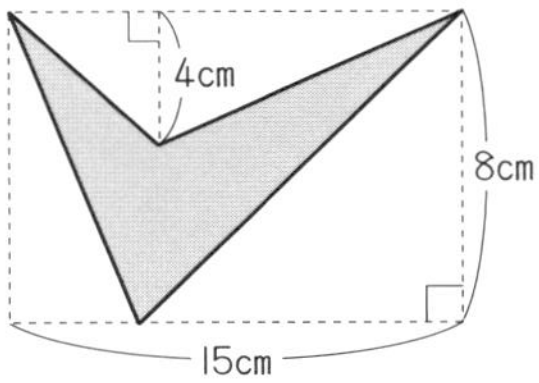

式

答え ________

(3)

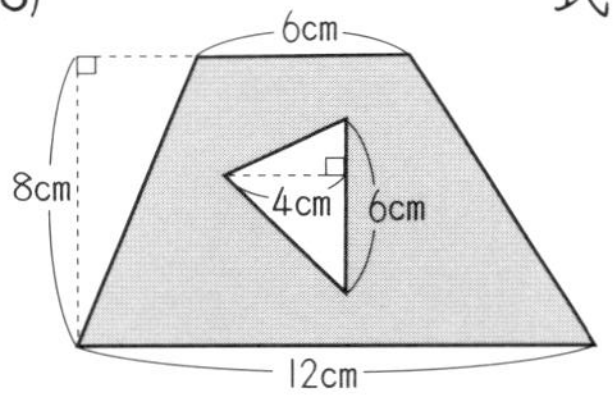

式

答え ________

(4)

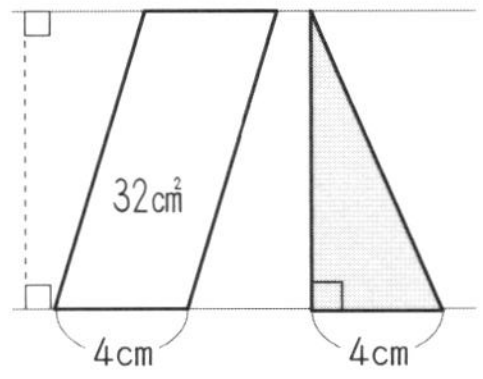

式

答え ________

2　体積を求めましょう。(4 × 4)

(1)

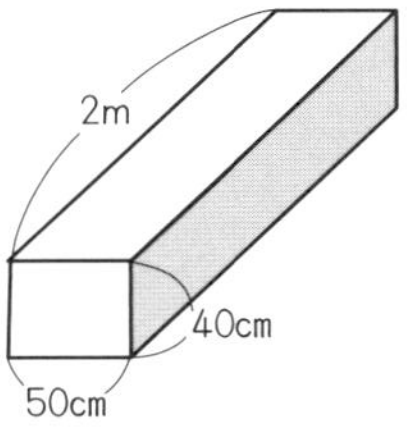

式

答え ________

(2)

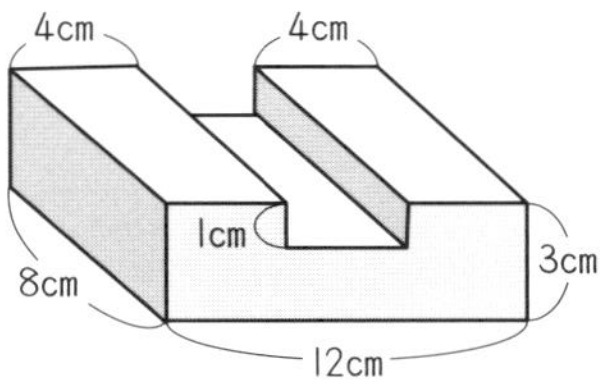

式

答え ________

3　立方体の展開図《てんかいず》について答えましょう。

(1)　㋐の面と垂直《すいちょく》になる面をすべて書きましょう。(4 × 2)

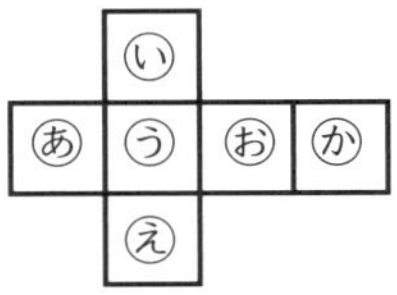

答え ________

(2)　立方体の展開図はどれですか。記号に○をつけましょう。

ア

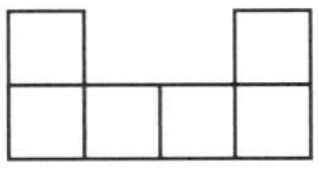

イ

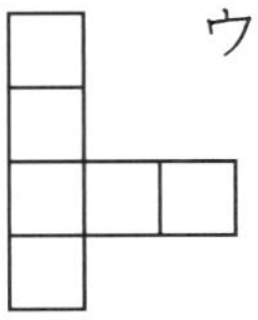

ウ

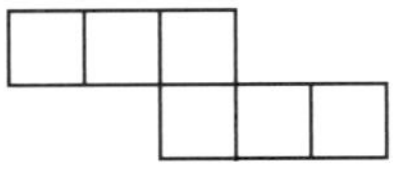

4　円を使って正五角形と正八角形をかきます。㋐と㋑の角度を求めましょう。(4 × 4)

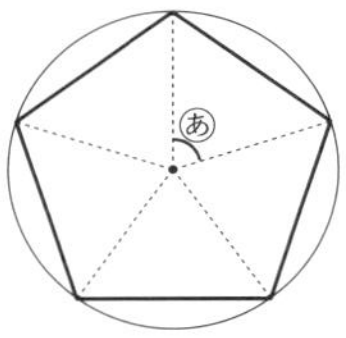

式

答え ________

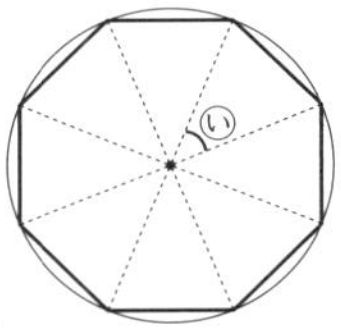

式

答え ________

5　色のついた形のまわりの長さを求めましょう。(4 × 4)

(1)

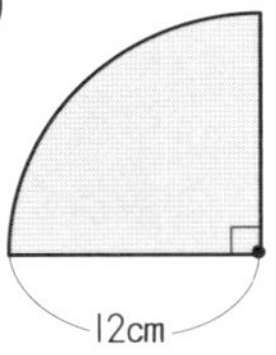

式

答え ________

(2)

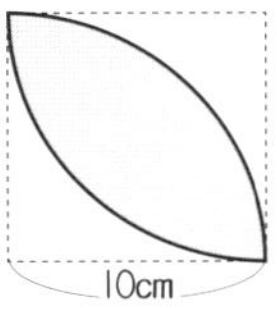

式

答え ________

6　次の位置を縦《たて》，横，高さの順にいいましょう。(4 × 3)

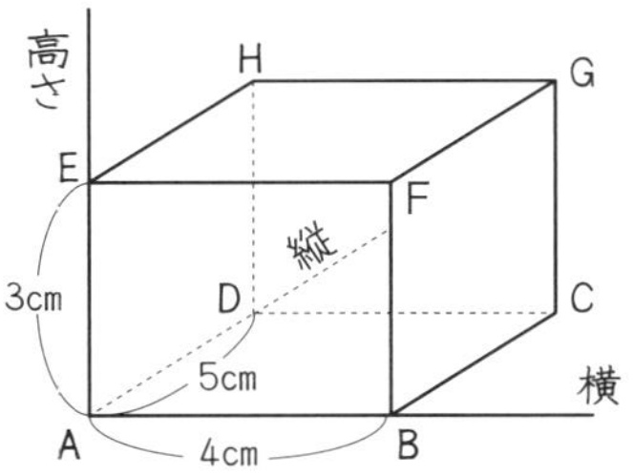

Aを(0cm, 0cm, 0cm)とします。

(1)　H
(　　，　　，　　)

(2)　B
(　　，　　，　　)

(3)　G
(　　，　　，　　)

(A3 141%・B4 122%拡大)

5年までのふりかえり（変化と関係）

名前

1 水そうに1分間に4cmずつ深くなるように水を入れます。(5×4)

(1) 時間と深さの関係を表にしましょう。

水を入れる時間と水の深さ

時　間（分）	1	2	3	4	5	6
深　さ（cm）	4					

(2) 時間を○，深さを□として関係を式に表しましょう。

□＝

(3) 14分では水の深さは，何cmですか。

式

答え

2 下の表はAとBの2つのにわとり小屋の広さと，にわとりの数をまとめたものです。(5×3)

	にわとりの数（羽）	広さ（㎡）
A	8	4
B	9	5

(1) 次の式は，何を求めようとしていますか。

ア　8÷4　9÷5

イ　4÷8　5÷9

(2) AとBでは，どちらが混んでいますか。

3 日曜日に図書館へ来た人は80人でした。そのうちで子どもは36人でした。

子どもの割合《わりあい》は，何%ですか。(5×2)

式

答え

4 1200円の牛肉が，20%安くなっていました。何円になっていますか。(5×2)

式

答え

5 円の直径を1cm，2cm，3cm…と長くしていくと，円周の長さはどのように変化しますか。(10×2)

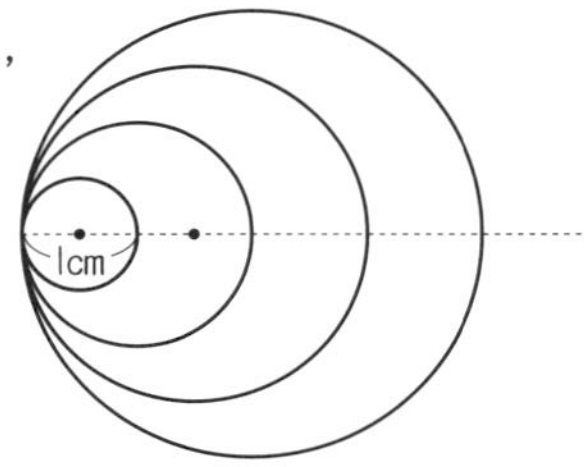

(1) 直径が1cm，2cm，3cm・・となると円周の長さがどう変化するか表にまとめましょう。

直径（cm）	1	2	3	4	5	6
円周（cm）						

(2) 直径と円周の長さは比例していますか。どちらかに○をつけ，その理由も書きましょう。

比例していない　　比例している

6 どちらの車の方が速いですか。時速を求めて比べましょう。(5×5)

	道のり（km）	時間（時間）
自動車A	240	5
自動車B	270	6

自動車A

式

答え

自動車B

式

答え

□の方が速い。

(A3 141%・B4 122%拡大)

月　日

5 年までのふりかえり（データの活用）

名前

1　子ども会で遠足に行きました。大人と子どもに分けて，お弁当の注文をとりました。
結果は下のようになりました。

子ども	18人	大人	15人
おにぎり	16人	サンドイッチ	17人

子どもでおにぎりを注文したのは５人でした。

(1)　下の表に整理しましょう。（横に5×3）

お弁当の注文数（人）

	おにぎり	サンドイッチ	合計
子ども	5		
大人			
合計			

(2)　大人は，おにぎりとサンドイッチのどちらを注文した人の方が，何人多いですか。(5)

2　右下のグラフは，大阪と南アフリカのケープタウンの月別気温の変化を表したものです。
グラフを見て答えましょう。

(1)　大阪とケープタウンで気温差がいちばん大きいのは，何月の何度の差ですか。(10)

□月の□度の差

(2)　年間の気温差が大きいのは，どちらの方ですか。(10)

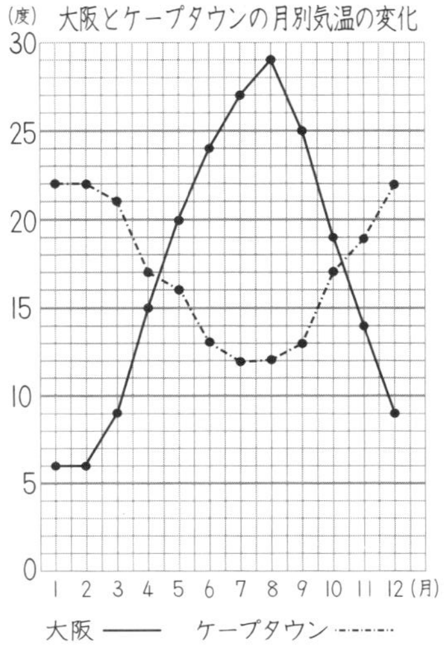

(3)　気温の上がり方がいちばん大きいのは，それぞれ何月から何月で，何度上がっていますか。(10×2)

大阪　□月から□月で□度

ケープタウン　□月から□月で□度

3　折れ線グラフに表すとよいものを選んで，（　）に○をつけましょう。(5×2)

ア（　）１日の教室の気温の変化

イ（　）６月の地いき別の降水量

ウ（　）図書室で本を借りた学年別人数

エ（　）ある町の 10 年間のゴミの量の変化

4　下の表は，ＡとＢのちゅう車場に止まっている自動車を種類別にグラフにしたものです。

Ａちゅう車場　全 120 台の割合《わりあい》

Ｂちゅう車場　全 80 台の割合

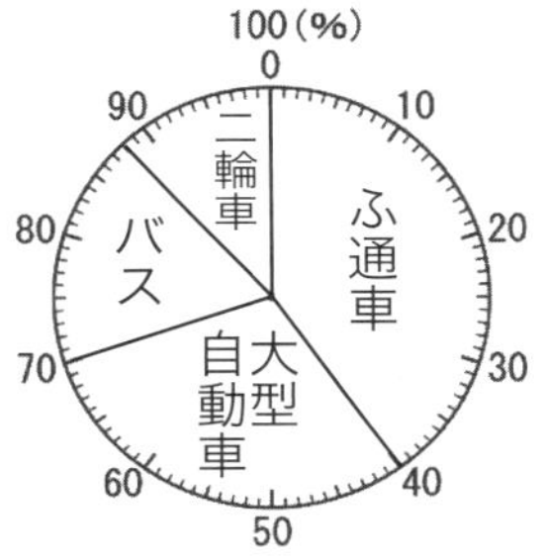

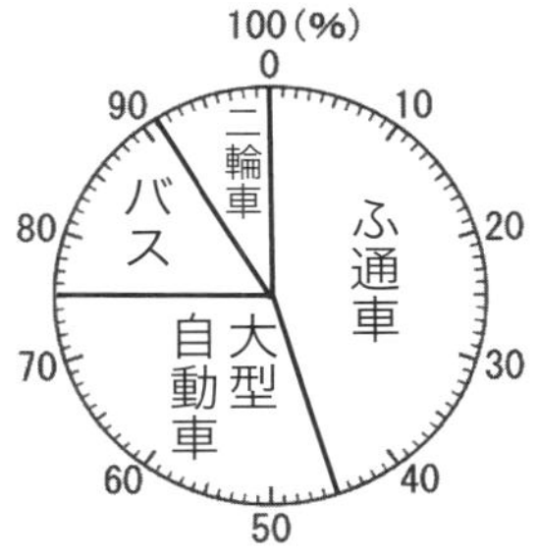

グラフを見て，りょうたさんが右のように言っています。正しいかどうか，調べてみましょう。

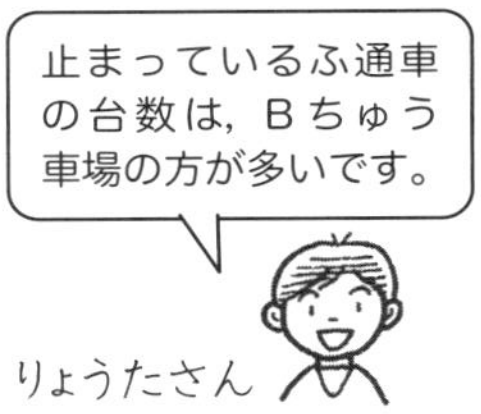

(1)　Ａちゅう車場のふ通車の台数 (5×2)

式

答え

(2)　Ｂちゅう車場のふ通車の台数 (5×2)

式

答え

(3)　りょうたさんが言ったことは正しいですか。まちがいですか。(10)

(A3 141%・B4 122%拡大)

月　日

対称な図形 A

名前

1 垂直《すいちょく》な直線をかきましょう。(10×2)

(1) 点Ａを通って直線㋐に垂直な直線をかきましょう。

(2) 点Ｂを通って直線㋑に垂直な直線をかきましょう。

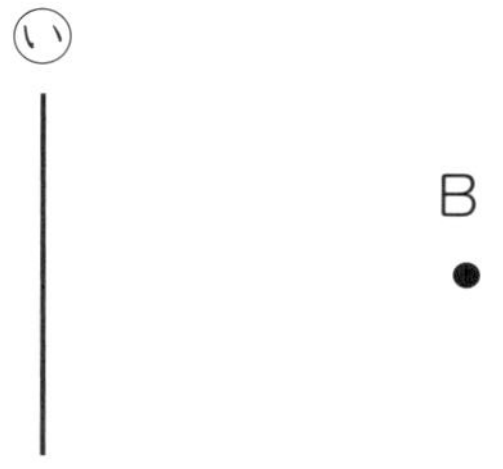

2 それぞれ合同な図形の続きをかきましょう。（うらがえしで合同です）(10×2)

(1)

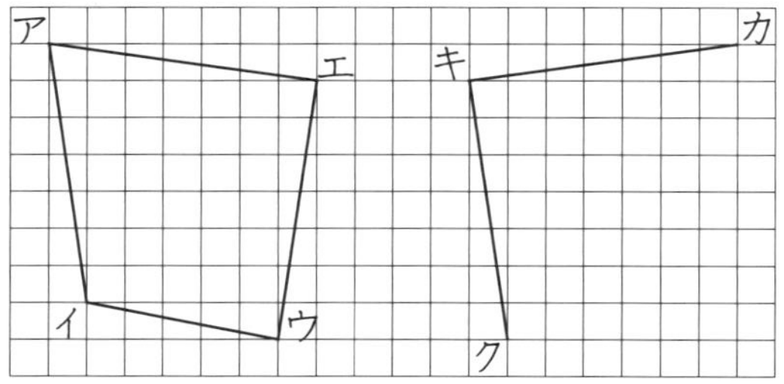

(2)

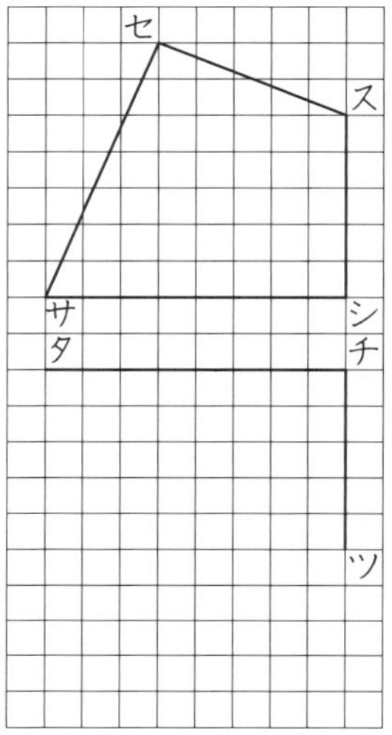

3 下の3つの三角形は合同です。
（　　）にあてはまる数をかきましょう。(15×2)

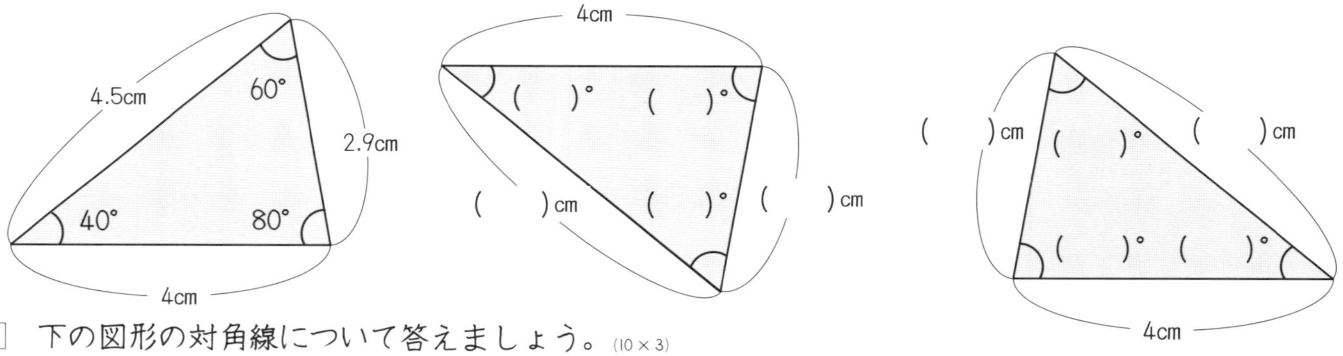

4 下の図形の対角線について答えましょう。(10×3)

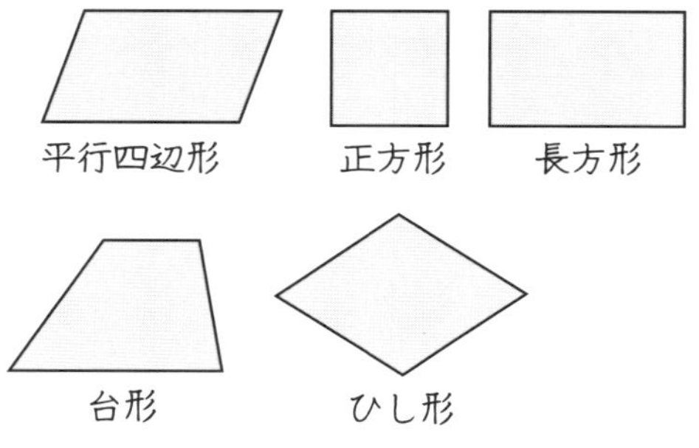

(1) 2本の対角線が等しい四角形

(2) 2本の対角線が垂直に交わる四角形

(3) 2本の対角線が交わった点で互《たが》いに二等分される四角形

(A3 141%・B4 122%拡大)

月　日

対称な図形A

名前

1　下の線対称《たいしょう》な図形を見て答えましょう。(5×5)

(1)　対応する点，辺，角を書きましょう。

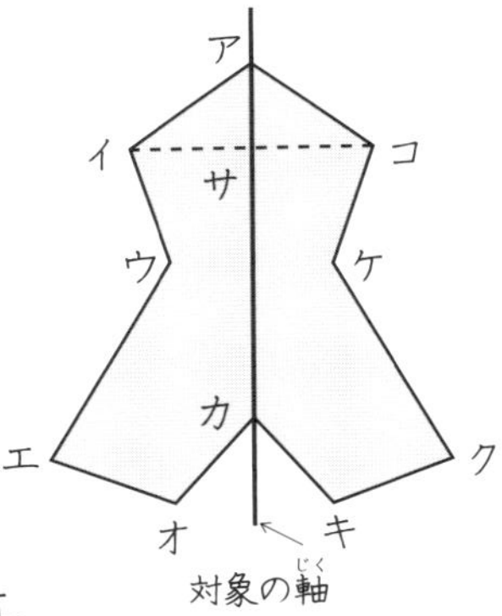

点ウ

辺ウエ

角オ

(2)　直線イコと直線アカは，どのように交わりますか。

(3)　イサの長さが4cmのとき，コサの長さは何cmですか。

2　下の点対称な図形を見て答えましょう。(5×5)

(1)　対応する点，辺，角を書きましょう。

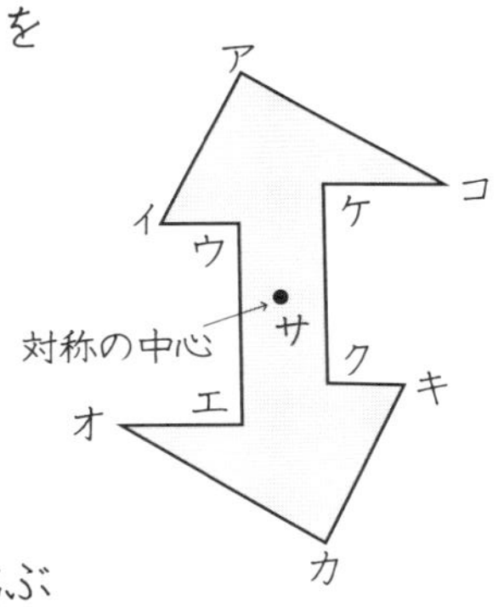

点イ

辺エオ

角カ

(2)　対応する点と点を結ぶ直線が，必ず通る点はどこですか。

(3)　アサの長さが9cmのとき，カサの長さは何cmですか。

3　下の線対称な図形を見て答えましょう。(5×2)

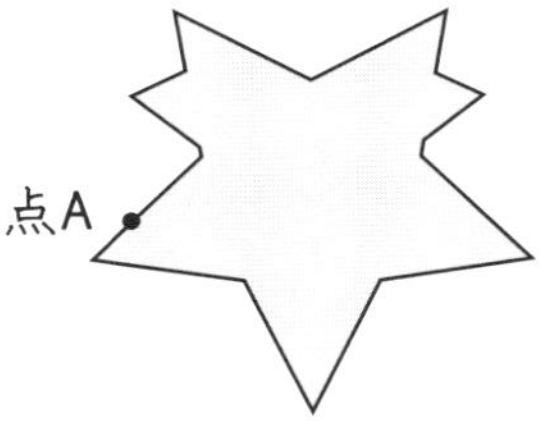

(1)　対称の軸をかきましょう。

(2)　点Aに対応する点Bをかき入れましょう。

4　下の点対称な図形を見て答えましょう。(5×2)

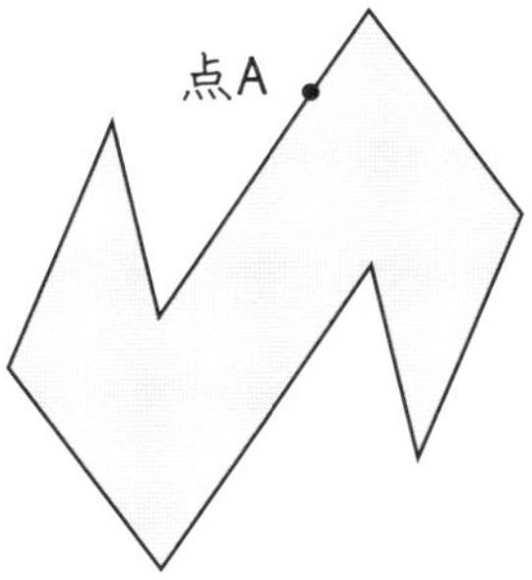

(1)　図の中に対称の中心Oをかきましょう。

(2)　点Aに対応する点Bをかきましょう。

5　直線アイを対称の軸にした線対称な図形をかきましょう。(10)

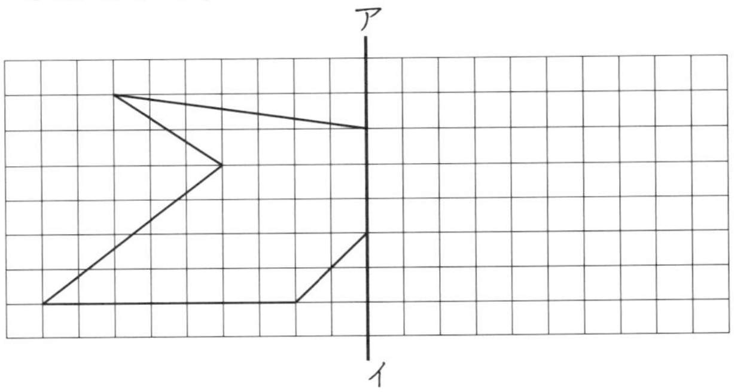

6　点Oを対称の中心にした点対称な図形をかきましょう。(10)

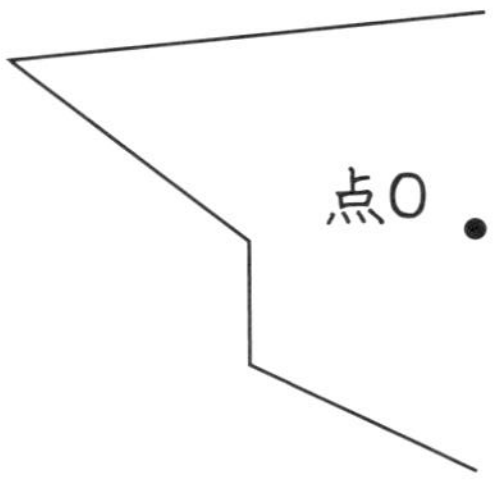

7　下の図形で線対称，点対称な図形はどれですか。それぞれ2つ選んで，記号を書きましょう。(5×2)

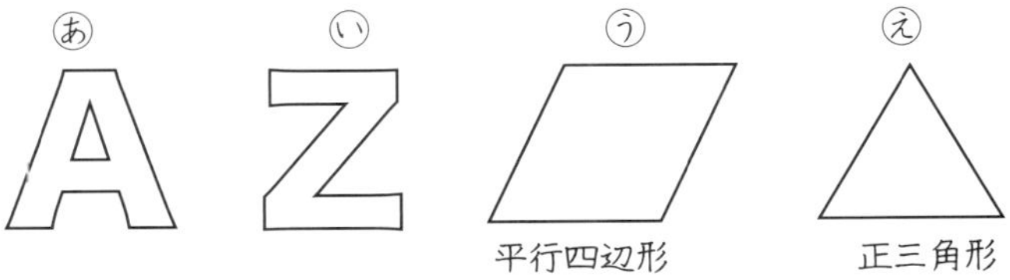

線対称な図形　(　　)(　　)

点対称な図形　(　　)(　　)

(A3 141%・B4 122%拡大)

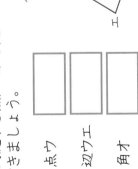

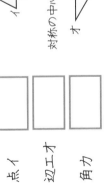

月　日

対称な図形 A

名前

1 下の図形を見て答えましょう。(10 × 2)

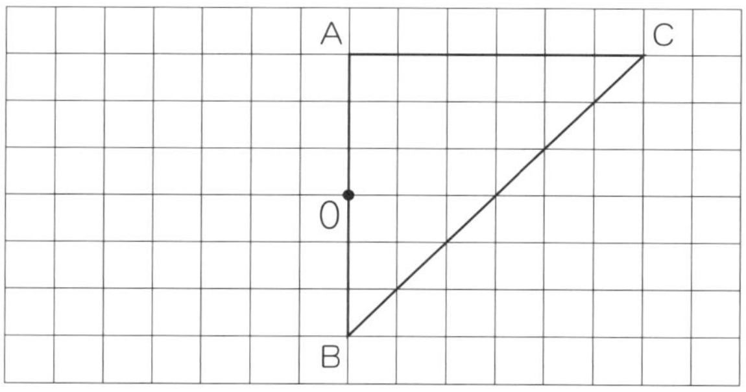

(1) 辺 BC を対称《たいしょう》の軸《じく》にして線対称な図形をかくと，何という図形になりますか。

(2) 点 O を対称の中心にして点対称な図形をかくと，何という図形になりますか。

2 ひびきさんとわかなさんは，どの図形について話していますか。下の中から選びましょう。(5 × 2)

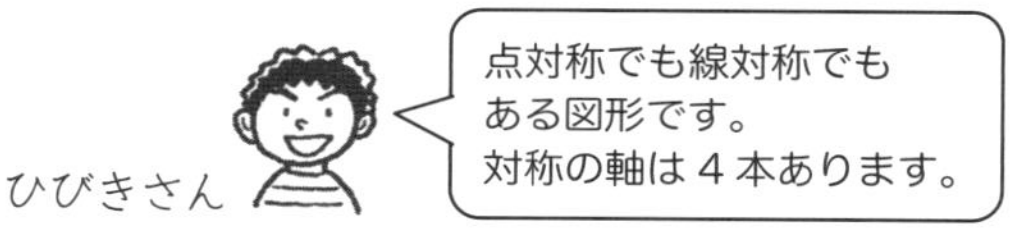

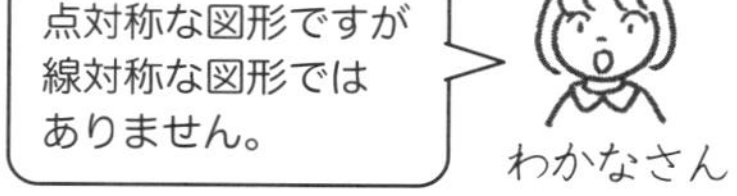

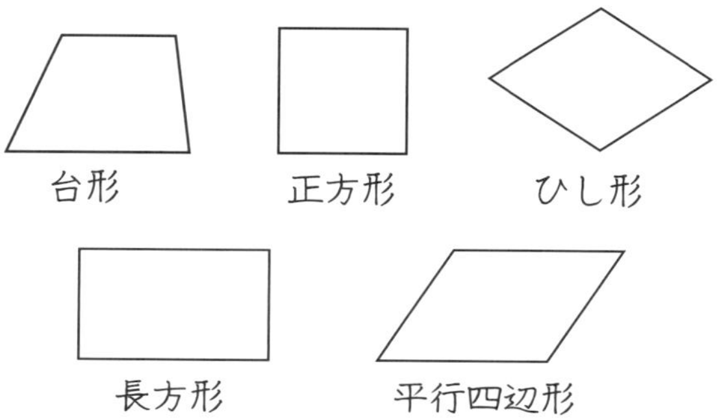

3 正五角形は線対称な図形です。(10 × 3)

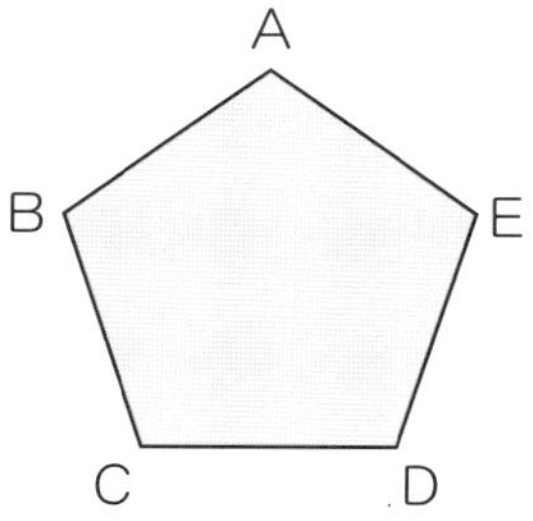

(1) 点 A を通る対称の軸をひくと，点 B に対応する点はどこですか。

(2) 点 C を通る対称の軸をひくと，点 B に対応する点はどこですか。

(3) 正五角形の対称の軸は，何本ありますか。

4 正六角形は線対称な図形でも点対称な図形でもあります。(10 × 4)

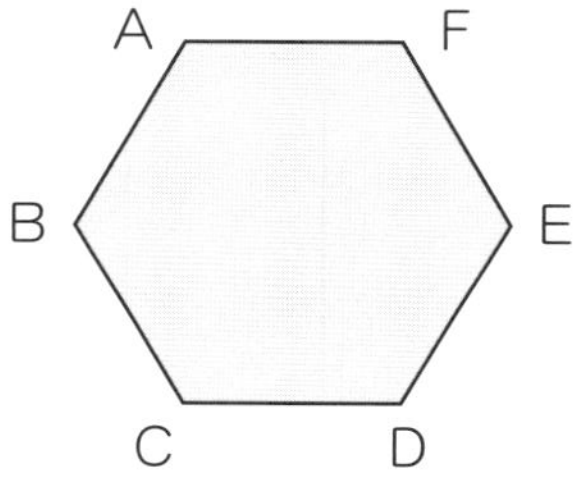

(1) 対角線 AD を対称の軸にすると，点 B に対応する点は何ですか。

(2) 対角線 BE を対称の軸にすると，辺 AF に対応する辺は何ですか。

(3) 正六角形に対称の軸は何本ありますか。

(4) 点対称な図形として見ると，辺 BC に対応する辺は何ですか。

(A3 141%・B4 122%拡大)

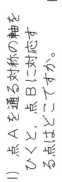

知識技能 B

月　日

対称な図形 B

名前

1　下の線対称《たいしょう》な図形を見て答えましょう。(4×6)

(1)　AB を対称の軸《じく》としたときの対応する点，辺を書きましょう。

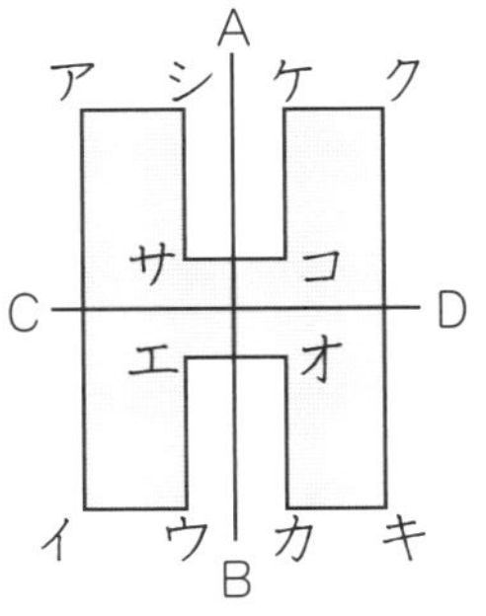

点ア

辺ウエ

(2)　CD を対称の軸としたときの対応する点，辺を書きましょう。

点ア　　辺ウエ

(3)　辺アイが10cmのとき，辺クキは何cmですか。

(4)　対応する点を結んだ直線と対称の軸は，どのように交わりますか。

2　下の点対称な図形を見て答えましょう。(4×7)

(1)　対応する点，辺を書きましょう。

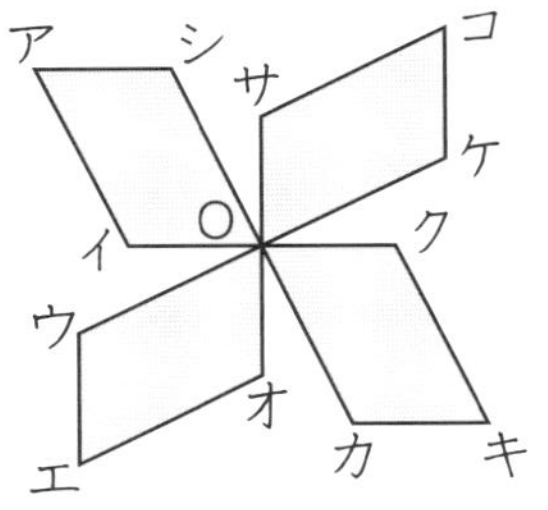

点ア

点ウ

点オ

辺アイ

辺エオ　　辺コケ

(2)　アから中心Oまでの直線の長さが8cmです。アからキまでの直線の長さは何cmですか。　cm

3　下の図形は，次のあいうのどれでしょうか。記号を書きましょう。(4×4)

あ　線対称な図形　い　点対称な図形
う　線対称な図形でもあり点対称な図形でもある

(　)　(　)　(　)　(　)

4　直線 AB を対称の軸にした線対称な図形をかきましょう。(8×2)

(1)

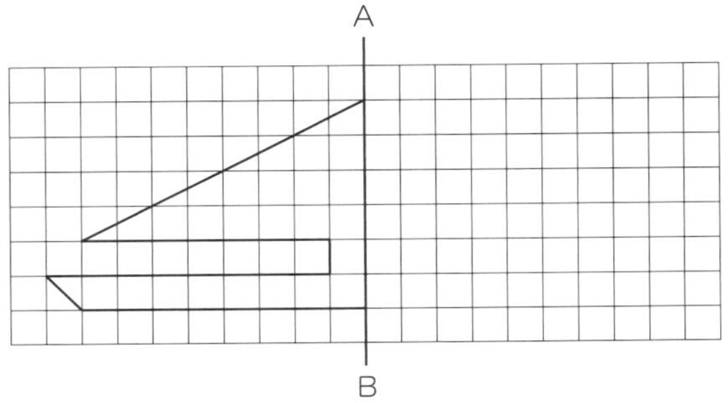

(2)

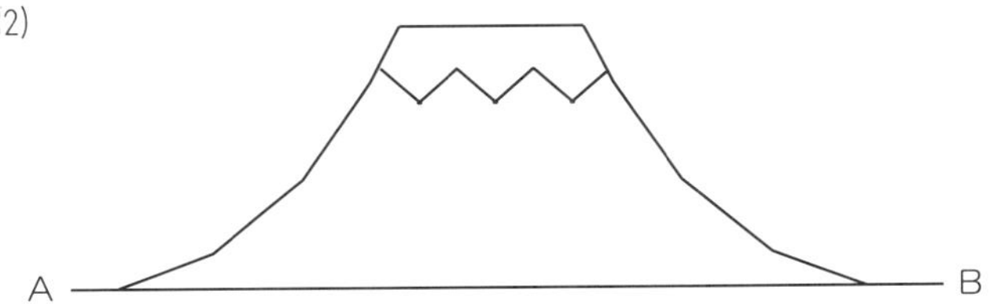

5　点 O を対称の中心にした点対称な図形をかきましょう。(8×2)

(1)

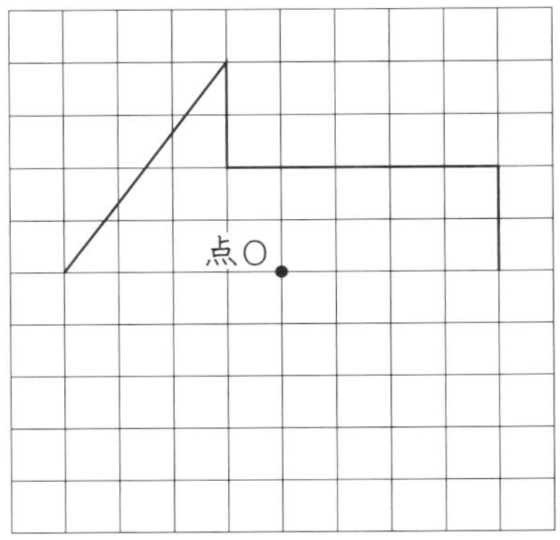

(2)

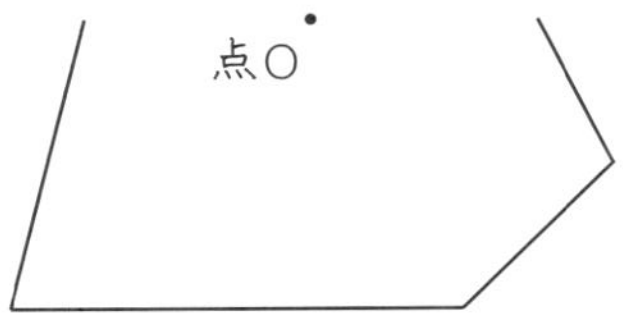

(A3 141%・B4 122%拡大)

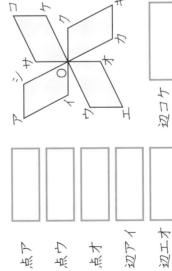

思考判断表現 B　　　　月　　日

対称な図形 B

名前 ____________________

1　下の正多角形は，線対称《たいしょう》な図形や点対称な図形でしょうか。そうであれば○を，そうでなければ×を書きましょう。
　また，線対称な図形には，対称の軸《じく》の本数も書きましょう。(4 × 15)

(1) 正三角形

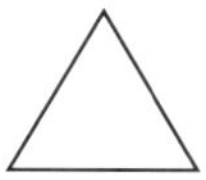

線対称な図形	
対称の軸の本数	
点対称な図形	

(2) 正方形

線対称な図形	
対称の軸の本数	
点対称な図形	

(3) 正五角形

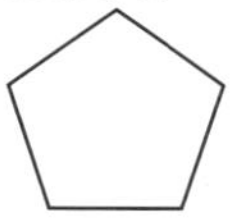

線対称な図形	
対称の軸の本数	
点対称な図形	

(4) 正六角形

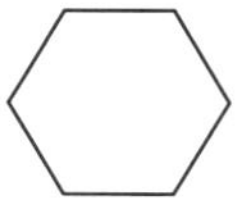

線対称な図形	
対称の軸の本数	
点対称な図形	

(5) 正七角形

線対称な図形	
対称の軸の本数	
点対称な図形	

2　上の正多角形の線対称，点対称について分かることを書きましょう。(4 × 2)

(1) 対称の軸の本数はどうなっていますか。

(2) 点対称かどうかはどうなっていますか。

3　４人が対称な図形について話しています。どの図形について話しているか，下から選んで書きましょう。(4 × 4)

点対称でも線対称でもある図形です。
対称の軸は８本あります。

線対称ですが，点対称ではありません。
対称の軸は１本あります。

点対称でも線対称でもある図形です。
対称の軸は無数にあります。

点対称でも線対称でもある図形です。
対角線が対称の軸でもあります。
対称の軸は２本です。

正三角形	正八角形	二等辺三角形	
円	平行四辺形	ひし形	台形

4　下の図形は，北海道と岩手県のマークです。２つのマークについて，「線対称」「点対称」「対称の軸の本数」の３つの言葉を使って説明しましょう。(8 × 2)

北海道

岩手県

(A3 141%・B4 122%拡大)

月　日

文字を使った式

名前

1　1つの式に表して答えを求めましょう。(5×4)

(1)　1本80円のえんぴつを5本と，120円の消しゴムを1個買うと，合計の代金はいくらですか。

式

答え

(2)　100円のドーナツを3個買って，500円をはらうと，おつりはいくらですか。

式

答え

2　□を使った式を書いて，□の数を求めましょう。(5×4)

(1)　みかんが20個ありましたが，□個食べたので，残りは12個になりました。

式

答え

(2)　1個が□円のおかしを3個買うと，代金は180円でした。

式

答え

3　次の○と□の関係を式に表しましょう。(10×6)

(1)　1本150円のアイスを○本買うと，代金は□円になりました。

＝□

(2)　重さ○gの本を200gのふくろに入れると，全部の重さは□gになりました。

＝□

(3)　おり紙が○枚《まい》ありましたが，7枚使ったので□枚になりました。

＝□

(4)　24個のチョコレートを○人で分けると，1人分は□個になります。

＝□

(5)　底辺が14cmで，高さが○cmの平行四辺形の面積は□cm^2です。

＝□

(6)　底辺が○cmで，高さが7cmの三角形の面積は□cm^2です。

＝□

(A3 141%・B4 122%拡大)

月　日

文字を使った式

名前

1　下のあめの中から，同じものを5個買います。(5×4)

50円　60円　70円

(1)　あめ1個の値段《ねだん》をx円，5個の代金をy円として，xとyの関係を式に表しましょう。

□ $=y$

(2)　xの値《あたい》を50，60，70としたとき，それぞれに対応するyの値を求めましょう。

$x=50$のとき　$y=$ □

$x=60$のとき　$y=$ □

$x=70$のとき　$y=$ □

2　1個200gのかんづめを何個か，150gの箱に入れます。(5×4)

(1)　かんづめの個数をx個，全体の重さをygとして，xとyの関係を式に表ましょう。

□ $=y$

(2)　xの値を4，5，6としたとき，それぞれに対応するyの値を求めて表にしましょう。

x(個)	4	5	6
y(g)			

3　$x\times12=y$の式で，xの値が5と8のとき，それに対応するyの値を求めましょう。(5×2)

(1)　xの値が5のとき □

(2)　xの値が8のとき □

4　xとyの関係を式に表しましょう。(5×6)

(1)　クッキーが14個ありました。
x個食べると残りはy個です。

□ $=y$

(2)　x円のメロンを，200円の箱に入れてもらったときの代金はy円です。

□

(3)　250ページの本をxページ読みました。
残りはyページです。

□

(4)　縦《たて》が12m横がxmの土地の面積はym²です。

□

(5)　x個のあめを6人で分けたとき，1人分はy個です。

□

(6)　バスにx人乗っていました。6人降《お》りたので，y人になりました。

□

5　次の式のxの値を求めましょう。(5×4)

(1)　$x+45=y$　(yの値が77のとき)

□

(2)　$x\times4=y$　(yの値が50のとき)

□

(3)　$x-16=y$　(yの値が26のとき)

□

(4)　$x\div4=y$　(yの値が19のとき)

□

(A3 141%・B4 122%拡大)

月　日

文字を使った式

名前

1　$x \times 6 + 150$ の式で表されるのは，どれとどれですか。2つ選んで，記号を書きましょう。(10×2)

㋐　x 円のドーナツを6個と150円のジュースの代金。

㋑　x 円のえんぴつを6本買うと150円安くなった代金。

㋒　1mが6gの針金《はり》x m と150cmの針金を合わせた重さ。

㋓　1個 x gのみかんを6個と150gの箱を合わせた重さ。

2　下の(1)～(4)の式は，どんな場面を表していますか。下の㋐～㋓の中から選んで，記号で答えましょう。(10×4)

(1)　$18 \times x = y$ …

(2)　$18 + x = y$ …

(3)　$18 - x = y$ …

(4)　$18 \div x = y$ …

㋐　18個ガムがありましたが，x 個食べたので，y 個になりました。

㋑　x mが18kgのパイプがあります。このパイプ1mの重さは y kgです。

㋒　1mが18kgのパイプがあります。x mでは，y kgの重さになります。

㋓　18個ガムがありました。x 個もらったので y 個になりました。

3　下のおかしから，いくつか選んで買います。(1)～(4)の式は，それぞれどのような組み合わせの代金を表していますか。
言葉で説明しましょう。(10×4)

あめ　50円　　クッキー　x 円　　ケーキ　350円

(1)　$x \times 5$

(2)　$50 + x + 350$

(3)　$x \times 3 + 350$

(4)　$(50 + x) \times 3$

(A3 141%・B4 122%拡大)

月　日

文字を使った式

名前

1 同じ野菜を５個買います。(4×5)

ピーマン	玉ねぎ	なす	トマト
60円	80円	100円	120円

(1) 野菜１個の値段《ねだん》を x 円，５個の代金を y 円として，x と y の関係を式に表しましょう。

［　　　］$=y$

(2) 野菜の値段で x の値《あたい》が 60，80，100，120 となったとき，それぞれに対応する y の値を求めましょう。

$x=$ 60のとき　$y=$［　　］

$x=$ 80のとき　$y=$［　　］

$x=$ 100のとき　$y=$［　　］

$x=$ 120のとき　$y=$［　　］

2 １個 350 円のももを何個か買って 100 円の箱に入れます。(4×4)

(1) ももの個数を x 個，全体の代金を y 円として，x と y の関係を式に表しましょう。

［　　　］$=y$

(2) x の値を 4，5，6 としたとき，それぞれに対応する y の値を求めて表にしましょう。

x（個）	4	5	6
y（円）			

3 $x\times4+5=y$ の式で，x の値が 5，8，10.5，22.5 のとき，それに対応する y の値を求めましょう。(4×4)

(1) x の値が５のとき［　　］

(2) x の値が８のとき［　　］

(3) x の値が 10.5 のとき［　　］

(4) x の値が 22.5 のとき［　　］

4 x と y の関係を式に表しましょう。(4×8)

(1) 27 m のテープを x m 使うと残りは y m です。

［　　　$=y$］

(2) １m の重さが 65g の針金《はり》が x m あるときの重さは y g です。

［　　　］

(3) 18m で x 円の針金の１m あたりの値段は y 円です。

［　　　］

(4) 底辺が x m で高さが８m の平行四辺形の面積は y ㎡です。

［　　　］

(5) 8L のジュースを x 人で等しく分けたとき，１人分は y L です。

［　　　］

(6) 直径が x m の円の円周の長さは y m です。

［　　　］

(7) x L の水を２L 使うと，残りは y L です。

［　　　］

(8) x ㎏のスイカを 0.5㎏の箱に入れます。全体の重さは y ㎏です。

［　　　］

5 次の式の x の値を求めましょう。(4×4)

(1) $x+19=y$（y の値が 41 のとき）［　　］

(2) $x\times8=y$（y の値が 10 のとき）［　　］

(3) $x-6.5=y$（y の値が 13.5 のとき）［　　］

(4) $x\div4.5=y$（y の値が 14 のとき）［　　］

（A3 141%・B4 122%拡大）

月　日

文字を使った式

名前

1　下の(1)～(4)の式は，どんな場面を表していますか。下の㋐～㋓の中から選んで，記号で答えましょう。(5×4)

(1)　$12 \times x = y$ …

(2)　$12 + x = y$ …

(3)　$12 - x = y$ …

(4)　$12 \div x = y$ …

㋐　1mの重さが12gの針金《はり》 x mの重さは y gです。
㋑　x mで12gの針金があります。この針金1mの重さは y gです。
㋒　12mを使うと，残りが x mになった針金のもとの長さは y mです。
㋓　x mをつぎたすと12mになりました。この針金のもとの長さは y mです。

2　下の図のような土地の面積を求めます。(1)～(3)は，どのように考えた式ですか。それぞれに合う図を選んで，記号を書きましょう。(5×3)

(1)　$x \times 8 - 2 \times 2$ …

(2)　$2 \times 6 + (x - 2) \times 8$ …

(3)　$x \times 6 + (x - 2) \times 2$ …

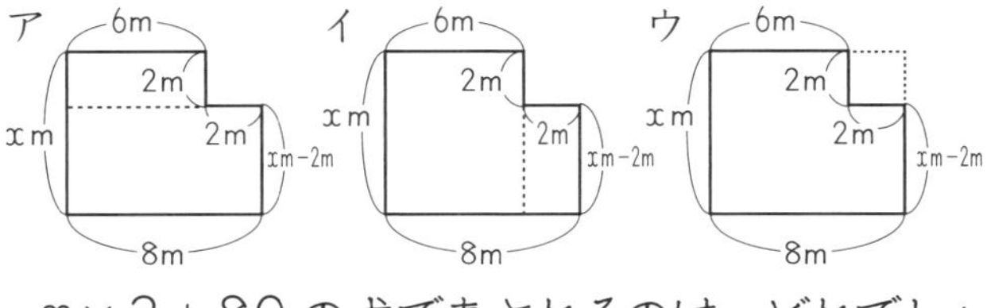

3　$x \times 3 + 80$ の式で表されるのは，どれでしょうか。2つ選んで記号を書きましょう。(5×2)

㋐　1mの重さが x gの針金3mに80gの金属を合わせると y gです。
㋑　1個 x 円と80円のおかしをセットにして3セット買った代金は y 円です。
㋒　1本に x mL入ったお茶が3本ありました。80mL飲むと残りは y mLです。
㋓　1本 x cmのリボン3本と80cmのリボンを合わせると y cmです。

4　下のくだものから，いくつか選んで買います。(1)～(5)の式は，それぞれどのような組み合わせの代金を表していますか。言葉で説明しましょう。(5×5)

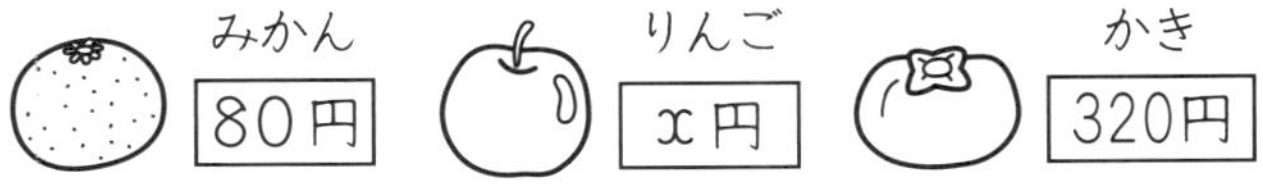

(1)　$x \times 3$

(2)　$80 + x + 320$

(3)　$x \times 3 + 320$

(4)　$(80 + x) \times 3$

(5)　$(80 + x + 320) \times 2$

5　三角形とひし形の面積の求め方を考えました。式の考え方に合う図を選んで記号を書きましょう。(5×6)

三角形　①　$(x \times 5) \div 2$ …

②　$(x \div 2) \times 5$ …

③　$x \times (5 \div 2)$ …

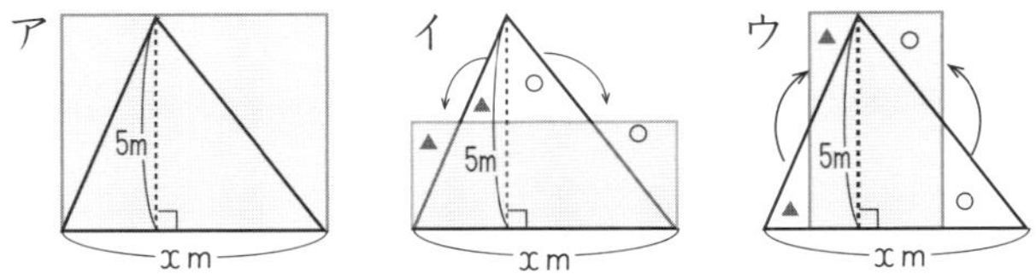

ひし形　①　$x \times (6 \div 2)$ …

②　$(x \div 2) \times 6$ …

③　$(x \times 6) \div 2$ …

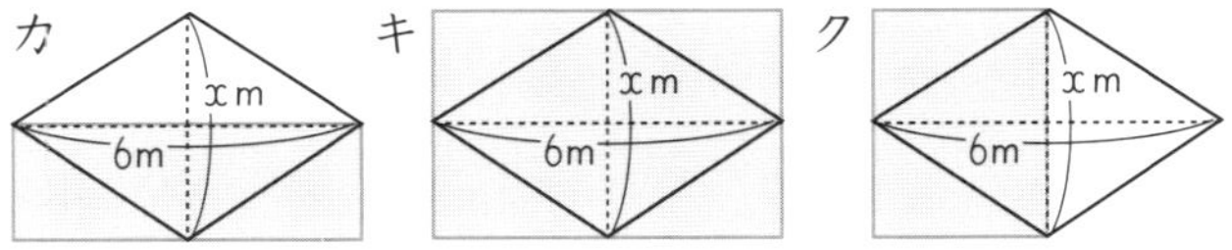

(A3 141%・B4 122%拡大)

月　日

分数のかけ算・わり算

名前

1 次の量を表すのにふさわしい図と線で結び，色をぬって量を表しましょう。(5×5)

$\frac{2}{3}$ L　　$\frac{3}{4}$ L　　$\frac{2}{5}$ L　　$\frac{5}{6}$ L　　$\frac{4}{7}$ L

1L　　1L　　1L　　1L　　1L

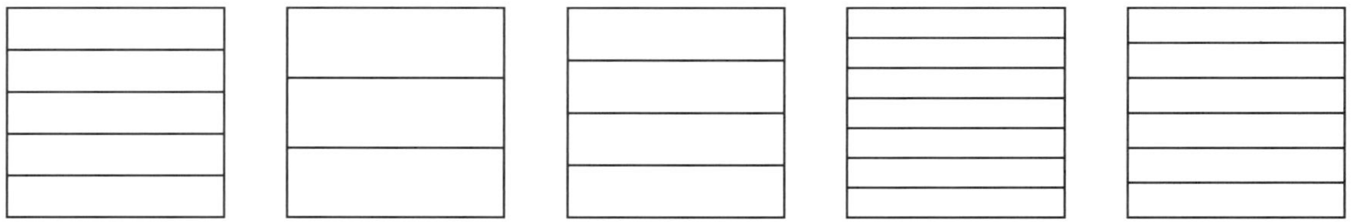

2 □にあてはまる数を書きましょう。(5×3)

(1) $\frac{2}{3} = \square \div \square$　　(2) $4 \div 5 = \frac{\square}{\square}$　　(3) $5 = \frac{\square}{\square}$

3 仮分数は帯分数か整数に，帯分数は仮分数にしましょう。(5×6)

(1) $\frac{8}{4}$　　(2) $\frac{12}{5}$　　(3) $\frac{30}{7}$

(4) $1\frac{3}{4}$　　(5) $2\frac{1}{6}$　　(6) $\frac{18}{3}$

4 約分をしましょう。(5×6)

(1) $\frac{4}{6}$　　(2) $\frac{6}{8}$　　(3) $\frac{20}{25}$

(4) $\frac{21}{28}$　　(5) $3\frac{15}{18}$　　(6) $\frac{12}{24}$

(A3 141%・B4 122%拡大)

月　日

分数×整数　分数÷整数

名前

1 $\frac{2}{5}\times 3$の計算方法を考えましょう。

$\frac{2}{5}\times 3$を図で表しました。

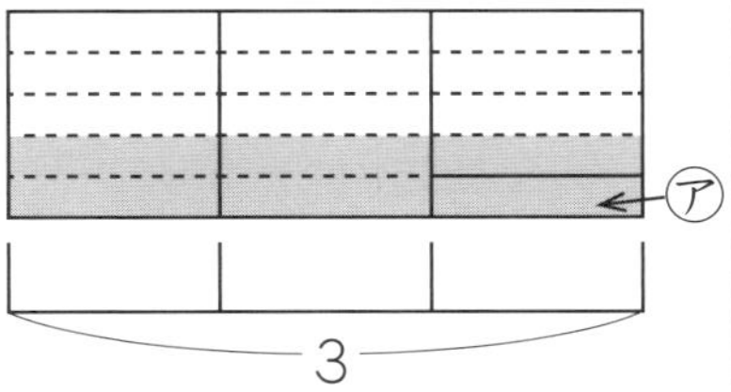

図を使って計算方法を説明します。
(　)にあてはまる数を書きましょう。

(1) ㋐は$\frac{1}{(\quad)}$です。 (5)

(2) $\frac{2}{5}$は$\frac{1}{5}$が(　)個です。 (5)

(3) $\frac{2}{5}\times 3$には，$\frac{1}{5}$が$2\times$(　)あります。 (5)

(4) だから，$\frac{2}{5}\times 3$の計算は次のようにします。

$$\frac{(\quad)\times(\quad)}{5}=\frac{(\quad)}{5}$$ (10)

2 $\frac{3}{4}\div 2$の計算方法を考えましょう。

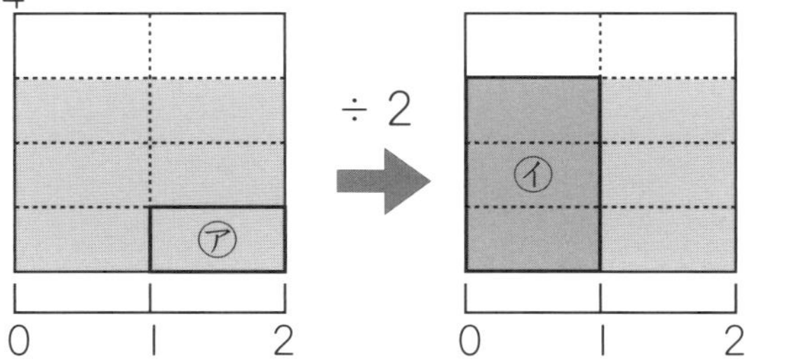

図を使って計算方法を説明します。
(　)にあてはまる数を書きましょう。

(1) ㋐は1を4×(　)に分けた1つ分です。 (5)

(2) ㋐は$\frac{1}{(\quad)\times(\quad)}=\frac{1}{(\quad)}$です。 (5)

(3) ㋑には，㋐が(　)個あります。 (5)

(4) だから，$\frac{3}{4}\div 2$の計算は次のようにします。

$$\frac{1}{4\times 2}\times 3=\frac{3}{(\quad)\times(\quad)}=\frac{3}{8}$$ (10)

3 かけ算をしましょう。(5×5)

(1) $\frac{3}{4}\times 5$

(2) $\frac{3}{8}\times 6$

(3) $\frac{4}{15}\times 20$

(4) $\frac{7}{3}\times 12$

(5) $2\frac{1}{12}\times 9$

4 わり算をしましょう。(5×5)

(1) $\frac{7}{10}\div 4$

(2) $\frac{6}{7}\div 12$

(3) $\frac{8}{7}\div 20$

(4) $\frac{9}{11}\div 27$

(5) $2\frac{1}{3}\div 14$

(A3 141%・B4 122%拡大)

月　日

分数×整数　分数÷整数

名前

1　$\frac{8}{9}$Lのジュースを4人で同じように分けました。
1人分は，何Lになりますか。(10×2)

式

答え

2　1mが$\frac{5}{6}$kgの金属の棒《ぼう》があります。
この金属の棒3mの重さは，何kgですか。(10×2)

式

答え

3　5㎡のかべを$\frac{15}{4}$Lのペンキでぬりました。(10×4)

(1)　1㎡あたり何Lのペンキでぬったことになりますか。

式

答え

(2)　これまでと同じように20㎡のかべをぬると，何Lのペンキが必要ですか。

式

答え

4　1Lのペンキで3㎡のかべがぬれました。
$10\frac{1}{2}$㎡のかべをぬるには，何Lのペンキが必要ですか。(10×2)

式

答え

(A3 141%・B4 122%拡大)

知識技能 A

月　日

分数×分数

名前

1 次の計算をしましょう。(5 × 10)

(1) $\frac{3}{5} \times \frac{3}{4}$

(2) $\frac{4}{7} \times \frac{3}{8}$

(3) $\frac{9}{10} \times \frac{5}{6}$

(4) $\frac{8}{21} \times \frac{15}{16}$

(5) $\frac{9}{4} \times \frac{8}{3}$

(6) $6 \times \frac{7}{12}$

(7) $\frac{3}{5} \times 2\frac{1}{2}$

(8) $2\frac{4}{9} \times \frac{6}{11}$

(9) $1\frac{1}{14} \times 2\frac{1}{3}$

(10) $3\frac{4}{7} \times 4\frac{1}{5}$

2 次の計算をしましょう。(5 × 2)

(1) $\frac{3}{14} \times \frac{5}{6} \times \frac{7}{5}$

(2) $0.3 \times \frac{5}{9}$

3 次の数の逆数を書きましょう。(5 × 4)

(1) $\frac{4}{7}$ □　(2) $\frac{1}{4}$ □

(3) 5 □　(4) $\frac{3}{10}$ □

4 □にあてはまる不等号（＜，＞）を書きましょう。(5 × 2)

(1) 12 □ $12 \times \frac{4}{5}$

(2) 12 □ $12 \times \frac{4}{3}$

5 計算のきまりを使って，□にあてはまる数を書きましょう。(5 × 2)

(1) $\frac{2}{3} \times \frac{4}{5} = \frac{4}{5} \times$ □

(2) $\frac{5}{6} \times \frac{5}{9} + \frac{3}{4} \times \frac{5}{9}$

$= \left(\frac{5}{6} + \frac{3}{4}\right) \times$ □

(A3 141%・B4 122%拡大)

月　日

分数×分数

名前

1　1mが$3\frac{1}{2}$kgの金属のパイプがあります。
このパイプ$1\frac{1}{3}$mの重さは，何kgですか。(10×2)

式

答え

2　1Lの重さが$\frac{8}{9}$kgの油があります。
この油$\frac{3}{4}$Lの重さは，何kgですか。(10×2)

式

答え

3　長方形の面積を求めましょう。(10×2)

式

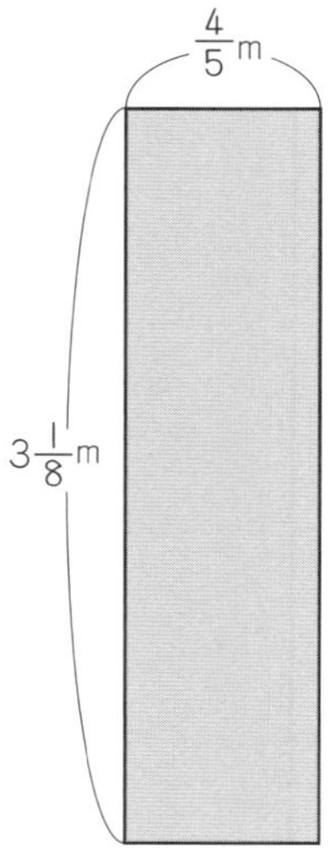

答え

4　長さ1mが1200円の布があります。
この布を$\frac{3}{4}$m買うと，何円になりますか。(10×2)

式

答え

5　1㎡の畑から$1\frac{3}{7}$kgのジャガイモがとれました。ジャガイモ畑全体は，$8\frac{2}{5}$㎡です。
何kgのジャガイモが収かくできますか。(10×2)

式

答え

(A3 141%・B4 122%拡大)

月　日

分数×分数

名前

1 次の計算をしましょう。(5×10)

(1) $\frac{1}{4} \times \frac{2}{3}$

(2) $\frac{3}{8} \times \frac{4}{15}$

(3) $\frac{24}{35} \times \frac{21}{20}$

(4) $\frac{9}{4} \times \frac{8}{3}$

(5) $12 \times \frac{5}{18}$

(6) $16 \times 1\frac{1}{8}$

(7) $9\frac{3}{4} \times \frac{6}{13}$

(8) $11\frac{1}{4} \times \frac{8}{15}$

(9) $\frac{5}{8} \times 3\frac{3}{7}$

(10) $1\frac{1}{3} \times 1\frac{3}{4}$

2 次の計算で，$\frac{4}{7}$よりも大きくなるのはどれですか。２つ選んで，記号を書きましょう。(3×2)

㋐ $\frac{4}{7} \times 1$　　㋑ $\frac{4}{7} \times \frac{3}{2}$

㋒ $\frac{4}{7} \times \frac{5}{8}$　　㋓ $\frac{4}{7} \times 2\frac{1}{9}$

㋔ $\frac{4}{7} \times \frac{3}{7}$

□ □

3 次の計算をしましょう。(4×4)

(1) $3\frac{3}{4} \times \frac{3}{8} \times 1\frac{1}{5}$

(2) $3\frac{1}{3} \times 1\frac{1}{5} \times 1\frac{1}{8}$

(3) $0.6 \times \frac{4}{9}$

(4) $1\frac{1}{4} \times 0.8$

4 次の数の逆数を書きましょう。(4×4)

(1) $\frac{4}{3}$ □　　(2) $\frac{1}{7}$ □

(3) 3 □　　(4) 1.5 □

5 計算のきまりを使って，□にあてはまる数を書きましょう。(4×3)

(1) $\frac{3}{5} \times \frac{2}{7} = \frac{2}{7} \times \square$

(2) $\frac{5}{6} \times \left(\frac{2}{7} \times \frac{4}{5}\right) = \left(\frac{5}{6} \times \square\right) \times \frac{2}{7}$

(3) $\frac{7}{8} \times \left(\frac{2}{5} + \frac{2}{3}\right)$

$= \frac{7}{8} \times \frac{2}{5} + \frac{7}{8} \times \square$

(A3 141%・B4 122%拡大)

分数×分数

名前

1　1kgが450円のリンゴがあります。
このリンゴ$5\frac{1}{2}$kgの代金は何円になりますか。(5×2)

式

答え

2　1㎡のかべを$\frac{2}{9}$Lのペンキでぬります。
$\frac{3}{4}$㎡のかべをぬると，何Lのペンキが必要ですか。(5×2)

式

答え

3　1Lのペンキで$1\frac{2}{3}$㎡のかべがぬれます。
ペンキが次の量あれば，何㎡のかべをぬることができますか。(5×4)

(1)　$\frac{3}{4}$Lでは

式

答え

(2)　$4\frac{1}{2}$Lでは

式

答え

4　右の平行四辺形の面積を求めましょう。(5×2)

式

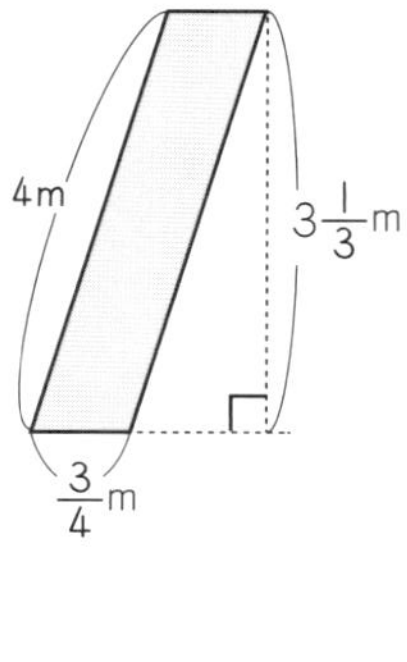

答え

5　右の直方体の体積を求めましょう。(5×2)

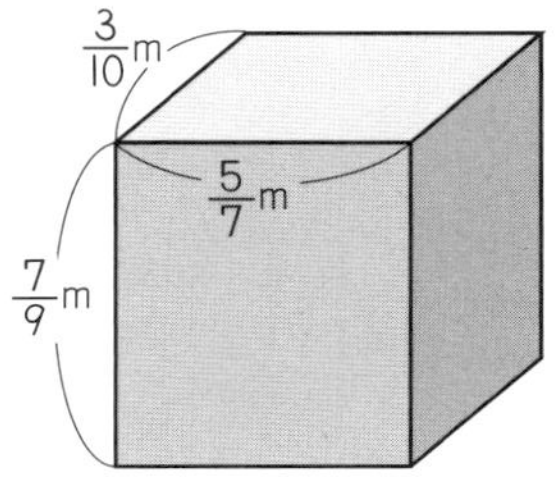

式

答え

6　1時間で$7\frac{1}{2}$aを耕すことができました。
$2\frac{4}{5}$時間では何aを耕すことができますか。(5×2)

式

答え

7　時速50kmで走っている自動車があります。この自動車が，次の時間で走る道のりは何kmですか。※時間を分数で表してから求めましょう。(5×4)

(1)　15分間では

式

答え

(2)　36分間では

式

答え

8　$\frac{1}{2}\times\frac{2}{3}$の式になる文章問題を作ります。
□にあてはまる数を書きましょう。(10)

□ mが □ kgのパイプがあります。
このパイプ □ mの重さは何kgですか。

(A3 141%・B4 122%拡大)

知識技能 A　　　　月　　日

分数÷分数

名前

1 次の計算をしましょう。(5×10)

(1) $\frac{3}{4} \div \frac{2}{3}$

(2) $\frac{5}{6} \div \frac{3}{4}$

(3) $\frac{7}{20} \div \frac{14}{15}$

(4) $\frac{5}{12} \div \frac{10}{21}$

(5) $9 \div \frac{6}{7}$

(6) $4 \div \frac{2}{5}$

(7) $2\frac{1}{2} \div \frac{3}{4}$

(8) $\frac{7}{8} \div 5\frac{1}{4}$

(9) $3\frac{1}{3} \div 2\frac{1}{2}$

(10) $1\frac{5}{8} \div 9\frac{3}{4}$

2 次の計算をしましょう。(5×5)

(1) $\frac{3}{4} \div \frac{1}{5}$

(2) $1.2 \div \frac{3}{5}$

(3) $\frac{5}{7} \div \frac{3}{4} \div \frac{2}{7}$

(4) $\frac{4}{9} \div \frac{2}{5} \times \frac{3}{10}$

(5) $1.8 \div \frac{5}{6} \times \frac{5}{9}$

3 □にあてはまる等号（＝）や不等号（＜，＞）を書きましょう。(5×5)

(1) 15 □ $15 \div \frac{4}{5}$

(2) 15 □ $15 \div \frac{9}{10}$

(3) 15 □ $15 \div \frac{7}{6}$

(4) 15 □ $15 \div 1$

(5) 15 □ $15 \div 1\frac{1}{6}$

(A3 141%・B4 122%拡大)

月　日

分数÷分数

名前

1　アルミのパイプ $\frac{2}{3}$ mの重さを量ると，$\frac{5}{6}$ kgありました。このアルミのパイプ1mの重さは何kgですか。(10×2)

式

答え

2　$\frac{8}{9}$ Lの重さが $\frac{4}{5}$ kgの油があります。(10×4)

(1)　この油1Lの重さは何kgですか。

式

答え

(2)　この油が1kgでは，何Lになりますか。

式

答え

3　牛乳が $1\frac{1}{2}$ Lあります。1日に $\frac{1}{4}$ Lずつ飲みます。何日間飲むことができますか。(10×2)

式

答え

4　$\frac{5}{12}$ Lのペンキで $2\frac{1}{2}$ m²のかべをぬることができました。1m²あたり何Lのペンキを使ったことになりますか。(10×2)

式

答え

【チャレンジ問題】
40分間で $2\frac{2}{9}$ m²の草かりができました。
1時間では何m²の草かりができますか。

式

答え

月　日

分数÷分数

名前

1 次の計算をしましょう。(4×12)

(1) $\frac{4}{5} \div \frac{3}{7}$

(2) $\frac{1}{3} \div \frac{5}{6}$

(3) $\frac{3}{4} \div \frac{1}{2}$

(4) $\frac{3}{15} \div \frac{9}{10}$

(5) $\frac{16}{15} \div \frac{40}{21}$

(6) $\frac{35}{32} \div \frac{15}{8}$

(7) $\frac{13}{9} \div \frac{52}{3}$

(8) $10 \div \frac{12}{11}$

(9) $18 \div \frac{6}{7}$

(10) $1\frac{1}{5} \div 1\frac{2}{3}$

(11) $3\frac{1}{3} \div 1\frac{2}{3}$

(12) $4\frac{1}{12} \div 1\frac{1}{6}$

2 次の計算をしましょう。(4×7)

(1) $\frac{1}{4} \div \frac{3}{8} \times \frac{2}{3}$

(2) $\frac{6}{7} \div \frac{4}{5} \div \frac{5}{14}$

(3) $1\frac{1}{4} \times 2\frac{2}{5} \div 2\frac{1}{4}$

(4) $0.3 \div 2\frac{1}{2}$

(5) $3.2 \div \frac{5}{6} \times \frac{15}{8}$

(6) $1\frac{3}{5} \times \frac{3}{10} \div 1.2$

(7) $20 \div 1\frac{1}{9} \times 1\frac{1}{3}$

3 □にあてはまる等号(＝)や不等号(＜，＞)を書きましょう。(4×6)

(1) 15 □ $15 \div 1\frac{1}{5}$

(2) 15 □ $15 \div \frac{9}{10}$

(3) 15 □ $15 \div \frac{8}{7}$

(4) 15 □ $15 \div 1$

(5) 15 □ $15 \div \frac{3}{5}$

(6) 15 □ $15 \div \frac{15}{8}$

(A3 141%・B4 122%拡大)

　　月　日

分数÷分数

名前

1　お米を$\frac{8}{9}$kg買うと，560円でした。
このお米1kgの値段《ねだん》は，何円ですか。 (5×2)

式

答え

2　$7\frac{1}{2}$mのロープを$1\frac{1}{2}$mずつに切ると，何本できますか。 (5×2)

式

答え

3　$\frac{2}{5}$Lのペンキで，$\frac{2}{3}$m²のかべをぬることができました。 (5×4)

(1)　1Lのペンキで，何m²のかべをぬりましたか。

式

答え

(2)　1m²のかべを何Lのペンキでぬりましたか。

式

答え

4　面積が$3\frac{1}{3}$m²で，縦《たて》の長さが$1\frac{1}{4}$mの長方形があります。この長方形の横の長さは何mですか。 (5×2)

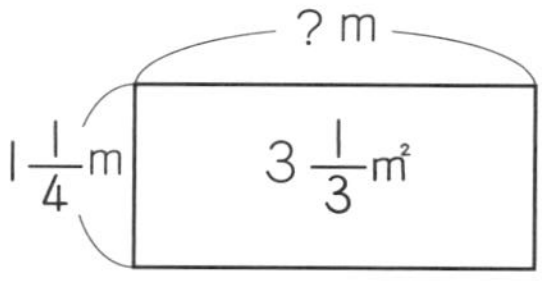

式

答え

5　$\frac{3}{8}$mが$\frac{3}{4}$kgのパイプがあります。
このパイプ1mの重さは，何kgですか。 (5×2)

式

答え

6　$1\frac{2}{5}$m²の畑から，$8\frac{2}{5}$kgのさつまいもがとれました。1m²あたり何kgのさつまいもがとれたことになりますか。 (5×2)

式

答え

7　1時間50分で$3\frac{2}{3}$aの草かりをしました。 (5×4)

(1)　1時間では，何aの草かりをしましたか。

式

答え

(2)　1aを，何時間で草かりをしましたか。

式

答え

8　$\frac{4}{5} \div \frac{2}{3}$の式になる問題文を作ります。
□にあてはまる数を書きましょう。 (10)

□mが□kgの針金《はり》があります。
この針金□mの重さは何kgですか。

(A3 141%・B4 122%拡大)

月　日

分数のかけ算・わり算

名前

1 次の計算をしましょう。(5 × 10)

(1) $\frac{5}{7} \times \frac{3}{8} \div \frac{5}{12}$

(2) $0.2 \times \frac{5}{6} \div \frac{1}{2}$

(3) $\frac{3}{8} \times \frac{4}{5} \div \frac{21}{25}$

(4) $\frac{5}{12} \div \frac{3}{4} \times 0.6$

(5) $8 \div \frac{2}{7} \times \frac{5}{14}$

(6) $1.5 \times \frac{3}{4} \div 1\frac{1}{5}$

(7) $2\frac{1}{7} \times 4.2 \div 1\frac{1}{5}$

(8) $6 \div \frac{4}{5} \times 1.2$

(9) $1.5 \div \frac{3}{10} \times 0.8$

(10) $\frac{23}{81} \div 5\frac{1}{9} \div \frac{5}{36}$

2 □にあてはまる不等号(< , >)を書きましょう。(5 × 5)

(1) 20 □ $20 \div \frac{3}{5}$

(2) 20 □ $20 \div \frac{5}{4}$

(3) 20 □ $20 \times \frac{8}{7}$

(4) 20 □ $20 \times 1\frac{1}{6}$

(5) 20 □ $20 \times \frac{8}{9}$

3 右の三角形の面積を求めましょう。(5 × 2)

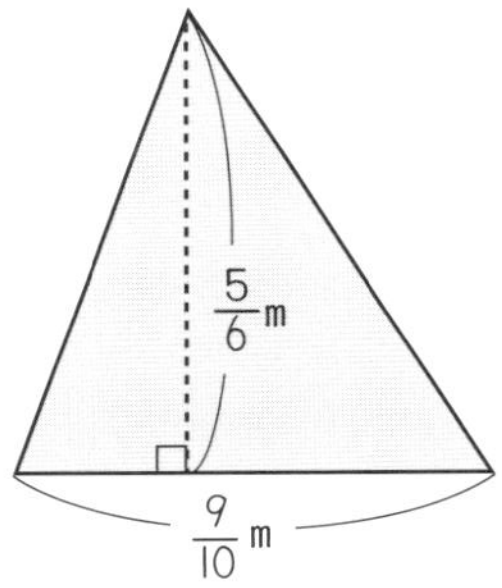

式

答え ______

4 □にあてはまる数を書きましょう。(5 × 3)

(1) $\frac{7}{8}$ m の $\frac{4}{5}$ 倍は □ m です。

(2) $\frac{9}{10}$ L の □ 倍は $\frac{3}{5}$ L です。

(3) □ kg の $\frac{1}{6}$ 倍は $\frac{3}{4}$ kg です。

(A3 141%・B4 122%拡大)

月　日

分数のかけ算・わり算

名前

1　次の文章問題で，かけ算の式になる場合はカを，わり算の式になる場合はワを（　）に書きましょう。(5×4)

（　）アルミパイプ $\frac{5}{6}$ m の重さを量ったら，$\frac{2}{3}$ kg でした。このアルミパイプ 1 m の重さは，何 kg ですか。

（　）1 m が $\frac{3}{4}$ kg のアルミパイプがあります。このアルミパイプ $\frac{4}{5}$ m では，何 kg になりますか。

（　）$\frac{2}{3}$ L のペンキで $\frac{8}{9}$ m² のかべをぬりました。1 m² に何 L のペンキをぬったことになりますか。

（　）1 L のペンキで $\frac{8}{9}$ m² のかべをぬることができます。ペンキが $\frac{4}{5}$ L では，何 m² のかべをぬることができますか。

2　ひさしさんの体重は，35 kg です。お父さんの体重は，ひさしさんの体重の $2\frac{1}{5}$ 倍になります。

お父さんの体重は，何 kg ですか。(10×2)

式

答え

3　赤いテープは $\frac{1}{2}$ m です。
青いテープは $\frac{3}{4}$ m です。

青いテープは，赤いテープの何倍ですか。
（分数で表しましょう。）(10×2)

式

答え

4　$1\frac{1}{2}$ L あったジュースをいくらか飲んだので，残りは $\frac{3}{4}$ L になりました。はじめにあったジュースの量を 1 として，残りのジュースの割合《わりあい》を分数で表しましょう。(10×2)

式

答え

5　遠足で $1\frac{1}{2}$ km 歩きました。これは，目的地までの道のりの $\frac{5}{8}$ にあたります。

遠足の目的地までは，全体で何 km あるでしょうか。(10×2)

式

答え

(A3 141%・B4 122%拡大)

月　日

分数のかけ算・わり算

名前 ＿＿＿＿＿＿＿＿

1 □にあてはまる数を書きましょう。(4×6)

(1) $\frac{7}{8}$Lの$\frac{2}{3}$は□Lです。

(2) $\frac{1}{2}$kmは$\frac{3}{4}$kmの□倍です。

(3) $1\frac{1}{3}$kgは$\frac{5}{6}$kgの□倍です。

(4) $\frac{4}{5}$mの$2\frac{1}{2}$は□mです。

(5) □dLの$\frac{1}{3}$は$\frac{5}{6}$dLです。

(6) □kgの$\frac{3}{4}$は6kgです。

2 □にあてはまる不等号（<，>）を書きましょう。(4×6)

(1) 18 □ $18 \div \frac{7}{8}$

(2) 18 □ $18 \times 1\frac{1}{3}$

(3) 18 □ $18 \div \frac{8}{7}$

(4) 18 □ $18 \times \frac{8}{9}$

(5) 18 □ $18 \times \frac{10}{9}$

(6) 18 □ $18 \div 1\frac{1}{8}$

3 次の計算をしましょう。(4×13)

(1) $\frac{5}{8} \times \frac{8}{5} \div \frac{3}{4}$

(2) $\frac{8}{15} \div \frac{4}{5} \times \frac{21}{32}$

(3) $1\frac{4}{5} \times 2\frac{2}{3} \div 1\frac{1}{7}$

(4) $3\frac{1}{3} \div 1\frac{1}{2} \div 5\frac{1}{3}$

(5) $4\frac{1}{2} \times 5\frac{1}{3} \div 2\frac{2}{5}$

(6) $0.8 \div \frac{4}{5} \div \frac{3}{4}$

(7) $2.1 \div \frac{7}{8} \times 1\frac{1}{4}$

(8) $\frac{3}{5} \div 1.8 \times \frac{2}{3}$

(9) $1\frac{1}{4} \times 2.1 \div 3\frac{1}{2}$

(10) $4 \div 0.3 \div \frac{2}{3}$

(11) $8 \times 1.5 \div \frac{4}{5}$

(12) $0.12 \div 1\frac{5}{9} \times 70$

(12) $0.42 \times \frac{3}{7} \times \frac{25}{6}$

(A3 141%・B4 122%拡大)

月　　日

分数のかけ算・わり算

名前 ＿＿＿＿＿＿＿＿

1　次の文章問題で，かけ算の式になる場合はカを，わり算の式になる場合はワを（　）に書きましょう。(6×5)

（　　）1Lが$\frac{5}{6}$kgの油があります。
この油$\frac{2}{3}$Lの重さは，何kgですか。

（　　）1kgが620円のお米を$4\frac{2}{3}$kg買いました。代金はいくらになりますか。

（　　）1dLで$\frac{3}{4}$m²ぬれるペンキがあります。
$2\frac{1}{3}$m²のかべをぬるには，何dLのペンキがいりますか。

（　　）$\frac{2}{3}$dLのペンキで$\frac{8}{9}$m²のかべをぬることができます。このペンキ1dLでは，何m²のかべをぬることができますか。

（　　）1mが$\frac{8}{9}$kgの棒《ぼう》があります。
このぼうが$\frac{8}{9}$mでは何kgですか。

2　右の表のようにA，B，C三種類のジュースがあります。(5×4)

	ジュース(L)
A	$\frac{1}{2}$
B	$\frac{2}{3}$
C	$\frac{3}{4}$

(1)　BはAの何倍ですか。

式

答え ＿＿＿＿＿＿＿＿

(2)　CはAの何倍ですか。

式

答え ＿＿＿＿＿＿＿＿

3　あきこさんは1200円の買い物をしました。食料品の金額は，全体の$\frac{4}{5}$にあたります。食料品は，何円買いましたか。(5×2)

式

答え ＿＿＿＿＿＿＿＿

4　水そうに水が$\frac{7}{9}$L入っています。水を足して$9\frac{1}{3}$Lにしました。水そうの水は，何倍になりましたか。(5×2)

式

答え ＿＿＿＿＿＿＿＿

5　昨日の野球の練習時間は$2\frac{1}{3}$時間でしたが，今日は$1\frac{1}{6}$時間でした。
昨日の練習時間をもとにすると（1とすると），今日の練習時間はどれだけになりますか。(5×2)

式

答え ＿＿＿＿＿＿＿＿

6　公園にいる人数を調べると，子どもは全体の$\frac{3}{7}$にあたる18人だったそうです。
公園には，全員で何人いましたか。(5×2)

式

答え ＿＿＿＿＿＿＿＿

7　ポットにお湯が240mL入っています。これは全体の$\frac{4}{11}$にあたります。
ポットには，何mL入れることができますか。(5×2)

式

答え ＿＿＿＿＿＿＿＿

(A3 141%・B4 122%拡大)

月　日

比

名前

1 次の計算の答えを分数で表しましょう。(5×6)

(1) $2 \div 3$　(2) $4 \div 12$　(3) $6 \div 15$

(4) $\frac{4}{15} \div \frac{2}{9}$　(5) $0.5 \div 0.3$　(6) $\frac{5}{8} \div 10$

2 □にあてはまる数を書きましょう。(5×8)

(1) $\frac{2}{3} = \frac{\square}{9}$　(2) $\frac{4}{5} = \frac{20}{\square}$　(3) $\frac{20}{12} = \frac{\square}{3}$

(4) $\frac{4}{5} = \frac{12}{\square}$　(5) $\frac{20}{24} = \frac{\square}{6}$　(6) $\frac{12}{24} = \frac{16}{\square}$

(7) $\frac{21}{15} = \frac{\square}{10}$　(8) $\frac{12}{28} = \frac{9}{\square}$

3 右はA, B, C 3本のテープの長さを表にしたものです。(1)〜(3)の問いに答えましょう。(5×6)

	長さ (m)
A	4
B	6
C	9

(1) Aをもとにすると，Bはその何倍になりますか。分数で答えましょう。

式

答え

(2) Aをもとにすると，Cはその何倍になりますか。分数で答えましょう。

式

答え

(3) Cをもとにすると，Bはその何倍になりますか。分数で答えましょう。

式

答え

(A3 141%・B4 122%拡大)

月　日

比

名前

1　次の割合《わりあい》を比で表しましょう。(5×2)

(1) 右の長方形の縦《たて》と横の長さの割合

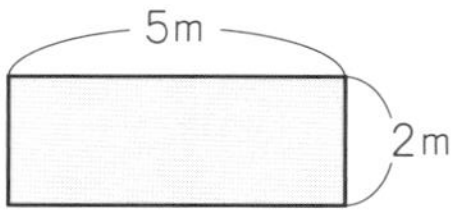

(2) 4dL の水と 7dL の水の割合

2　比の値を求めましょう。(5×4)

(1) 3 : 5

(2) 32 : 24

(3) 1.2 : 0.9

(4) $\frac{3}{4}$: $\frac{5}{6}$

3　等しい比を作ります。
□にあてはまる数を書きましょう。(5×2)

(1) 5 : 12 = 15 : □　（×3，×□）

(2) 28 : 49 = □ : 7　（÷7，÷□）

4　次の比と等しい比を2つ選んで，記号で書きましょう。(10×2)

(1) 3 : 2

ア 9 : 8　イ 6 : 4　ウ 12 : 10　エ 15 : 10

(2) 15 : 24

ア 10:16　イ 30:45　ウ 20:32　エ 12:16

5　次の比を簡単にしましょう。(5×4)

(1) 9 : 15

(2) 0.6 : 0.9

(3) $\frac{3}{4}$: $\frac{5}{6}$

(4) 9 : $\frac{5}{6}$

6　次の式で，xにあてはまる数を書きましょう。(5×4)

(1) 4 : 5 = x : 10

(2) 2 : x = 16 : 40

(3) x : 5 = 30 : 25

(4) 3.6 : 8.1 = 4 : x

(A3 141%・B4 122%拡大)

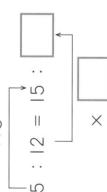

月　日

比

名前

1　すとサラダ油を 5：8 になるようにしてドレッシングを作ります。(10×4)

(1)　すを60mLにすると，サラダ油は何mLにすればいいですか。

式

答え

(2)　サラダ油を 200mL にすると，すは何 mL にすればいいですか。

式

答え

2　木の高さが 5m のかげの長さは 4m です。
このとき，かげが 12m の木の高さは何 m ですか。(10×2)

式

答え

3　さきさんの学校の児童数は 150 人です。
男子と女子の人数の比は 8:7 です。
女子は何人いますか。(10×2)

式

答え

4　1200円の本を姉と弟が 3:2 の割合でお金を出して買うことにしました。
姉と弟は，それぞれいくらお金を出すことになりますか。(10×2)

式

答え　姉　　　　弟

(A3 141%・B4 122%拡大)

月　日

比

名前

1 次の割合《わりあい》を比で表しましょう。(5×2)

(1) 右の長方形の縦《たて》と横の長さの割合

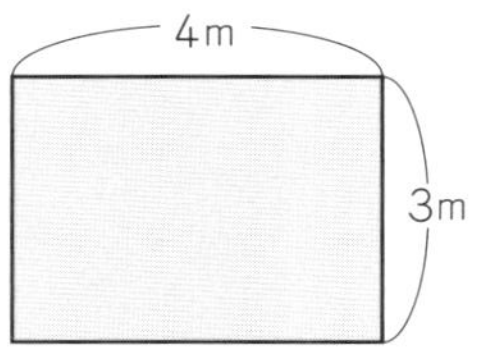

(2) 男子９人と女子１１人の割合

2 比の値を求めましょう。(4×4)

(1) 5：7

(2) 18：24

(3) 0.8：3.2

(4) $\frac{3}{4}$：$\frac{1}{5}$

3 次の比と等しい比を２つ選んで，記号で書きましょう。(4×5)

(1) 3：5

ア 6:10　イ 15:20　ウ 15:25　エ 9:12

(2) 8：3

ア 24:6　イ 32:15　ウ 24:9　エ 32:12

(3) 0.6：2

ア 6:2　イ 24:80　ウ 3:10　エ 24:20

(4) $\frac{5}{3}$：$\frac{3}{2}$

ア 10:9　イ 5:3　ウ 20:18　エ 30:20

(5) 4：$\frac{1}{2}$

ア 8:1　イ 4:2　ウ 24:3　エ 8:2

4 次の比を簡単にしましょう。(4×6)

(1) 9：18

(2) 1.6：2.8

(3) 2：$\frac{2}{3}$

(4) 3.2：$\frac{4}{5}$

(5) $\frac{2}{5}$：$\frac{3}{4}$

(6) $1\frac{1}{7}$：$\frac{3}{4}$

5 次の式で x にあてはまる数を書きましょう。(5×6)

(1) $3:4 = x:24$

(2) $15:x = 75:55$

(3) $x:4 = 0.2:0.8$

(4) $54:81 = 2:x$

(5) $42:24 = 28:x$

(6) $4:x = 1.4:5.6$

(A3 141%・B4 122%拡大)

月　日

比

名前

1　ソースとケチャップを 3:4 の割合《わりあい》で合わせて特製のたれを作ります。(5 × 4)

(1)　ソースを 120 mL にすると，ケチャップは何 mL にすればいいですか。

式

答え

(2)　ケチャップを 120mL にすると，ソースは何 mL にすればいいですか。

式

答え

2　兄と弟が持っているカードの枚《まい》数の割合は 7:5 です。(5 × 6)

(1)　兄は弟の何倍持っていますか。

式

答え

(2)　弟は兄の何倍持っていますか。

式

答え

(3)　兄はカードを 63 枚持っています。
弟が持っているカードは何枚ですか。

式

答え

3　木の高さが 7.5m のかげの長さは 6m です。(5 × 6)

(1)　かげの長さが 8m のときの，木の高さを求めましょう。

式

答え

(2)　かげの長さが 9.2m のときの，木の高さを求めましょう。

式

答え

(3)　木の高さが 4.5m のときの，かげの長さを求めましょう。

式

答え

4　320 mL のジュースを父と私で 3:2 に分けて飲みます。私が飲むのは何 mL になりますか。(5 × 2)

式

答え

5　6m のリボンを A さんと B さんで 5:3 に分けます。A さんと B さんはそれぞれ何 cm になりますか。(5 × 2)

式

答え　A さん　　　B さん

(A3 141%・B4 122%拡大)

月　日

拡大図と縮図

名前

1　①〜④と合同な図形をかきましょう。(10×4)

①

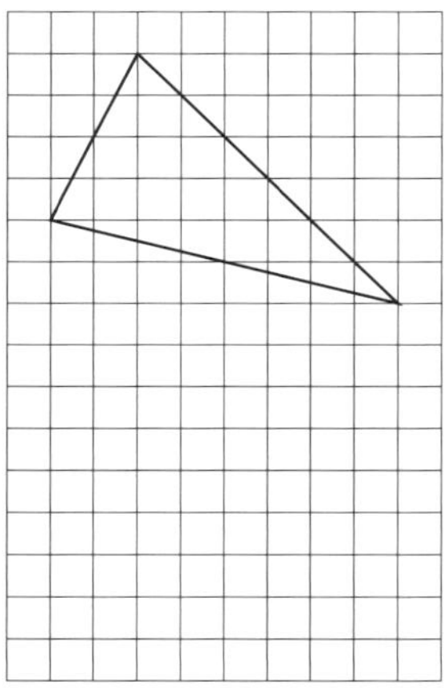

②

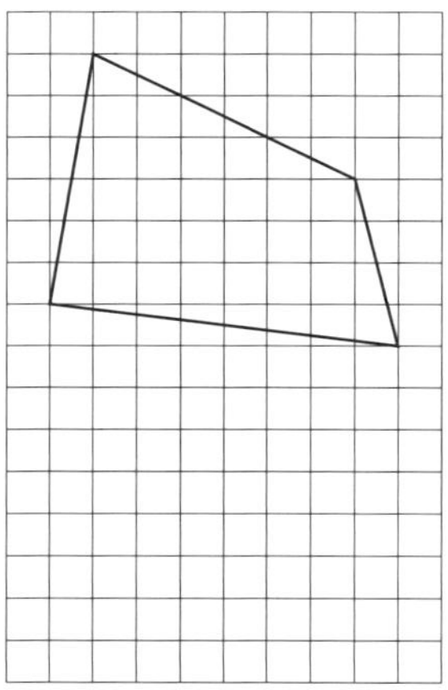

③

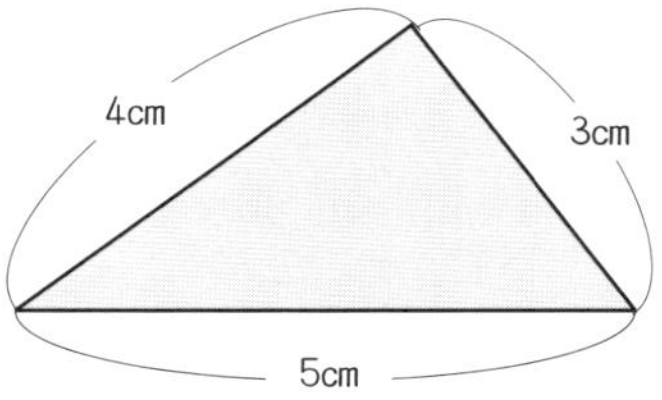

④

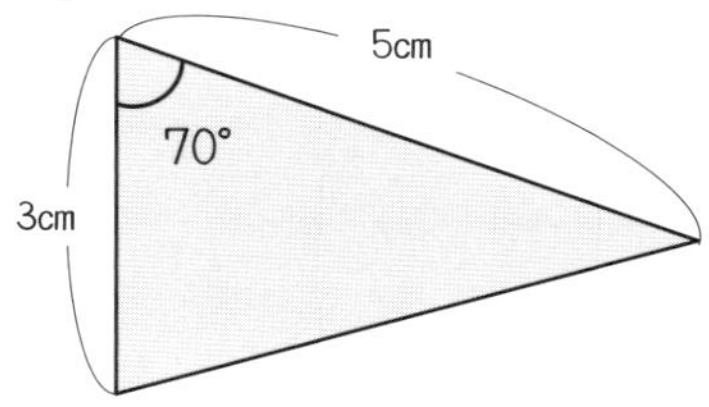

2　下の３つの四角形は合同です。対応する頂点《ちょうてん》と辺を表に書きましょう。(5×8)

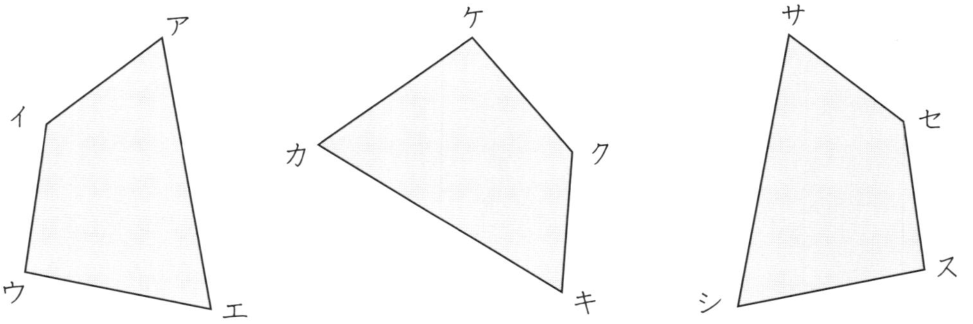

四角形アイウエ	四角形カキクケ	四角形サシスセ
頂点イ		
頂点エ		
辺アイ		
辺ウエ		

3　(1)〜(4)と等しい比を右から選んで，記号を書きましょう。(5×4)

(1)　2：3　□　ア　3：6　イ　4：6　ウ　2：4

(2)　12：8　□　ア　6：3　イ　4：2　ウ　3：2

(3)　6：2　□　ア　12：8　イ　9：3　ウ　15：10

(4)　4：18　□　ア　6：27　イ　8：24　ウ　12：52

(A3 141%・B4 122%拡大)

月　日

拡大図と縮図

名前

1　㋐の２倍の拡大図《かくだいず》と$\frac{1}{2}$の縮図《しゅくず》はどれですか。記号で答えましょう。(5 × 2)

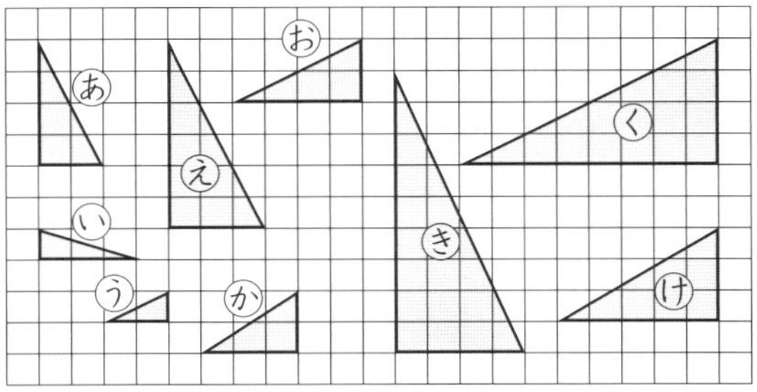

２倍の拡大図　□　　$\frac{1}{2}$の縮図　□

2　四角形カキクケは四角形アイウエの拡大図です。(5 × 5)

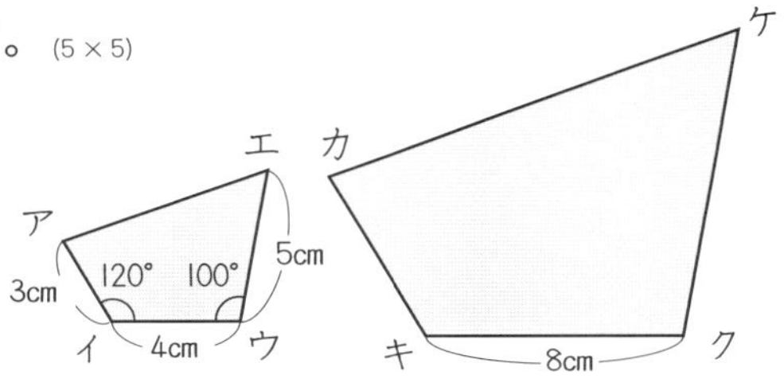

(1)　辺イウと辺キクの辺の長さの比を，できるだけ簡単な整数の比で表しましょう。

□

(2)　四角形カキクケは，四角形アイウエの何倍の拡大図ですか。

□

(3)　角クの角度は何度ですか。

□

(4)　辺カキと辺ケクの長さを求めましょう。

辺カキ　□　　辺ケク　□

3　三角形アイウの$\frac{1}{2}$の縮図三角形カキクをかきます。(5 × 3)

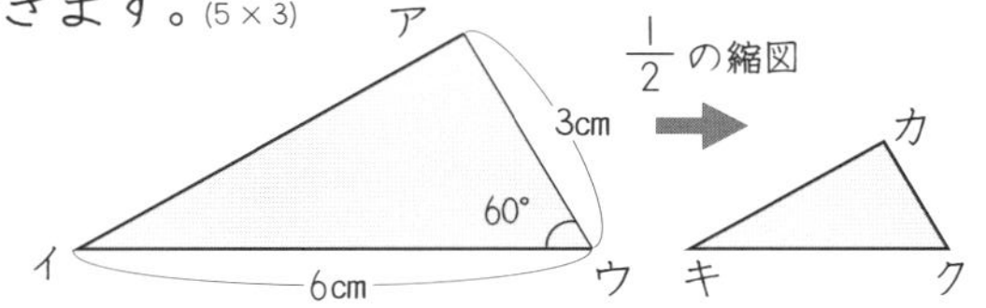

(1)　三角形カキクのどの角を60°にしますか。

□

(2)　辺キク，辺クカはそれぞれ何cmにすればいいですか。

辺キク　□　　辺クカ　□

4　下の三角形の２倍の拡大図をかきましょう。(10)

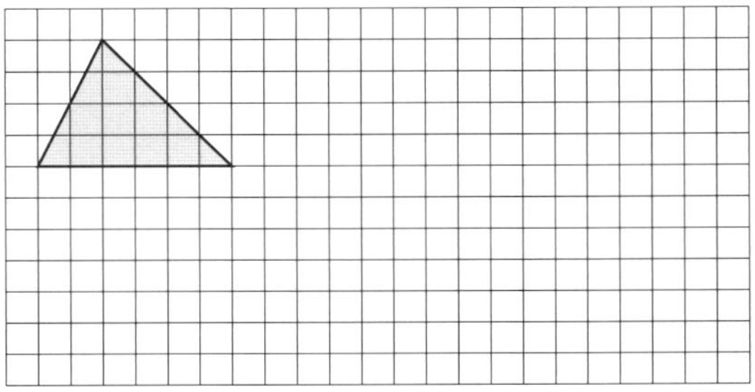

5　下の三角形の縮図と拡大図をかきましょう。(10 × 2)

(1)　$\frac{1}{2}$の縮図

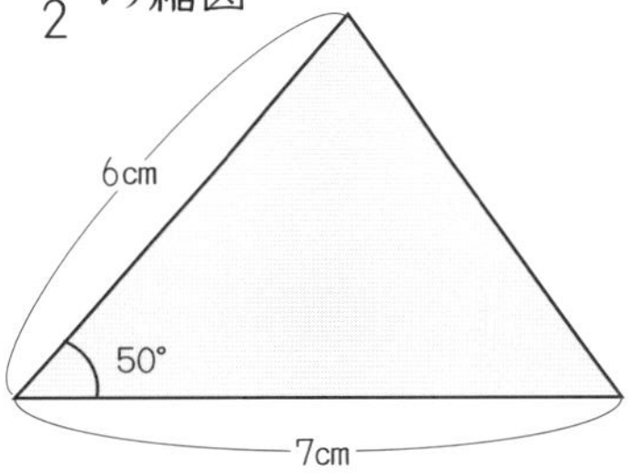

(2)　３倍の拡大図

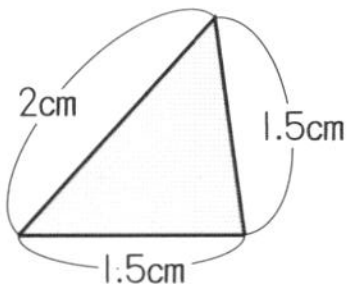

6　下の三角形アイウの頂点《ちょうてん》イを中心にして２倍の拡大図と，$\frac{1}{2}$の縮図をかきましょう。(10 × 2)

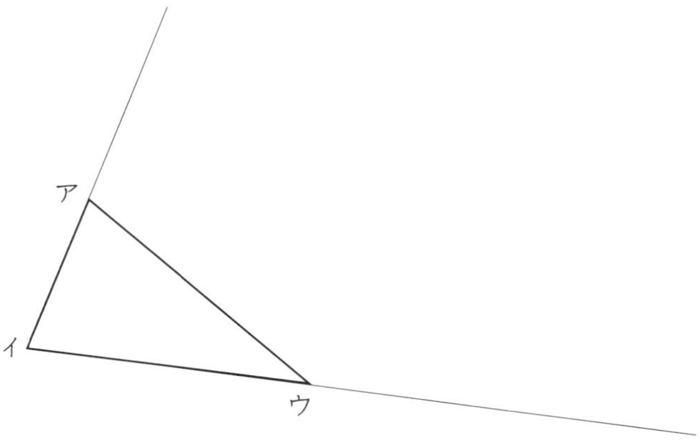

(A3 141%・B4 122%拡大)

月　　日

拡大図と縮図

名前

1　下の図はゆきこさんの学校の縮図《しゅくず》です。(10×5)

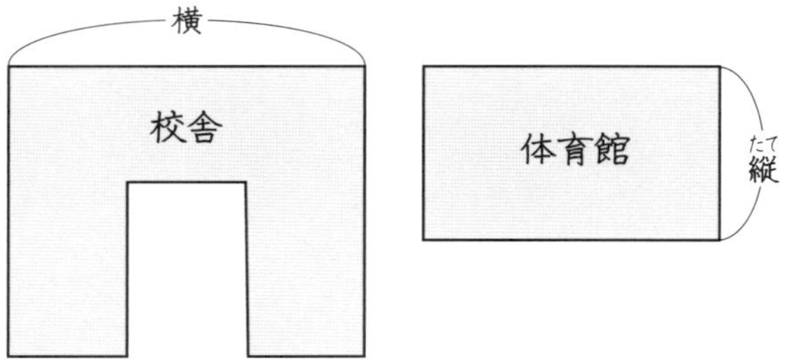

(1)　縮図では，30mが3cmで表されています。
この縮図は何分の一の縮図ですか。

式

答え

(2)　縮図での校舎の横の長さは5cmです。
実際の長さは何mですか。

式

答え

(3)　縮図での体育館の縦の長さは2.2cmです。
実際の長さは何mですか。

式

答え

3　縮図をかいてビルの高さを求めましょう。

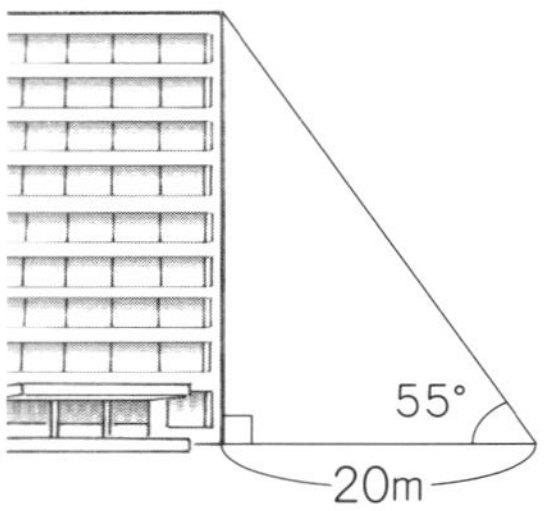

(1)　$\frac{1}{500}$の縮図をかきます。20mは何cmでかけばいいですか。(5×2)

式

答え

(2)　$\frac{1}{500}$の縮図をかきましょう。(10)

(3)　$\frac{1}{500}$の縮図では，ビルの高さは約何cmですか。(10)

答え

(4)　実際のビルの高さを求めましょう。(10×2)

式

答え

(A3 141%・B4 122%拡大)

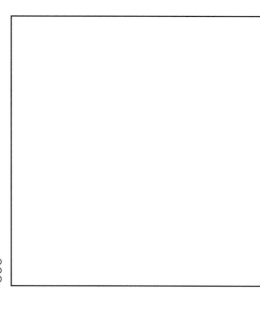

月　日

拡大図と縮図

名前

1　四角形カキクケは四角形アイウエの拡大図《かくだいず》です。四角形サシスセは四角形アイウエの縮図《しゅくず》です。(4 × 8)

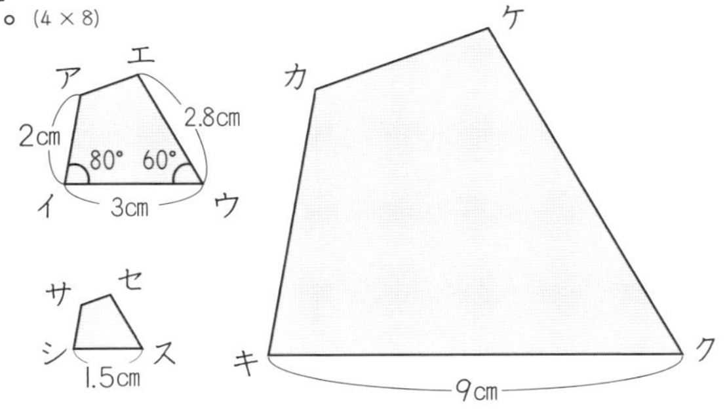

(1)　次の辺の長さの比をできるだけ簡単な整数の比で表しましょう。

辺イウと辺キク

辺イウと辺シス

(2)　四角形カキクケは，四角形アイウエの何倍の拡大図ですか。

(3)　角クの角の大きさは何度ですか。

(4)　次の辺の長さを求めましょう。

辺カキ　　辺ケク

辺サシ　　辺セス

2　下の三角形アイウの頂点《ちょうてん》イを中心にして 2 倍の拡大図と，$\frac{1}{2}$ の縮図をかきます。辺アイと辺イウに対応する辺は，それぞれ中心イから何 cm にすればいいですか。(4 × 4)

辺アイ　拡大図では　　縮図では

辺イウ　拡大図では　　縮図では

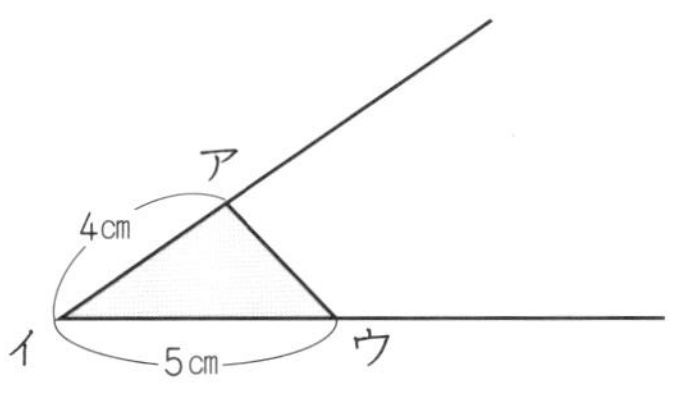

3　下の四角形の 2 倍の拡大図と $\frac{1}{2}$ の縮図をかきましょう。(8 × 2)

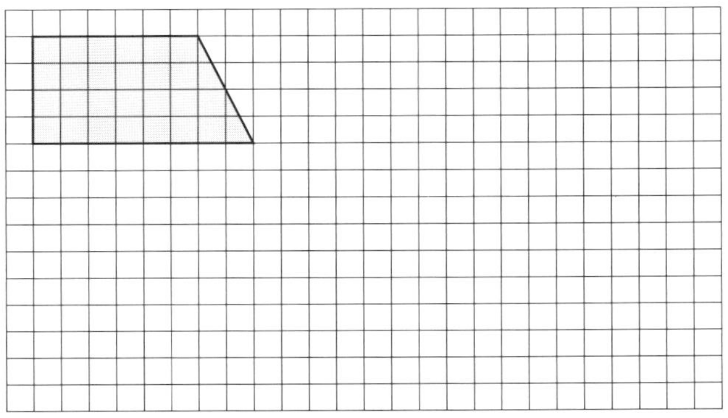

4　下の三角形の縮図と拡大図をかきましょう。(10 × 2)

(1)　1.5 倍の拡大図

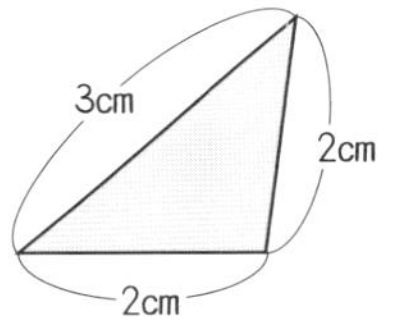

(2)　$\frac{1}{2}$ の縮図

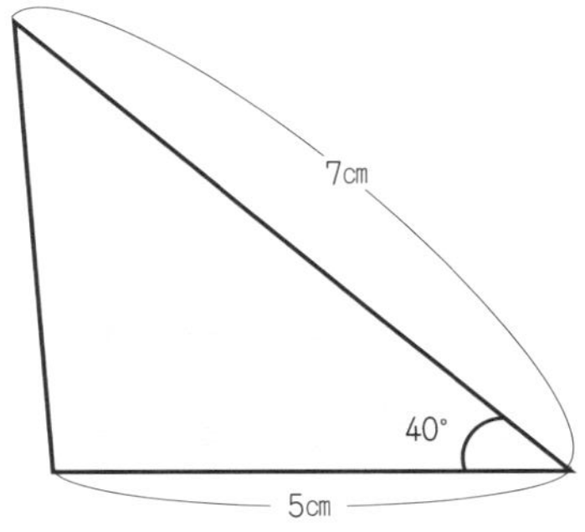

5　下の四角形アイウエの頂点イを中心にして 2 倍の拡大図と，$\frac{1}{2}$ の縮図をかきましょう。(8 × 2)

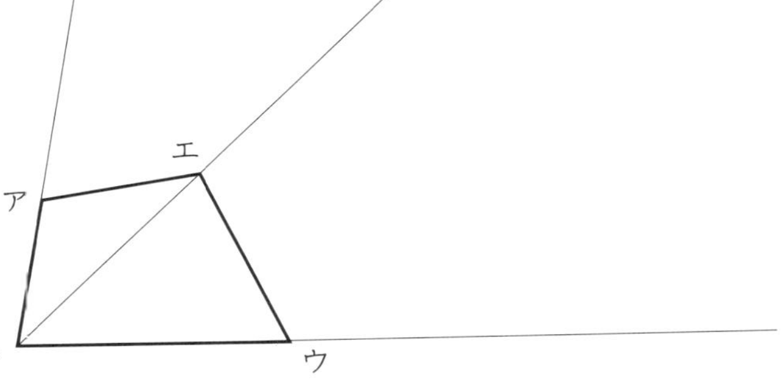

(A3 141%・B4 122%拡大)

月　日

拡大図と縮図

名前

1 下の図は学校から家までの地図です。

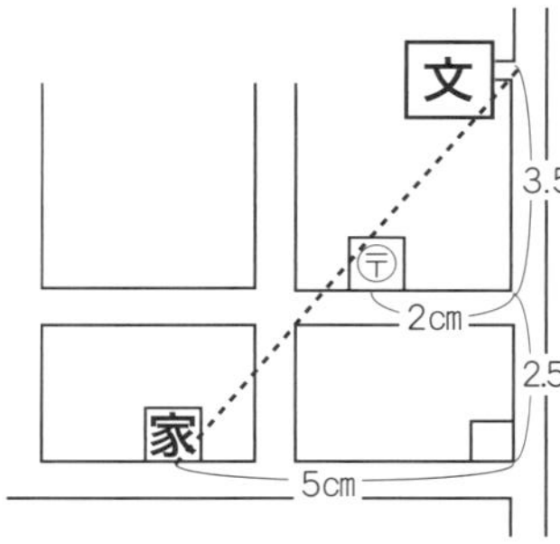

(1) 地図では100mを1cmで表しています。この地図の何分の1の縮図《しゅくず》ですか。(10)

式

答え

(2) 学校から家までの道のりは何mですか。(5×2)

式

答え

(3) 学校から郵便局までの道のりは何mですか。(5×2)

式

答え

(4) 家から学校までのきょり(点線)を$\frac{1}{10000}$の縮尺で縮図をかいて求めましょう。(10×3)

式

答え

2 縮図をかいて木の高さを求めましょう。

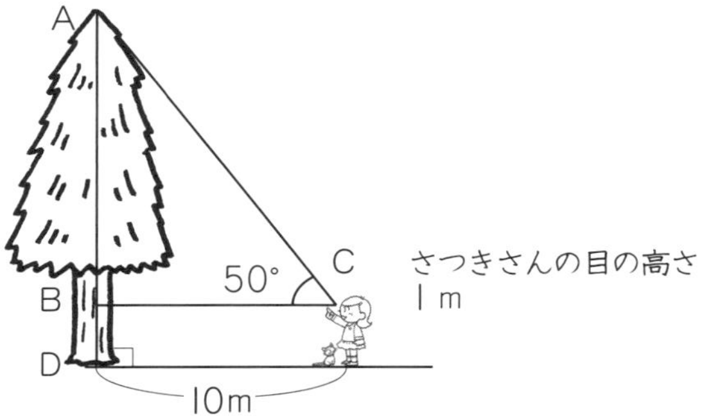

(1) $\frac{1}{200}$の縮図をかきます。10mは何cmにすればいいですか。(5×2)

式

答え

(2) 三角形ABCを$\frac{1}{200}$の縮図でかきましょう。(10)

(3) $\frac{1}{200}$の縮図では，ABの長さは約何cmですか。(5×2)

答え

(4) 木の高さを求めましょう。(5×2)

式

答え

(A3 141%・B4 122%拡大)

学習準備　　　　　　月　　日

円の面積

名前

1 下の図形の面積を求めましょう。(5 × 12)

(1) 長方形

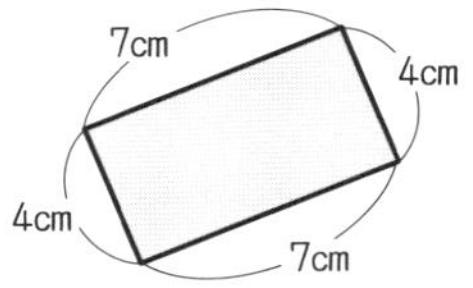

式

答え

(2) 正方形

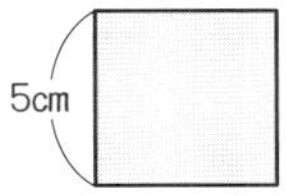

式

答え

(3) 平行四辺形

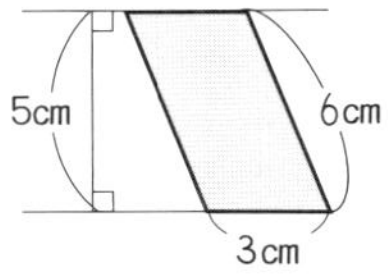

式

答え

(4) 三角形

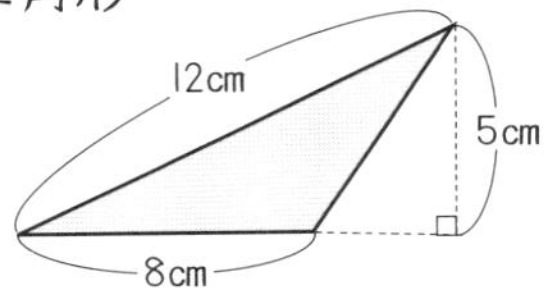

式

答え

(5) 台形

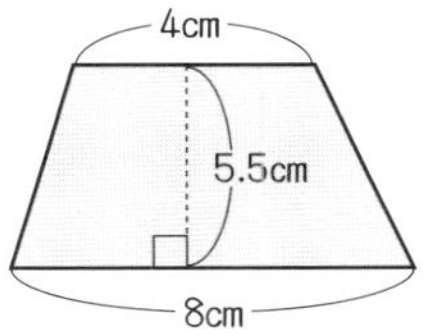

式

答え

(6) ひし形

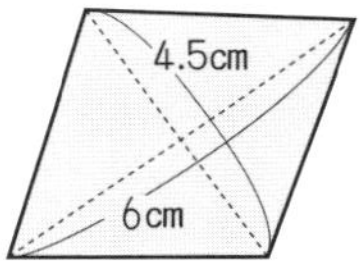

式

答え

2 下の円の円周の長さを求めましょう。(5 × 4)

(1)

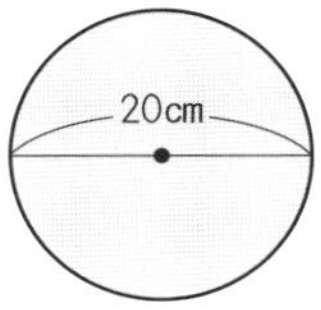

式

答え

(2)

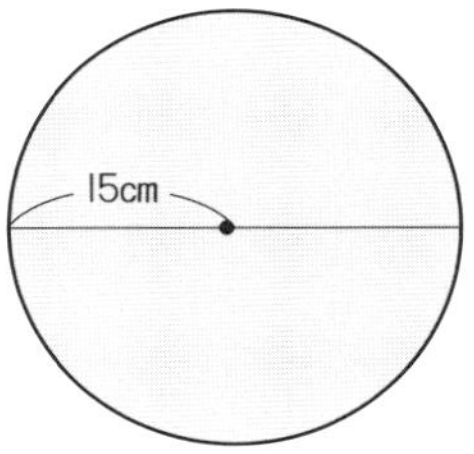

式

答え

3 下の図形の色のついた部分の面積を求めましょう。(5 × 4)

(1)

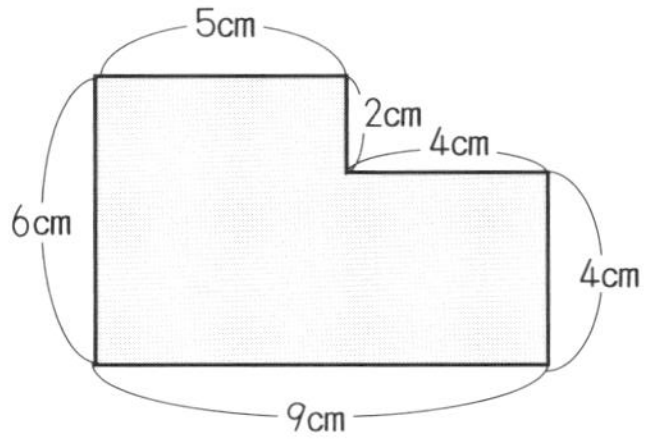

式

答え

(2)

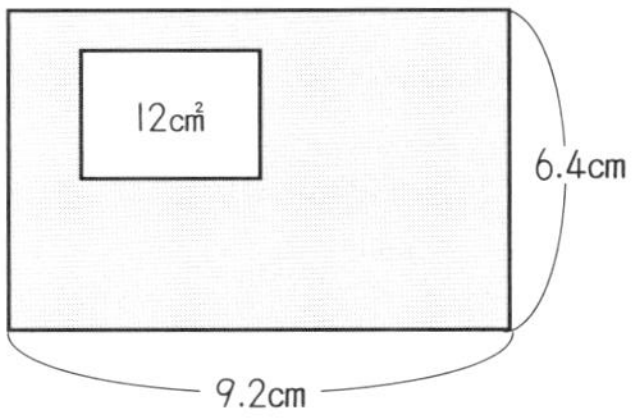

式

答え

(A3 141%・B4 122%拡大)

月　日

円の面積

名前

1　方眼を使って，半径 8cm の円のおよその面積を求めます。

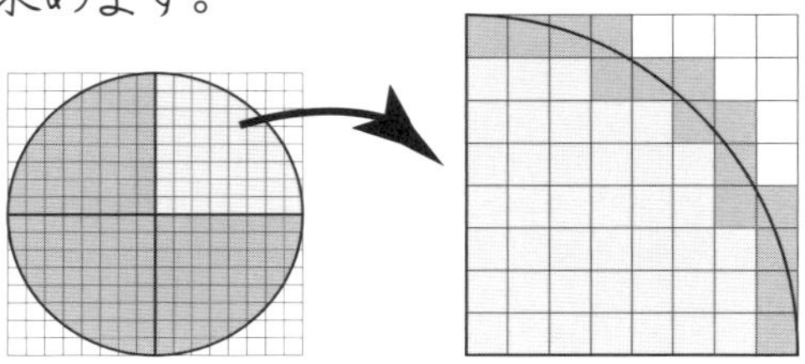

(1)　円の $\frac{1}{4}$ を切り取って調べます。
1cm² □は何個で何cm²ですか。(5×2)

□は（　　）個で（　　）cm²

■はすべて 0.5cm²とします。
■は何個で何cm²ですか。

■は（　　）個で（　　）cm²

(2)　円の $\frac{1}{4}$ の面積は約何cm²ですか。(5×2)
式

答え

(3)　半径 8cm の円は約何cm²ですか。(5×2)
式

答え

2　円の面積を下の図のように円を細かく等分して並《なら》べて求めます。

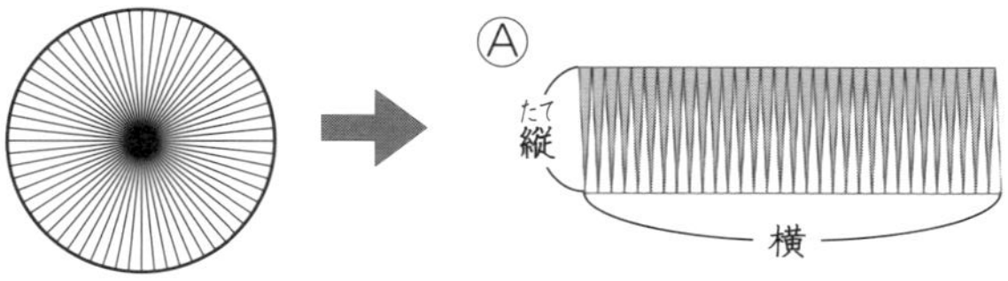

(1)　Ⓐは，何の形とみることができますか。(5)

(2)　Ⓐの縦は円のどの部分と同じですか。(5)

(3)　Ⓐの横は円のどの部分と同じですか。(5)

(4)　Ⓐの横の長さを求めます。
□にあてはまる言葉を書きましょう。(5)

Ⓐの横の長さ＝□×円周率÷2

(5)　円の面積を求める公式を書きましょう。(10)

円の面積＝□×□×円周率

3　下の形の面積を求めましょう。(5×8)

(1)
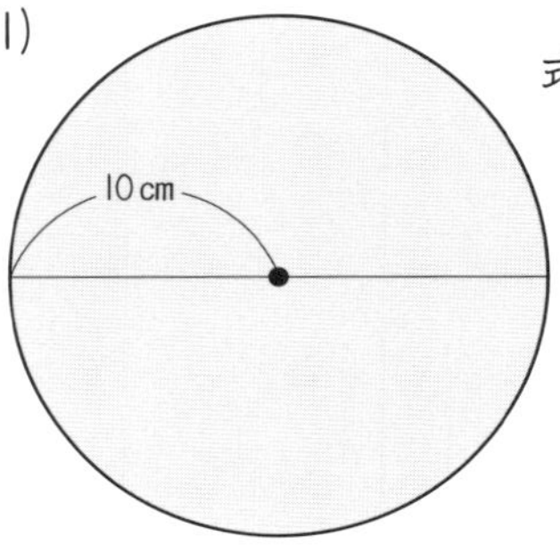

式

答え

(2)
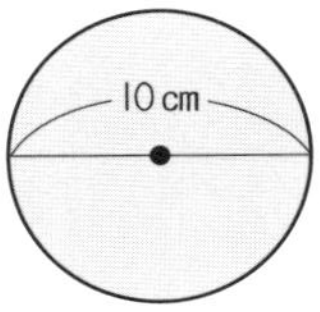

式

答え

(3)
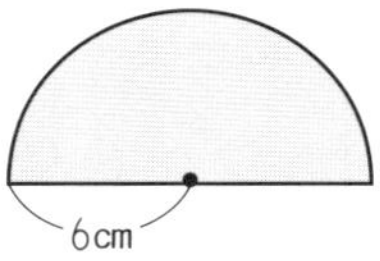

式

答え

(4)
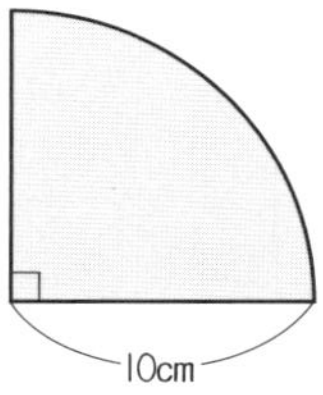

式

答え

(A3 141%・B4 122%拡大)

月　日

円の面積

名前

1 色のついた図形の面積を求めましょう。(10 × 8)

(1)

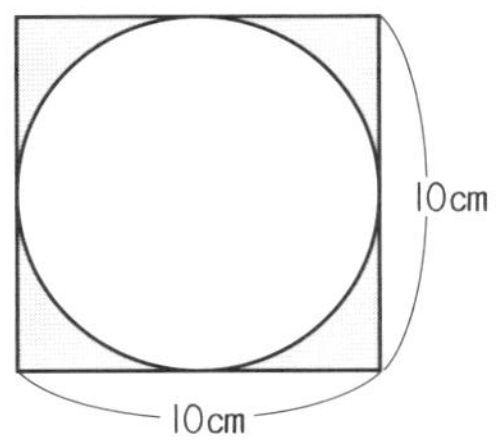

式

答え

(2)

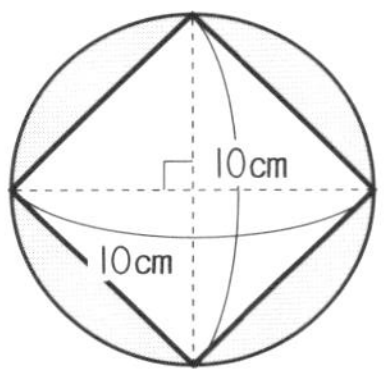

式

答え

(3)

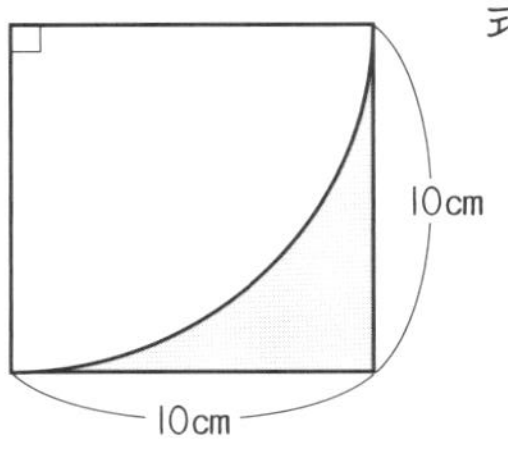

式

答え

(4)

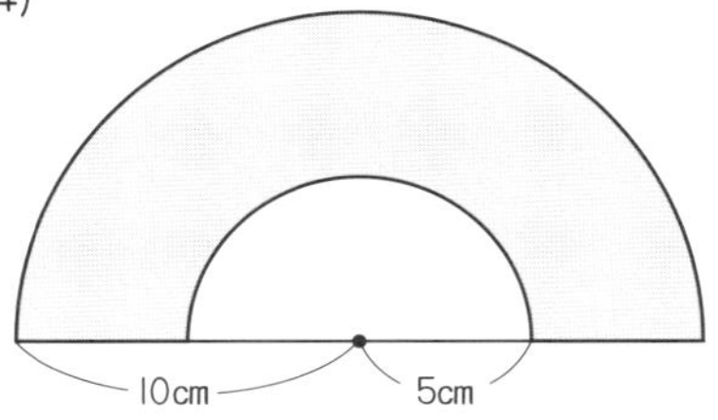

式

答え

2 色のついた部分の面積の求め方を考えます。(5 × 4)

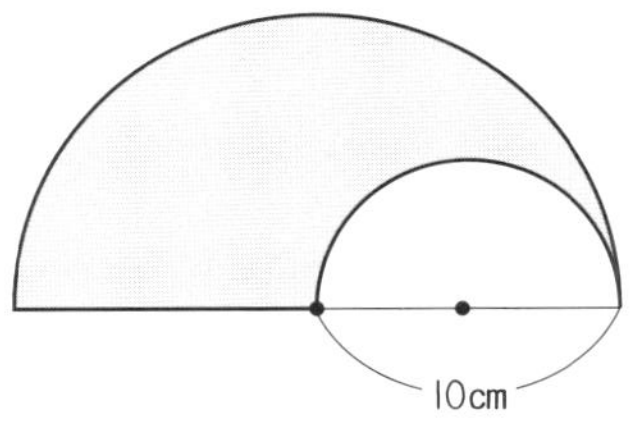

下の(1)～(4)の式は，どの面積を求めているのでしょうか。右の図に色をぬって表しましょう。

(1) $10 \times 10 \times 3.14 = 314$

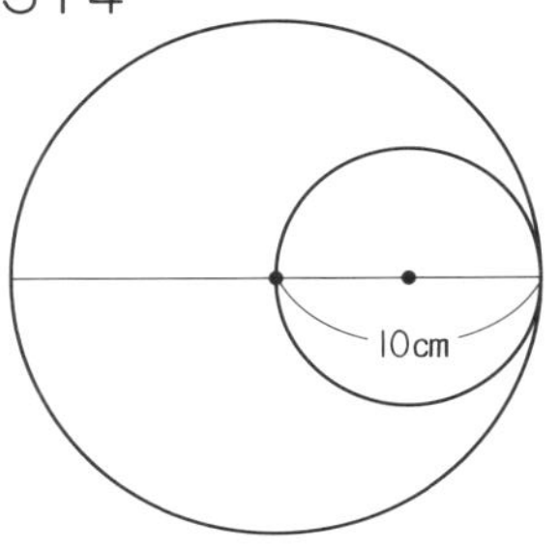

(2) $5 \times 5 \times 3.14 = 78.5$

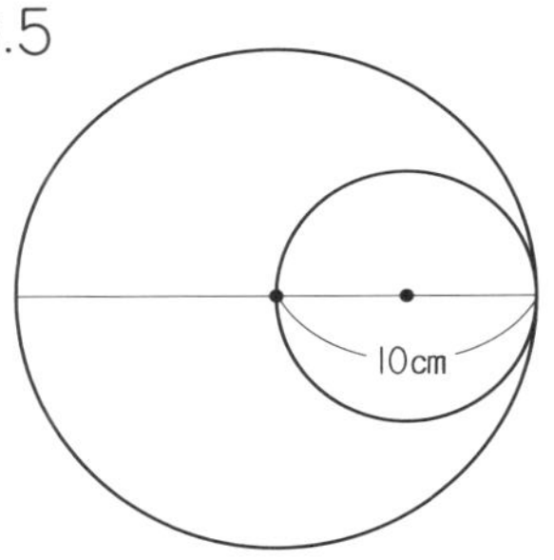

(3) $314 - 78.5 = 235.5$

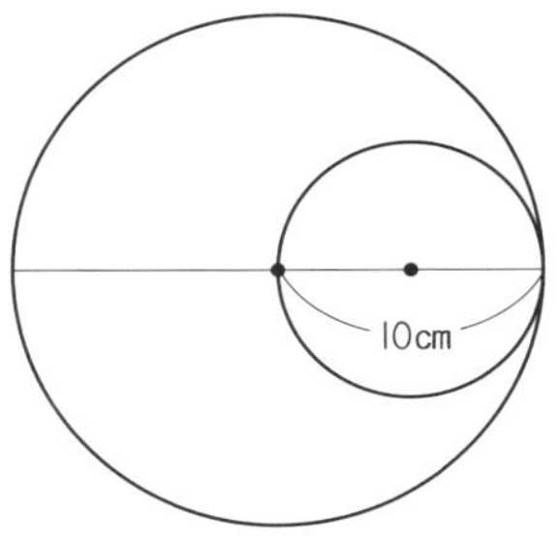

(4) $235.5 \div 2 = 117.75$

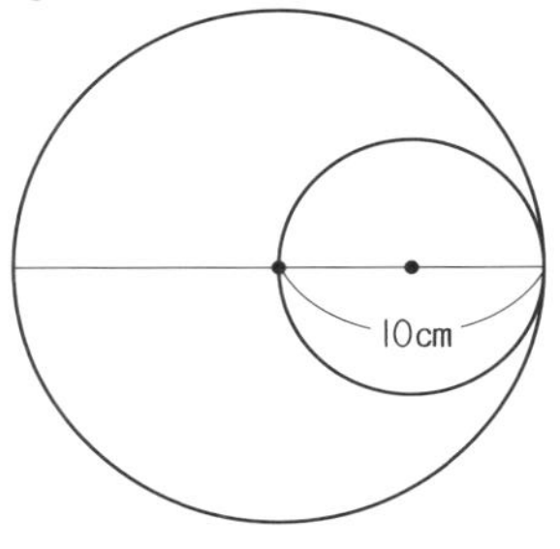

(A3 141%・B4 122%拡大)

月　日

円の面積

名前

1　円の面積を求める公式を考えます。(4×5)

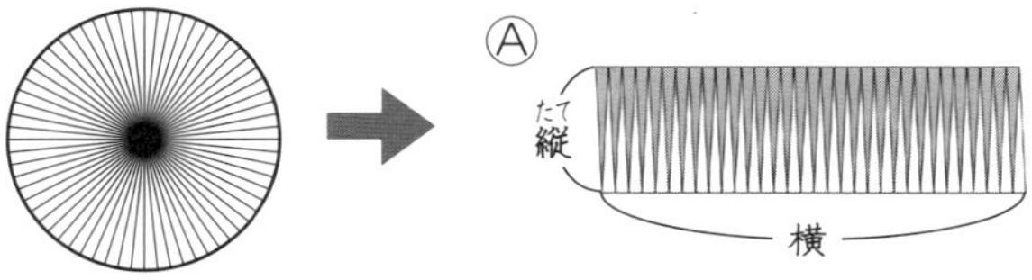

(1)　上の図のように円を切り分けて並《なら》べかえるとほぼ長方形になります。
　長方形の面積を求める公式を書きましょう。

長方形の面積＝□×□

(2)　縦の長さは円の何の長さですか。

□

(3)　横の長さは円の何の長さにあたりますか。

□

(4)　横の長さを求める式を言葉で書きます。
□にあてはまる数や言葉を書きましょう。

Ⓐ の横の長さ ＝ 直径×□÷2

(5)　長方形の面積を求める公式にあてはめて円の面積を求める公式を書きましょう。

円の面積＝ 半径×□×□

2　下の円の円周と面積を求めましょう。(5×4)

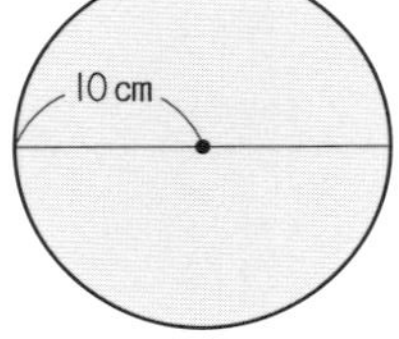

(1)　円周を求めましょう。

式

答え

(2)　面積を求めましょう。

式

答え

3　下の形の面積を求めましょう。(5×12)

(1)
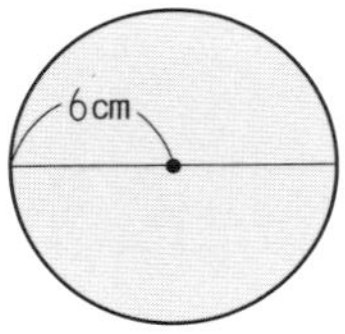

式

答え

(2)
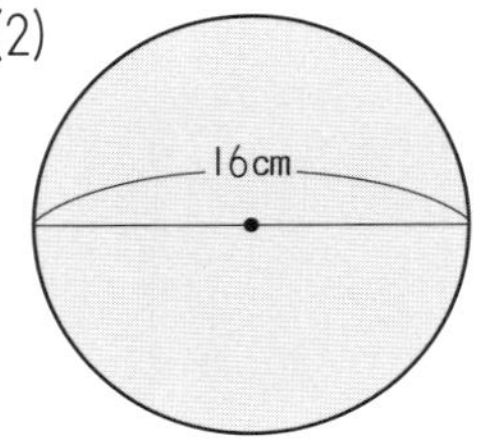

式

答え

(3)
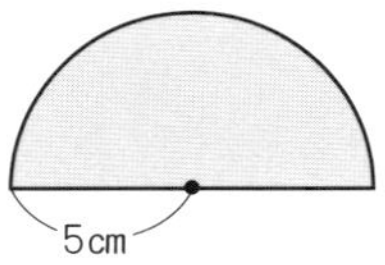

式

答え

(4)
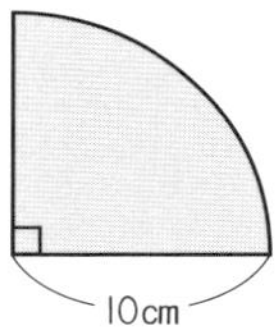

式

答え

(5)　直径８ｍの円の半分の面積

式

答え

(6)
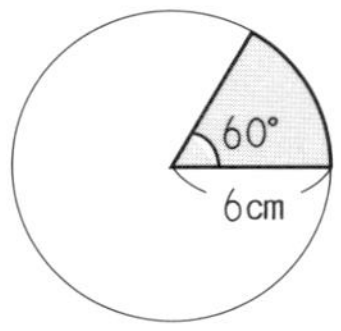

式

答え

(A3 141%・B4 122%拡大)

月　日

円の面積

名前

1　色のついた図形の面積を求めましょう。(5 × 12)

(1)

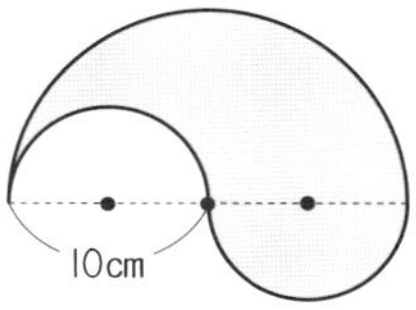

式

答え

(2)

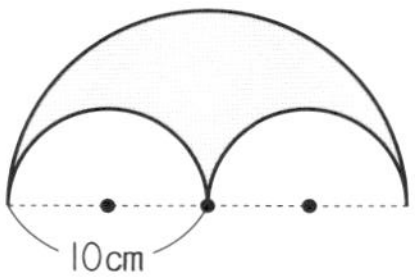

式

答え

(3)

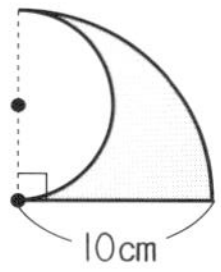

式

答え

(4)

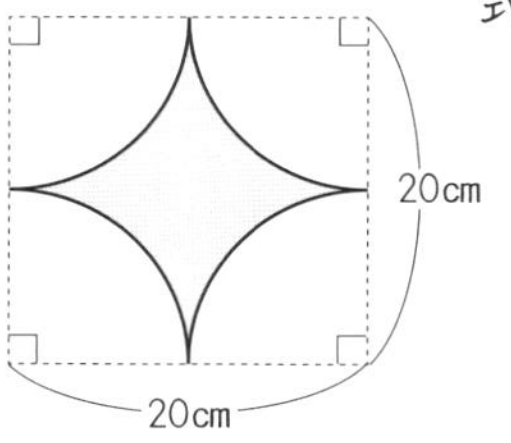

式

答え

(5)

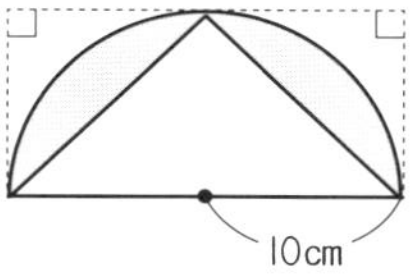

式

答え

(6)

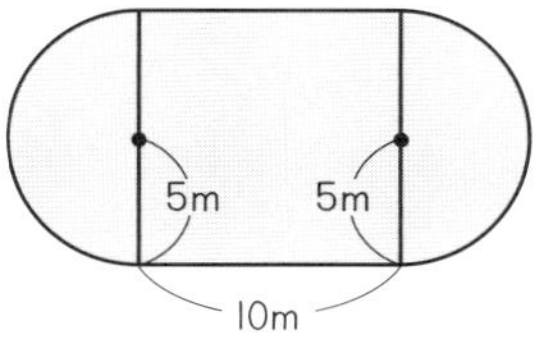

式

答え

2　色のついた部分の面積の求め方を考えます。

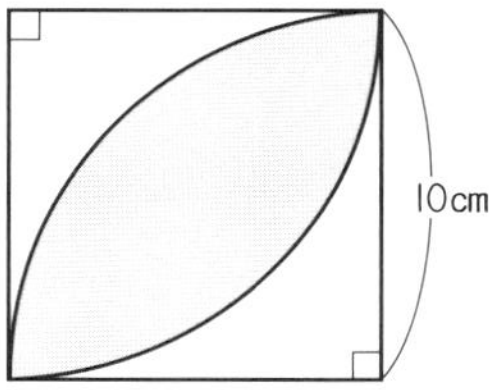

下の(1)～(4)の式は，どの面積を求めているのでしょうか。右の図に色をぬって表しましょう。(10 × 4)

(1)　10 × 10 × 3.14 ÷ 4 = 78.5

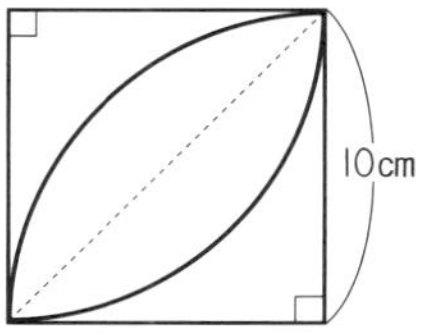

(2)　10 × 10 ÷ 2 = 50

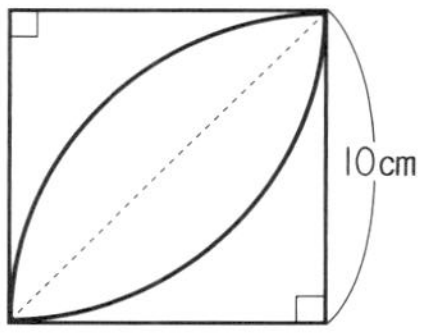

(3)　78.5 − 50 = 28.5

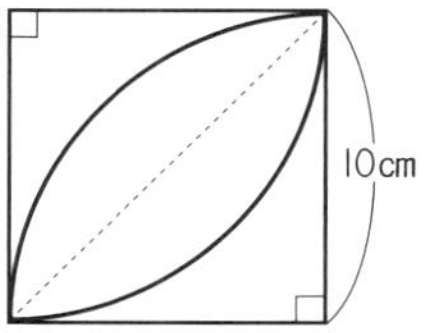

(4)　28.5 × 2 = 57

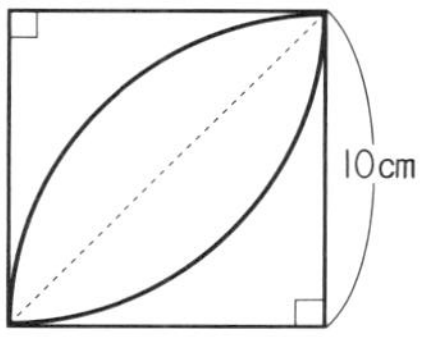

(A3 141%・B4 122%拡大)

学習準備　　　　月　　日

角柱と円柱の体積

名前

1　下の図形の面積を求めましょう。(5×6)

(1)

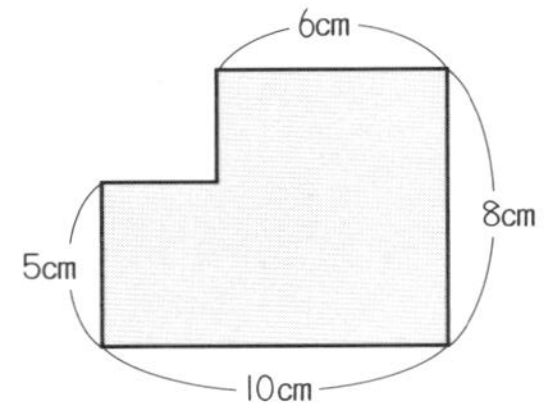

式

答え

(2)

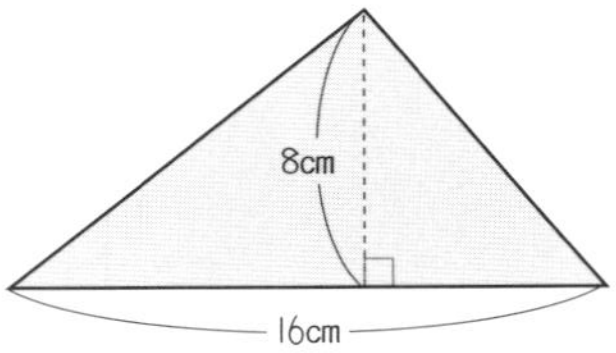

式

答え

(3)

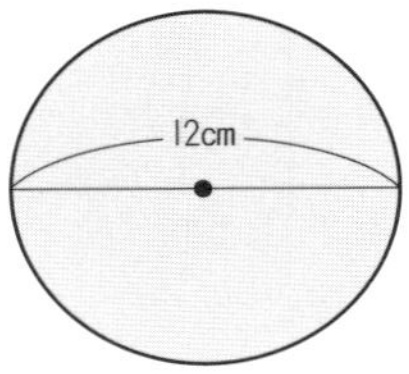

式

答え

2　下の立体の体積を求めましょう。(5×6)

(1)

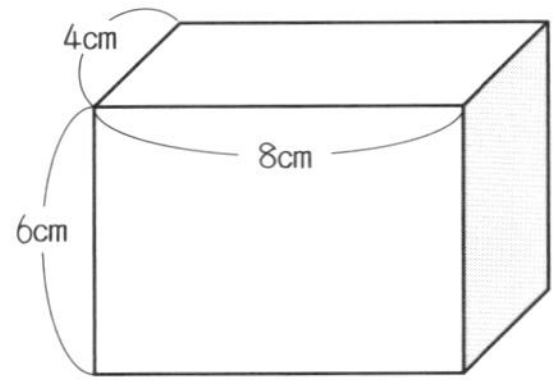

式

答え

(2)

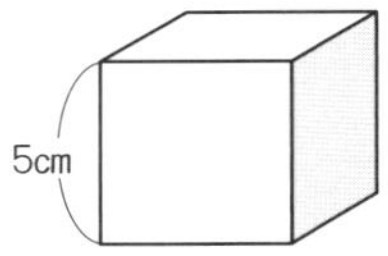

立方体

式

答え

(3)

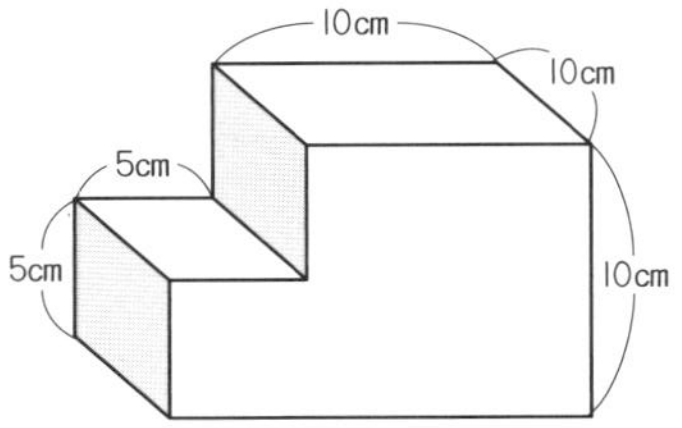

式

答え

3　角柱について(　　)にあてはまる言葉を下の□から選んで書きましょう。(5×4)

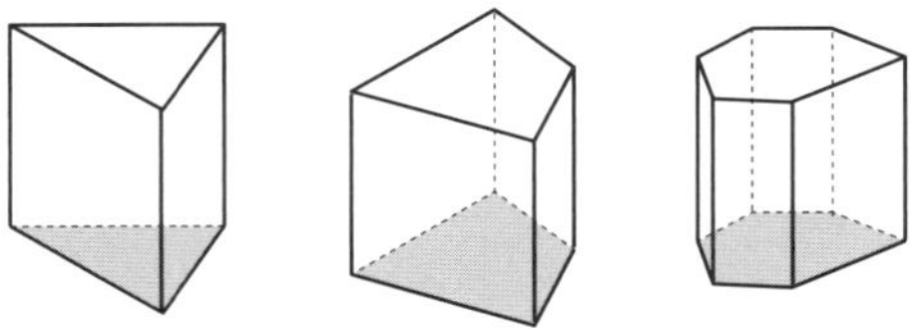

(1) 角柱では，向かい合った２つの合同な面を(　　　)といい，それ以外のまわりの面を(　　　)といいます。

(2) 角柱の２つの底面は，たがいに(　　　)な関係になっています。

(3) 角柱の底面と側面は，たがいに(　　　)な関係になっています。

底面・側面・曲面・平行・垂直《すいちょく》

4　円柱について(　　)にあてはまる言葉を下の□から選んで書きましょう。(5×4)

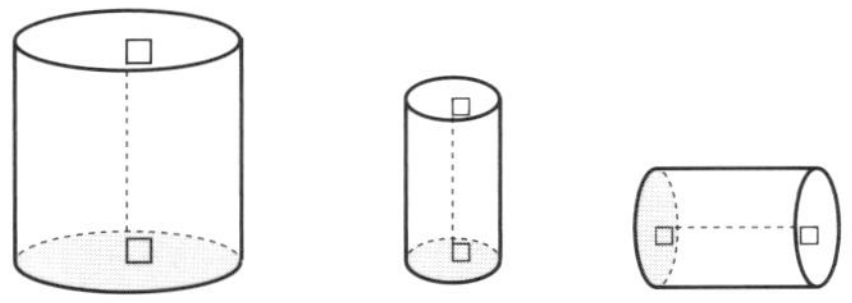

(1) 円柱の２つの底面は合同で，(　　　)な関係になっています。底面と側面は(　　　)な関係になっています。

(2) 円柱の側面のように曲がった面を(　　　)といいます。

(3) ２つの底面に垂直な直線の長さを(　　　)といいます。

曲面・平行・垂直・円・高さ

(A3 141%・B4 122%拡大)

月　日

角柱と円柱の体積

名前

1 四角柱の体積の求め方を考えます。(5×5)

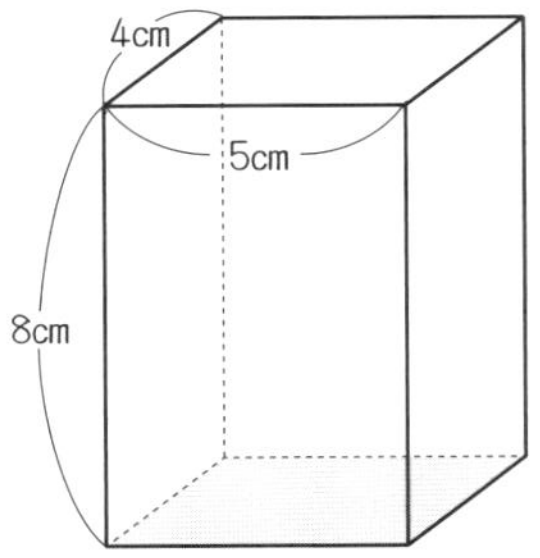

(1) この四角柱の底面積は何cm²ですか。

式

答え

(2) 角柱の体積を求める公式を書きましょう。

角柱の体積＝

(3) 上の四角柱の体積を求めましょう。

式

答え

2 円柱の体積の求め方を考えます。(5×5)

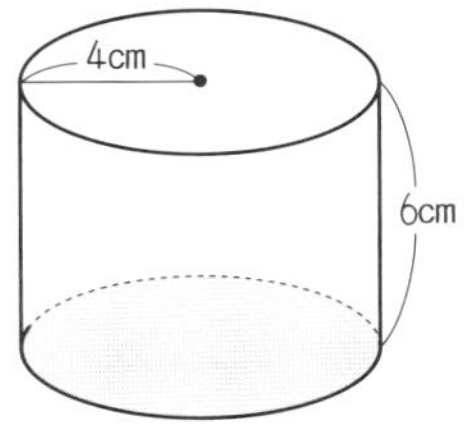

(1) この円柱の底面積は何cm²ですか。

式

答え

(2) 円柱の体積を求める公式を書きましょう。

円柱の体積＝

(3) 上の円柱の体積を求めましょう。

式

答え

3 下の立体の底面に色をぬりましょう。(5×2)

(1)

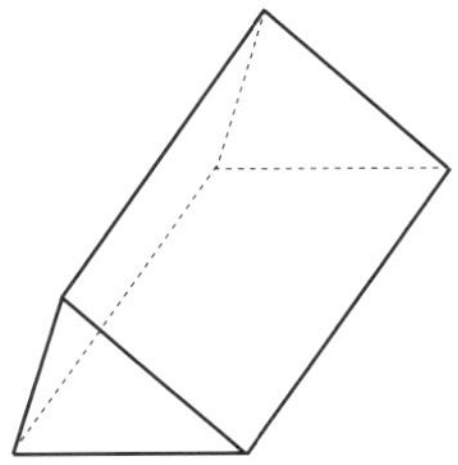

(2)

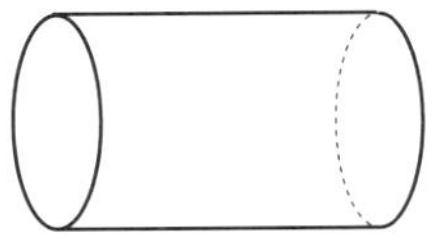

4 角柱の体積を求めましょう。(5×4)

(1)

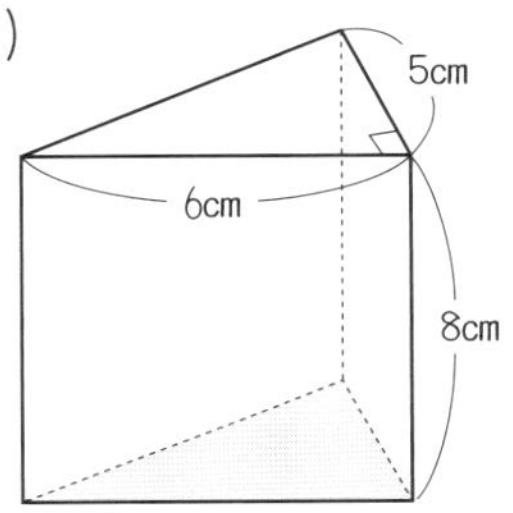

式

答え

(2)

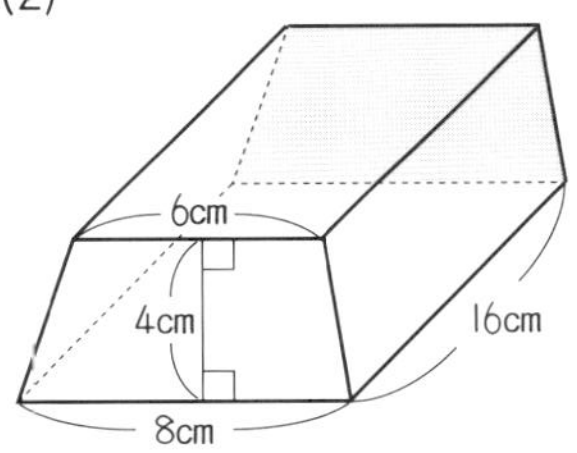

式

答え

5 円柱の体積を求めましょう。(5×4)

(1)

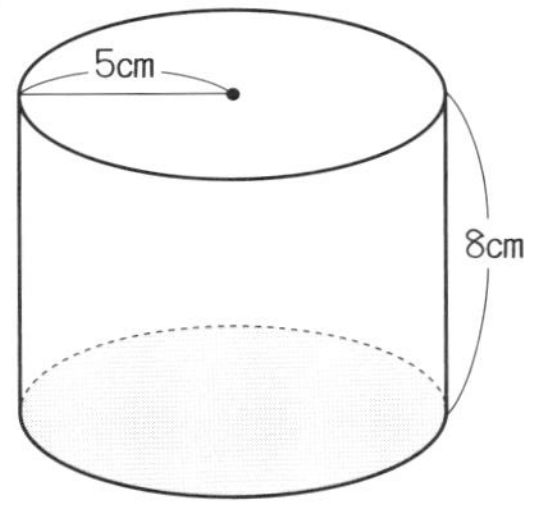

式

答え

(2)

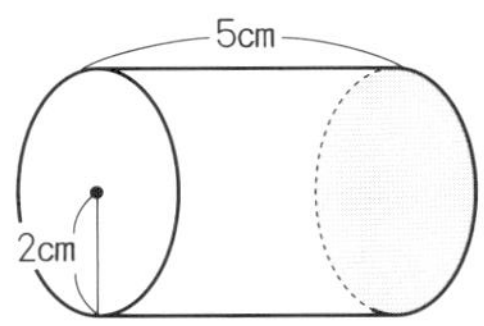

式

答え

(A3 141%・B4 122%拡大)

月　日

角柱と円柱の体積

名前

1　下の図のような立体の体積の求め方を考えます。(10 × 4)

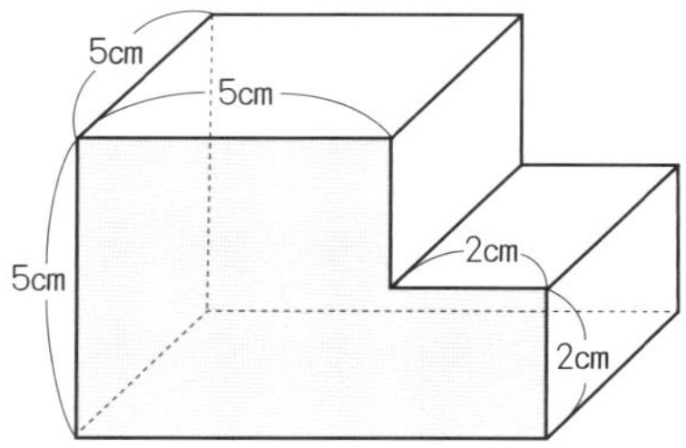

(1)　立体の底面積は何cm²ですか。

式

答え

(2)　立体の体積を求めましょう。

式

答え

2　下の四角柱の体積を求めましょう。(10 × 2)

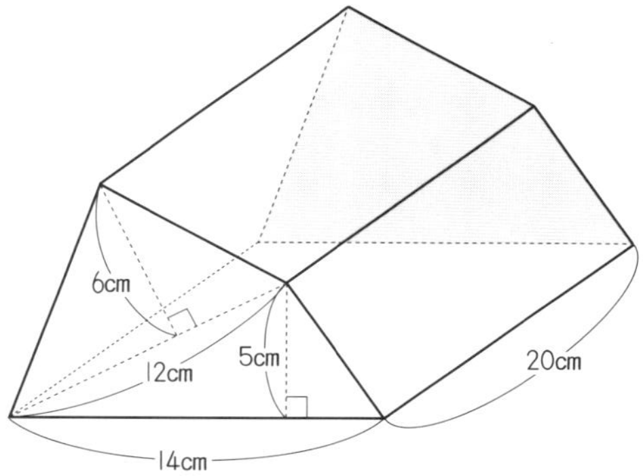

式

答え

3　下のような立体の体積を求めましょう。(10 × 4)

(1)

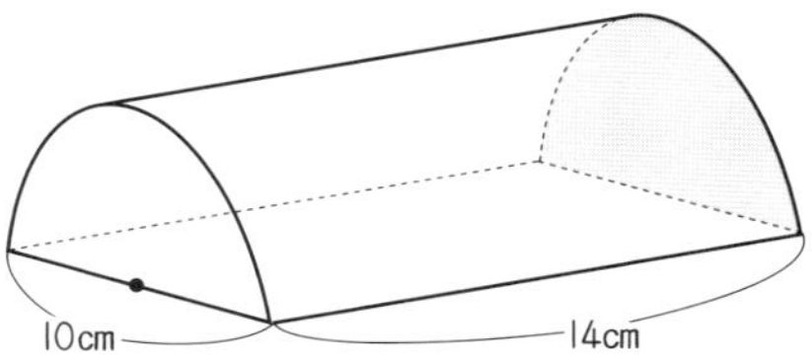

式

答え

(2)

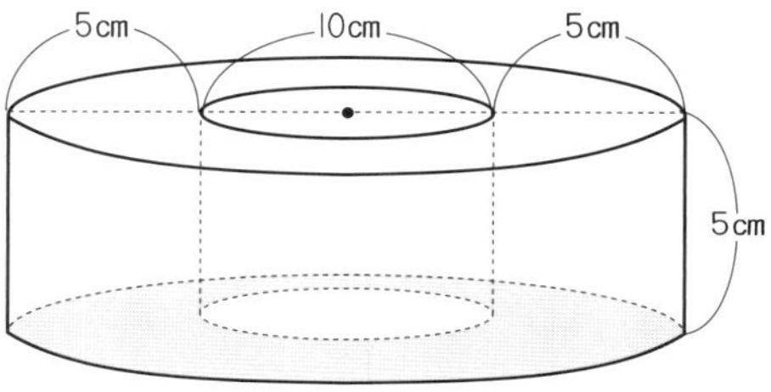

式

答え

(A3 141%・B4 122%拡大)

月　日

角柱と円柱の体積

名前

1 四角柱の体積の求め方を考えます。(4×5)

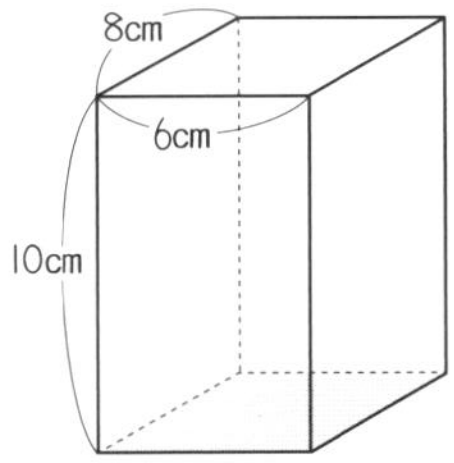

(1) この四角柱の底面積は何cm²ですか。

式

答え

(2) 角柱の体積を求める公式を書きましょう。

角柱の体積＝

(3) 上の四角柱の体積を求めましょう。

式

答え

2 円柱の体積の求め方を考えます。(4×5)

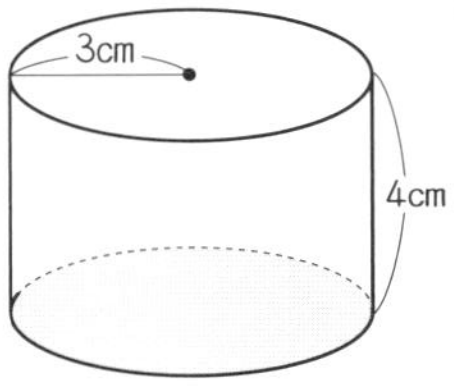

(1) この円柱の底面積は何cm²ですか。

式

答え

(2) 円柱の体積を求める公式を書きましょう。

円柱の体積＝

(3) 上の円柱の体積を求めましょう。

式

答え

3 下の立体の底面に色をぬりましょう。(4×3)

(1)

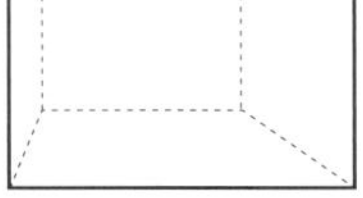

(2)

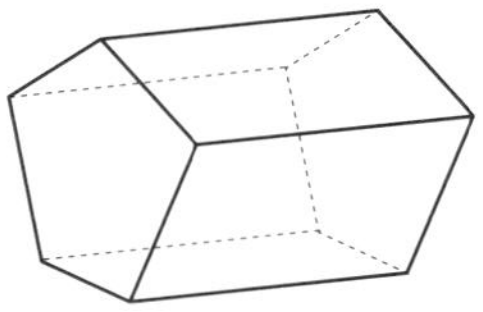

(3)

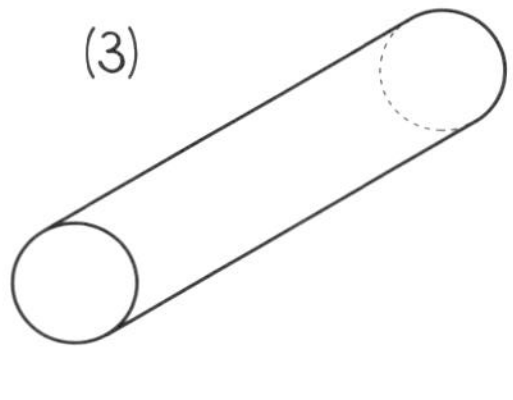

4 角柱の体積を求めましょう。(4×6)

(1)

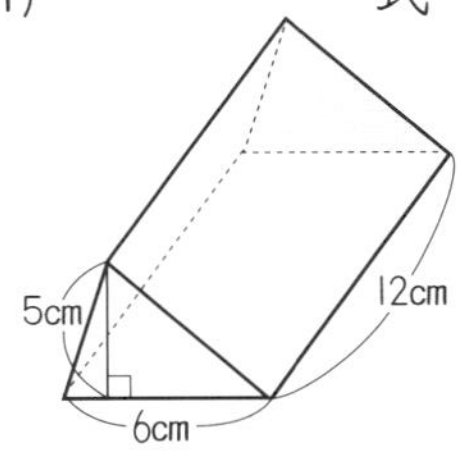

式

答え

(2)

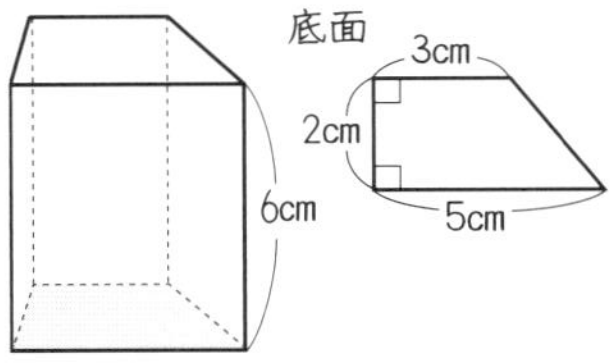

式

答え

(3)

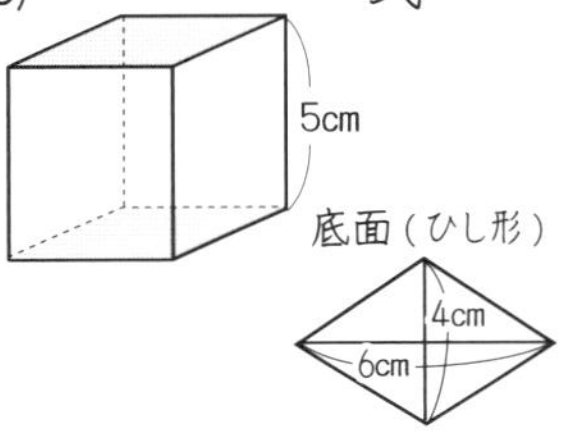

式

答え

5 円柱の体積を求めましょう。(4×6)

(1)

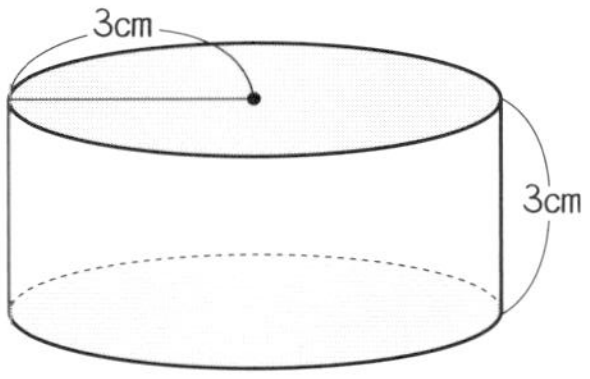

式

答え

(2)

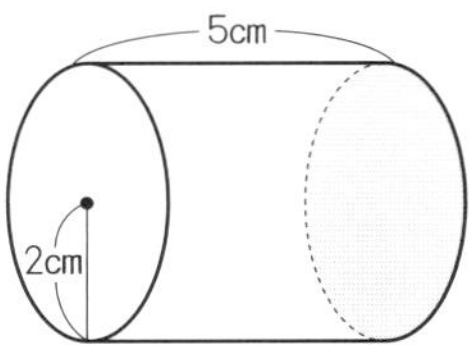

式

答え

(3)

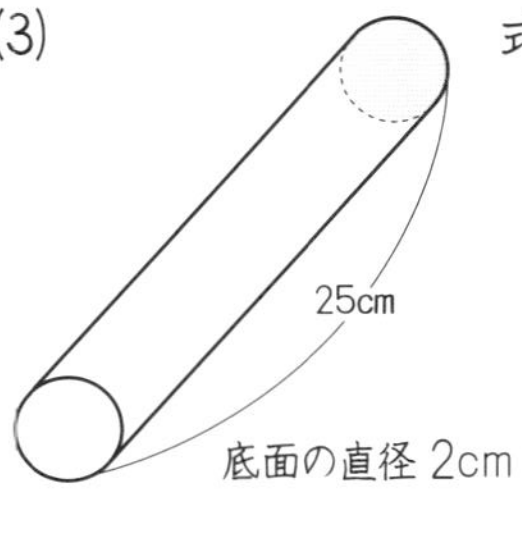

式

答え

(A3 141%・B4 122%拡大)

月　日

角柱と円柱の体積

名前

1　下の図のような展開図《てんかいず》でできる立体の体積を求めましょう。(5 × 4)

(1)

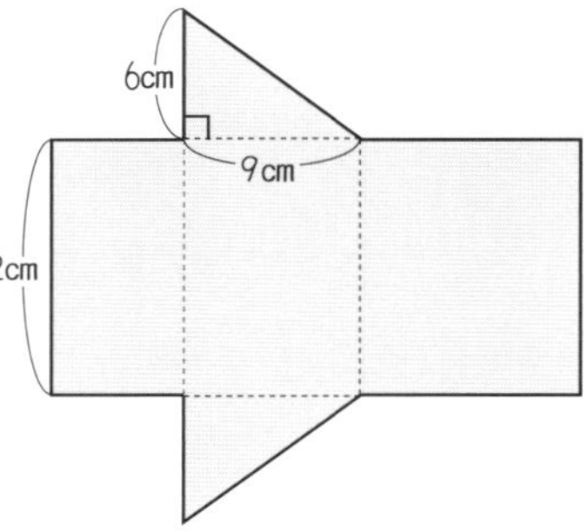

式

答え

(2)

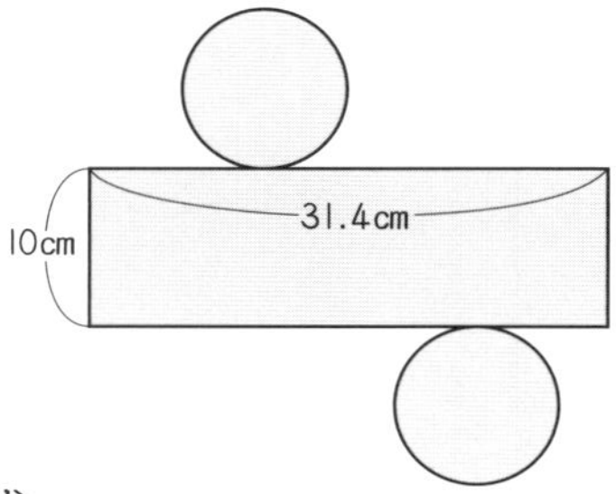

式

答え

2　下の立体の□の長さを求めましょう。(5 × 4)

(1)　体積 637㎤

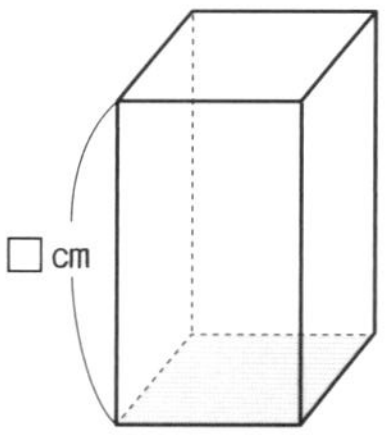

底面は１辺が7cmの正方形

式

答え

(2)　体積 47.1㎤

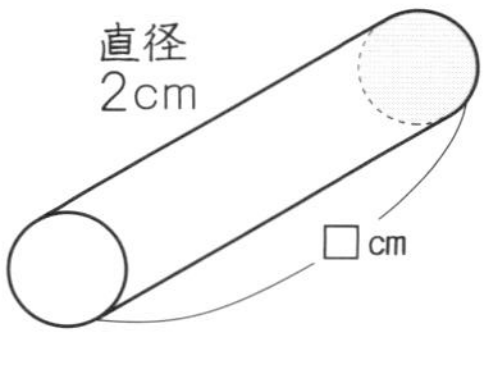

式

答え

3　下のような立体の体積を求めましょう。(5 × 12)

(1)

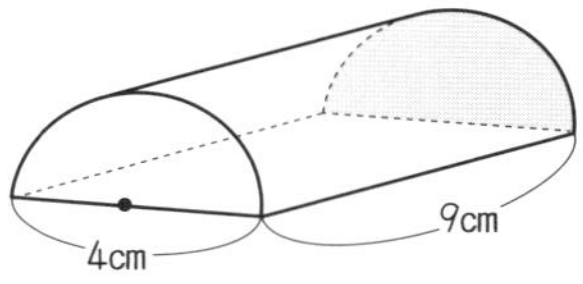

式

答え

(2)

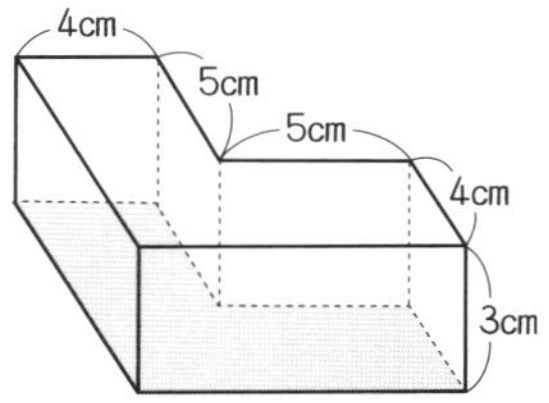

式

答え

(3)

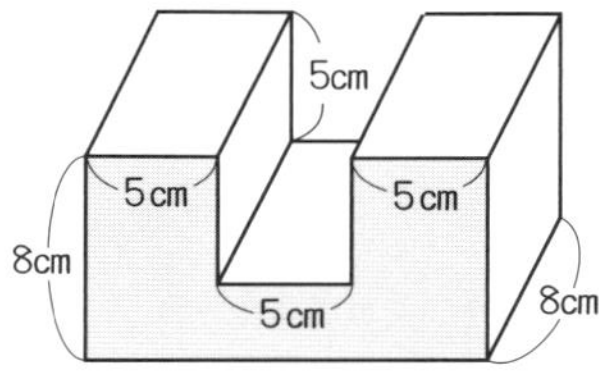

式

答え

(4)

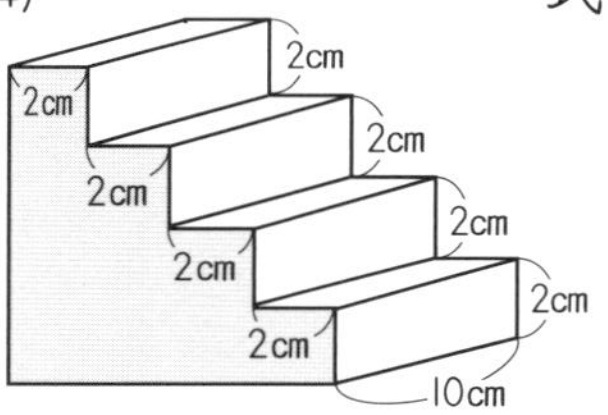

式

答え

(5)

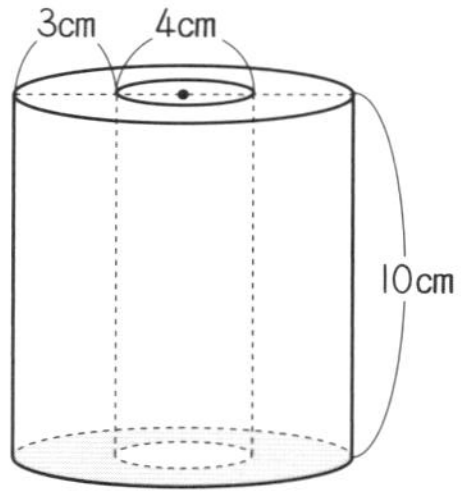

式

答え

(6)　１辺が16cmの立方体の箱にぴったり入る円柱の体積

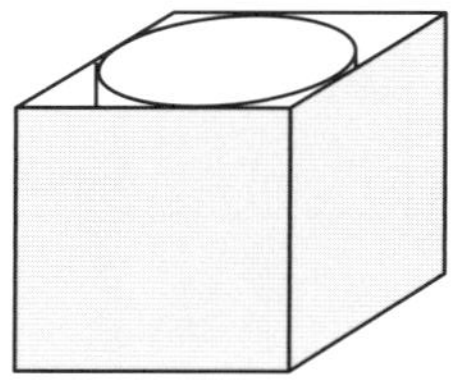

式

答え

(A3 141%・B4 122%拡大)

月　日

およその面積と体積

名前

1 下の図形の面積を求めましょう。(5×14)

(1) 長方形

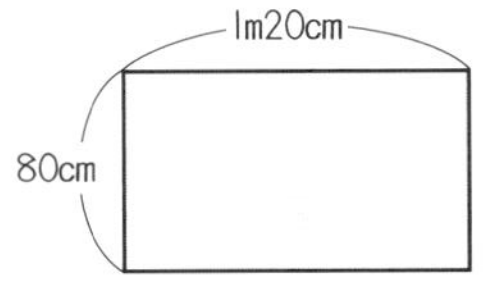

式

答え　　　cm²

　　　　　m²

(2) 長方形

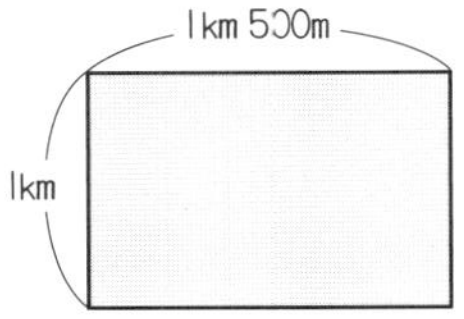

式

答え　　　km²

　　　　　m²

(3) 三角形

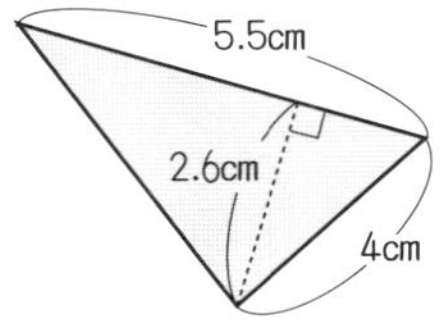

式

答え

(4) 台形

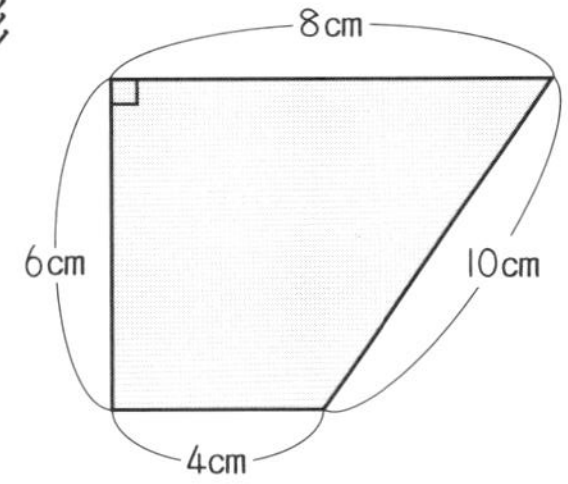

式

答え

(5) ひし形

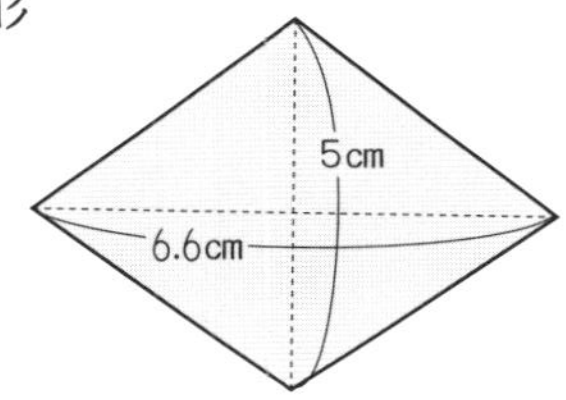

式

答え

(6) 円

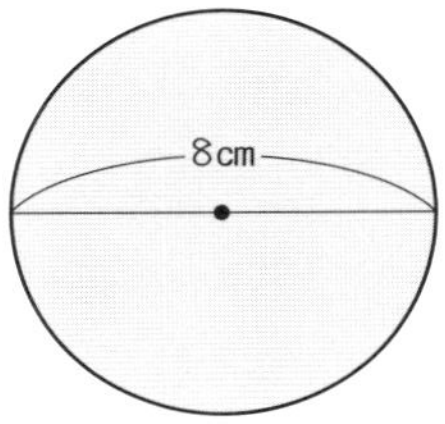

式

答え

2 下の立体の体積を求めましょう。(5×6)

(1)

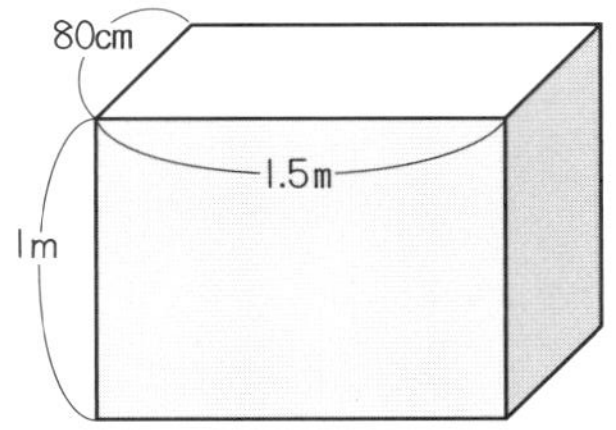

式

答え　　　m³

　　　　　cm³

(2)

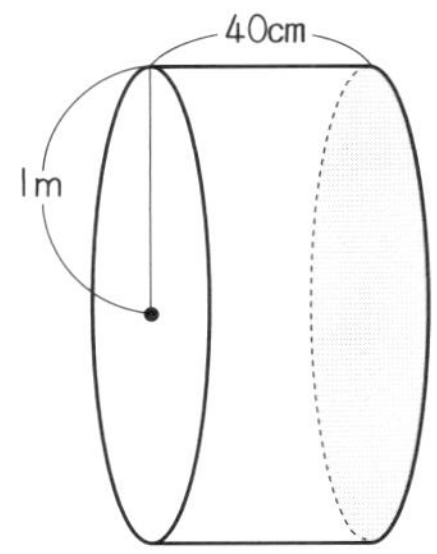

式

答え　　　m³

　　　　　cm³

(A3 141%・B4 122%拡大)

月　　日

およその面積と体積

名前

1　下の葉っぱの形をひし形と見ておよその面積を求めましょう。(10×2)

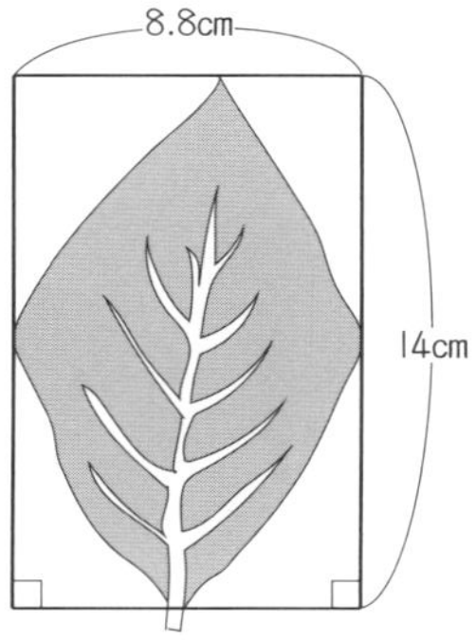

式

答え

2　下の土地の面積を台形と見て，およその面積を求めましょう。(10×2)

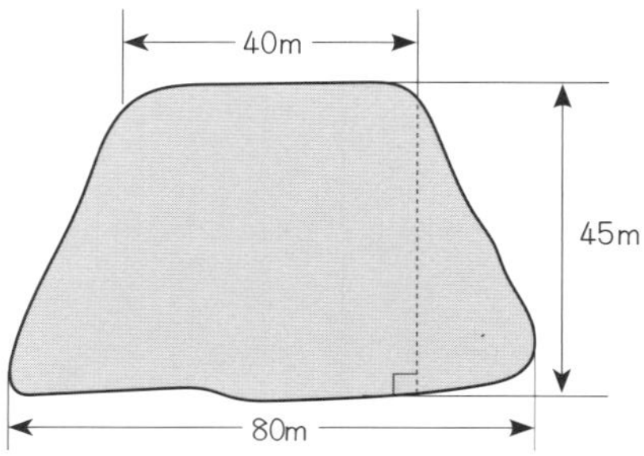

式

答え

3　山梨県を円と見て，およその面積を求めましょう。答えは四捨五入《ししゃごにゅう》して，整数で表しましょう。(10×2)

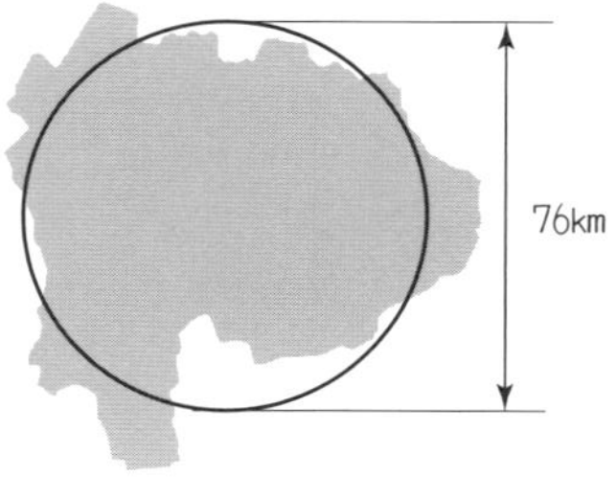

式

答え

4　買い物用のトートバッグを直方体と見て，およその体積を求めましょう。(10×2)

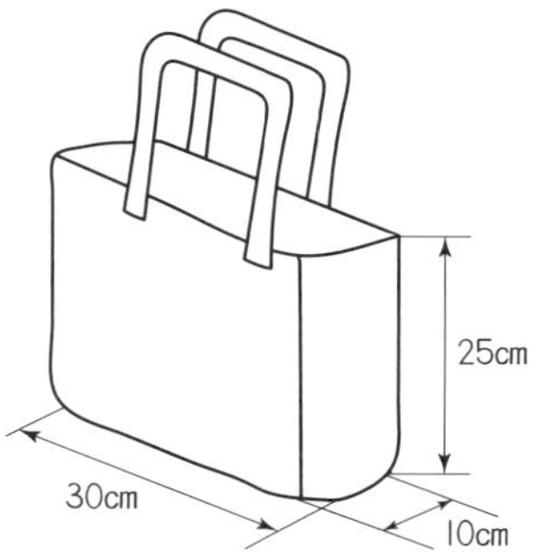

式

答え

5　ショートケーキをおよそ三角柱と見ておよその体積を求めましょう。(10×2)

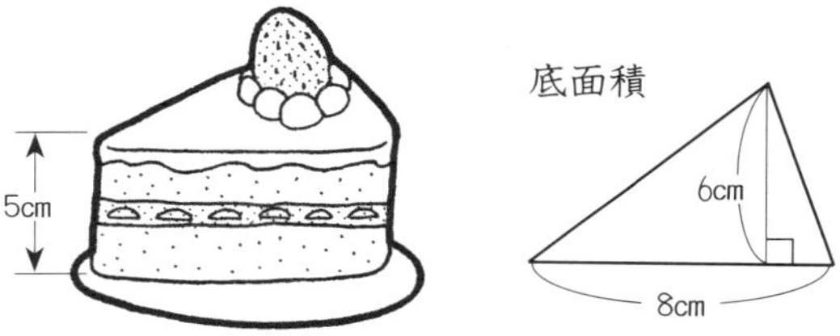

式

答え

(A3 141%・B4 122%拡大)

月　日

およその面積と体積

名前

1　下のイチョウ葉っぱの面積を何かの形と見るなどして，工夫して求めましょう。
また，考え方の説明も書きましょう。(5×2+15)

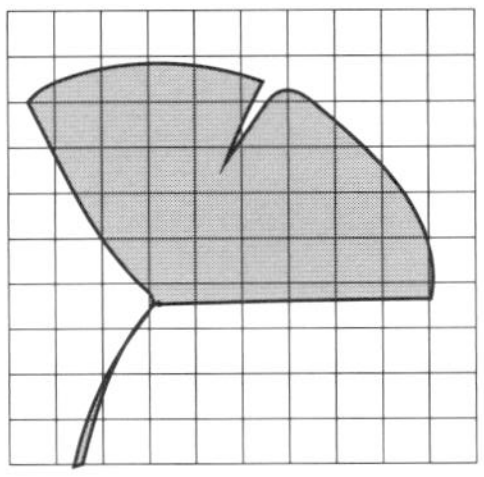

1ますは1cm×1cm

式

答え

説明

2　秋田県の面積を何かの形と見るなどして，工夫して求めましょう。
また，考え方の説明も書きましょう。(5×2+15)

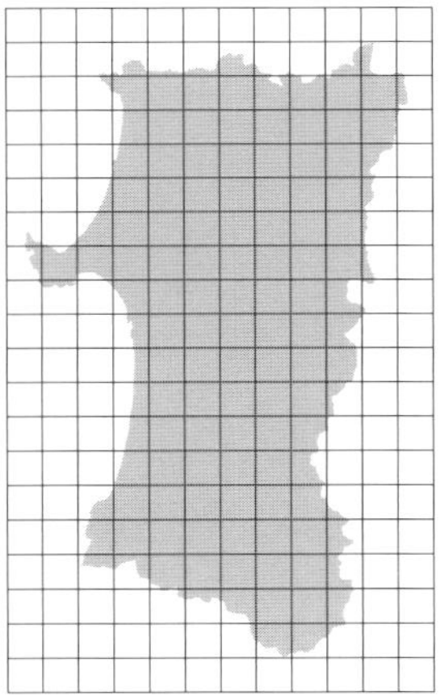

式

答え

1ますは10km×10km

説明

3　下の図のようなコップがあります。工夫して容積を求めましょう。
また，考え方の説明も書きましょう。(5×2+15)

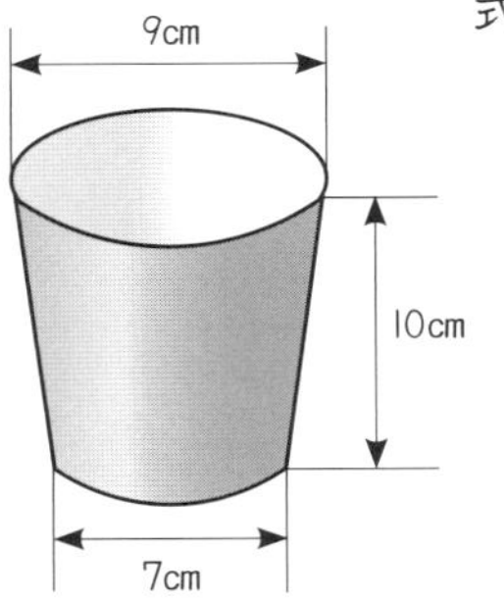

式

答え

説明

4　下から60cmの高さまでのゴミ箱の容積は何Lでしょうか。工夫して求めましょう。
容器の厚さは，考えないものとします。
また，考え方の説明も書きましょう。(5×2+15)

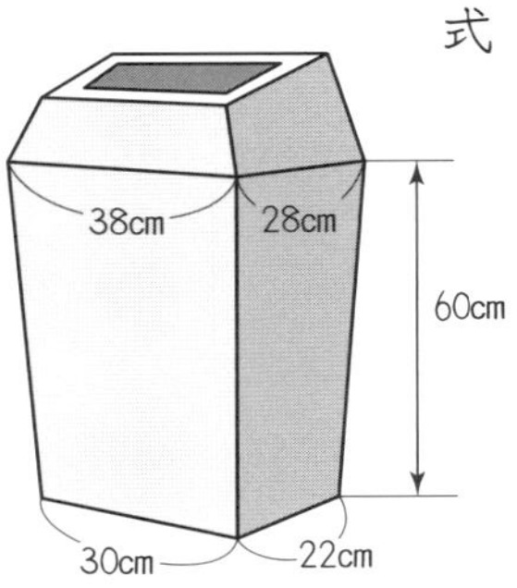

式

答え

説明

(A3 141%・B4 122%拡大)

月　日

比例と反比例

名前

1 次の x と y の関係を式に表しましょう。(5×5)

(1) 1個が x 円のドーナツを8個買った代金は，y 円です。　　$=y$

(2) 1mが55gの針《はり》金が x m あると，重さは y g です。　　$=y$

(3) 底辺の長さが x cm で，高さが14cmの平行四辺形の面積は y cm²です。　　$=y$

(4) 直径が x cm の円周の長さは，y cm です。　　$=y$

(5) x L のジュースを5人で等しく分けると1人分は y L です。　　$=y$

2 次の2つの量は比例していますか。比例している場合は○を，していない場合は×を（　）に書きましょう。(5×5)

(1)（　）1本140円のえんぴつを買うときの，えんぴつの本数と代金

(2)（　）1日の生活で，寝ている時間と起きている時間

(3)（　）正方形の1辺の長さと，面積

(4)（　）毎日15分の読書をしている人の日数と，読書時間の合計

(5)（　）高さが20cmの積木を積むときの積木の個数と，高さ

3 1枚《まい》が60円の色画用紙を買います。1枚，2枚…と買っていくときの代金を調べましょう。

(1) 色画用紙を買う枚数と代金を表にしましょう。(5×6)

色画用紙の枚数と代金

枚数（枚）	1	2	3	4	5	6	
代　金（円）							

(2) 枚数が次の数の場合，代金は何円ですか。(5×4)

① 9枚の場合

式

答え

② 12枚の場合

式

答え

(A3 141%・B4 122%拡大)

比例と反比例

名前

1　直方体の水そうに水を入れたとき，水の量 x (L) と水の深さ y (cm) の関係を調べます。水 1 L では，5cm の深さになりました。

(1)　下の表のあいているところに，あてはまる数を書きましょう。(5 × 2)

水の量と深さ

水の量 x(L)	1	2	3	4	5	6
深　さ y(cm)	5	10			25	30

(2)　□ にあてはまる数や言葉を書きましょう。(10)

水の量が 2 倍，3 倍になると，深さも □，□ になります。

このとき，水の深さは水の量に □ しているといいます。

(3)　x と y の関係を式に書きましょう。(5)

y = □

2　面積が 12cm² の長方形について，縦《たて》の長さ x (cm) と横の長さ y (cm) の変わり方を調べます。

(1)　下の表のあいているところに，あてはまる数を書きましょう (5 × 2)

面積 12cm² の長方形の縦と横の長さ

縦の長さ x(cm)	1	2	3	4	5	6
横の長さ y(cm)	12	6			2.4	2

(2)　□ にあてはまる数や言葉を書きましょう。(10)

縦の長さが 2 倍，3 倍になると横の長さは □，□ になります。

このとき，横の長さは縦の長さに □ しているといいます。

(3)　x と y の関係を式に書きましょう。(5)

y = □

3　時速 3km で歩きます。時間 x (時間) と道のり y (km) は比例しています。(10 × 3)

(1)　下の表のあいているところに，あてはまる数を書きましょう。

歩いた時間と道のり

時 間 x(時間)	1	2	3	4	5	6
道のり y(km)	3					

(2)　x と y の関係を式に書きましょう。

y = □

(3)　x と y の関係を右のグラフにかきましょう。

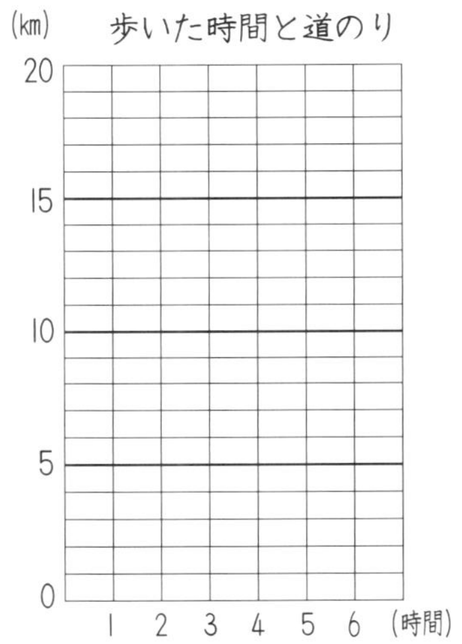

4　24km の道のりを同じ速さで進みます。速さを x(km)，かかる時間を y (時間) とします。(10 × 2)

(1)　下の表のあいているところに，あてはまる数を書きましょう。

速さとかかる時間

速 さ x(km)	1	2	3	4	5	6
時 間 y(時間)	24					

(2)　x と y の関係を式に書きましょう。

y = □

(A3 141%・B4 122%拡大)

月　日

比例と反比例

名前

1　下のグラフは，AとBの2種類の針《はり》金の長さx(m)と重さy(g)の関係を表したものです。グラフを見て答えましょう。

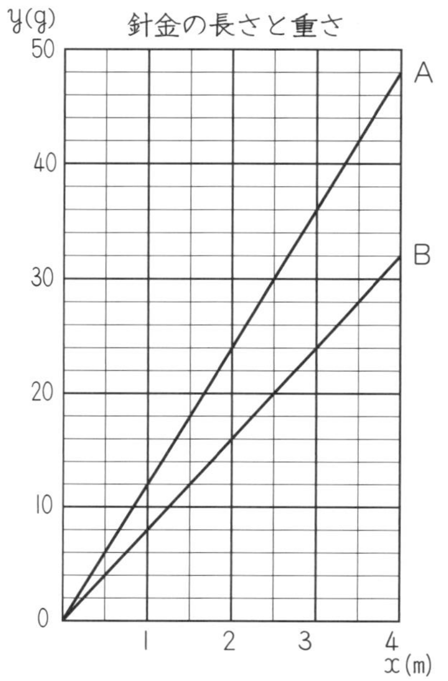

(1)　A, Bそれぞれ1mの重さは何gですか。(5×2)

A　　B

(2)　A, Bの針金では同じ長さだと，どちらの方が重いといえますか。(10)

(3)　A, Bそれぞれx(m)とy(g)の関係を式に表しましょう。(10×2)

A　$y=$

B　$y=$

(4)　A, Bそれぞれ3.5mの重さは何gですか。(10×2)

A　　B

(5)　8mが64gの針金は，A, Bのどちらの方ですか。(10)

2　次の2つの量はどのような関係ですか。

▶　比例しているものには(　　)にⓗと書き，xとyの関係を関係を式に表しましょう。

▶　反比例しているものには(　　)にⓗと書き，xとyの関係を関係を式に表しましょう。

▶　どちらでもない場合は(　　)に×を書きましょう。(10×3)

(1)　面積が24㎠になる平行四辺形の底辺の長さx(cm)と高さy(cm)

面積24㎠の平行四辺形の底辺の長さと高さ

底辺の長さx(cm)	1	2	3	4	6	12
高さy(cm)	24	12	8	6	4	2

(　　)　$y=$

(2)　正方形の1辺の長さと面積

正方形の1辺の長さと面積

1辺の長さx(cm)	1	2	3	4	5	6
面　積y(㎠)	1	4	9	16	25	36

(　　)　$y=$

(3)　1本が3gのくぎの本数と重さ

1本が3gのくぎの本数と重さ

くぎの本数x(本)	1	2	3	4	5	6
重　さy(g)	3	6	9	12	15	18

(　　)　$y=$

(A3 141%・B4 122%拡大)

比例と反比例

名前

1　時速40kmで走る自動車が走った時間 x(時間) と道のり y(km) の関係を調べます。

(1) 時間と道のりの関係を表にかきましょう。(4×5)

走った時間と道のり

時間 x(時間)	1	2	3	4	5	6
道のり y(km)	40					

(2) □にあてはまる数や言葉を書きましょう。(4×3)

時間が2倍，3倍になると，道のりも □，□ になります。

このとき，道のりは時間に □ しているといいます。

(3) x と y の関係を式に書きましょう。(4)

$y=$ □

(4) 表を右のグラフに表しましょう。(8)

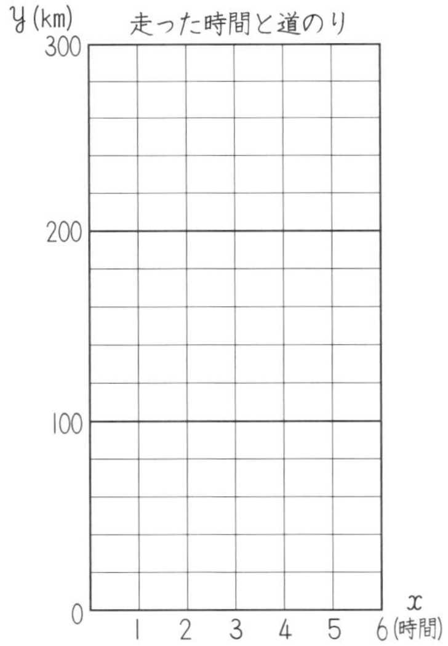

2　水そうに水を入れる時間 x(分) と水の深さ y(cm) は比例しています。(4×2)

(1) 時間と深さの関係を表に書きましょう。

時間と水の深さ

時間 x(分)	1	2	3	4	5	6
深さ y(cm)	3	6				

(2) x と y 関係を式に書きましょう。

$y=$ □

3　24kmの道のりを同じ速さで進みます。速さ x(km)とかかる時間を y(時間)の関係を調べます。

(1) 速さとかかる時間の関係を表に書きましょう。(4×4)

速さとかかる時間

速さ x(km)	1	2	3	4	6	8	12	24
時間 y(時間)	24	12					2	1

(2) □にあてはまる数や言葉を書きましょう。(4×3)

速さが2倍，3倍になると，かかる時間は □，□ になります。

このとき，かかる時間は速さに □ しているといいます。

(3) x と y の関係を式に書きましょう。(4)

$y=$ □

(4) x と y の関係をグラフにかきましょう。(8)

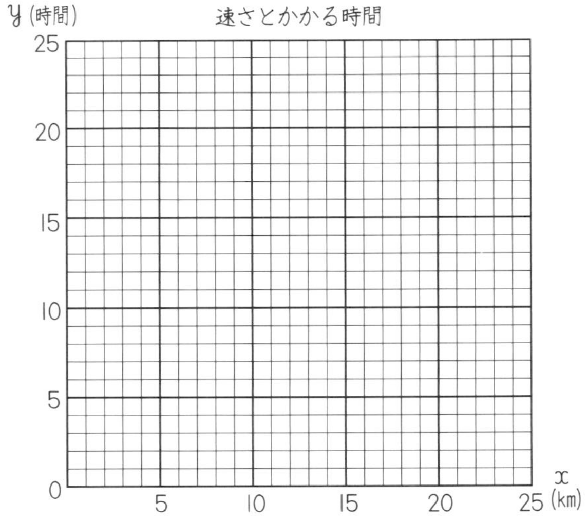

4　面積が48㎠の長方形の縦の長さ x(cm) と横の長さ y(cm) は反比例しています。(4×2)

(1) 縦と横の長さの関係を表に書きましょう。

面積48㎠の長方形の縦と横の長さ

縦の長さ x(cm)	1	2	3	4	6	12	24	48
横の長さ y(cm)	48	24					2	1

(2) x と y 関係を式に書きましょう。

$y=$ □

(A3 141%・B4 122%拡大)

月　日

比例と反比例

名前

1　下のグラフは，自動車Ａ，Ｂ，Ｃの進んだ時間 x（時間）と道のり y（km）の関係を表したものです。グラフを見て答えましょう。

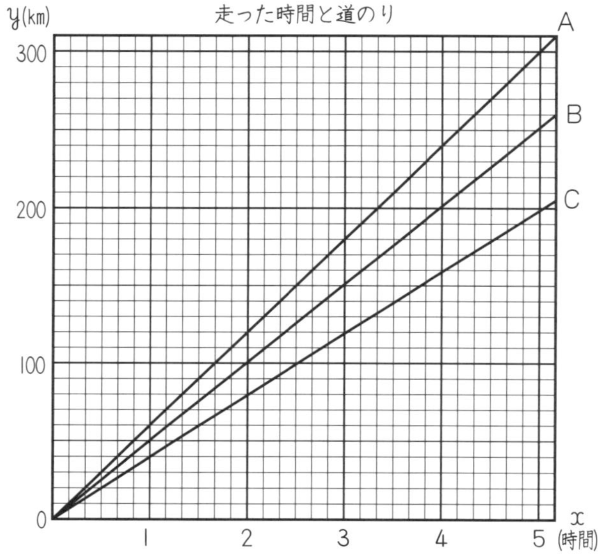

(1)　Ａ，Ｂ，Ｃは時速何kmですか。(5×3)

Ａ［　　］　Ｂ［　　］　Ｃ［　　］

(2)　Ａ，Ｂ，Ｃそれぞれの x（時間）と y（km）の関係を式に表しましょう。(5×3)

Ａ　$y=$［　　］

Ｂ　$y=$［　　］

Ｃ　$y=$［　　］

(3)　Ａ，Ｂ，Ｃそれぞれ3.5時間では何km進んでいますか。(5×3)

Ａ［　　］　Ｂ［　　］　Ｃ［　　］

(4)　150km進むのに，それぞれ何時間何分かかりますか。(5×3)

Ａ［　　］

Ｂ［　　］

Ｃ［　　］

2　次の２つの量はどのような関係ですか。

▶　比例しているものには（　　）にⓗと書き，x と y の関係を関係を式に表しましょう。

▶　反比例しているものには（　　）にⓗと書き，x と y の関係を関係を式に表しましょう。

▶　比例でも反比例でもない場合は（　　）に×と書きましょう。(5×8)

(1)　1mが16gの針《はり》金の長さ x（m）と重さ y（g）

針金の長さと重さ

長　さ x（m）	1	2	3	4	5	6
重　さ y（g）	16	32	48	64	80	96

（　　）　$y=$［　　］

(2)　面積が20cm²になる平行四辺形の底辺の長さ x（cm）と高さ y（cm）

面積20cm²の平行四辺形の底辺の長さと高さ

底辺の長さ x（cm）	1	2	4	5	10	20
高　さ y（cm）	20	10	5	4	2	1

（　　）　$y=$［　　］

(3)　正方形の１辺の長さと面積

正方形の１辺の長さと面積

1辺の長さ x（cm）	1	2	3	4	5	6
面　積 y（cm²）	1	4	9	16	25	36

（　　）　$y=$［　　］

(4)　正方形の１辺の長さと周りの長さ

正方形の１辺の長さと周りの長さ

1辺の長さ x（cm）	1	2	3	4	5	6
周りの長さ y（cm）	4	8	12	16	20	24

（　　）　$y=$［　　］

（A3 141%・B4 122%拡大）

並べ方と組み合わせ方

名前

1　A, B, Cの３人でリレーのチームを作ります。３人の走る順番を考えましょう。

(1)　Aさんが第１走者の場合は，何通りありますか。図にかいて答えましょう。(5×2)

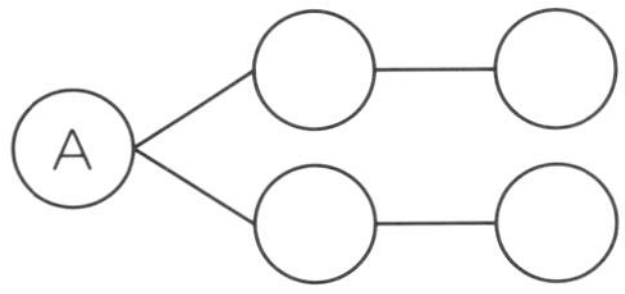

□通り

(2)　Bさんが第１走者の場合は，何通りありますか。(5)

□通り

(3)　Cさんが第１走者の場合は，何通りありますか。(5)

□通り

(4)　全部で何通りありますか。(5)

□通り

2　A，B，C，Dの４人でリレーのチームを作ります。４人の走る順番を考えましょう。(5×7)

(1)　Aさんが第１走者の場合は，何通りありますか。図にかいて答えましょう。

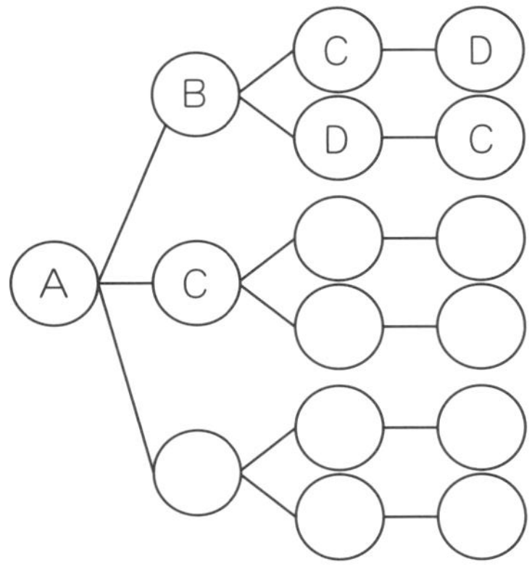

□通り

(2)　B，C，Dさんが第１走者の場合は，それぞれ何通りありますか。

□通り

(3)　４人で走る順番は全部で何通りですか。

□通り

3　[2][5][8]の３枚《まい》の数字カードを並《なら》べて，３けたの整数を作ります。(5×4)

(1)　できるすべての整数を書きましょう。

百の位が２の場合 □

百の位が５の場合 □

百の位が８の場合 □

(2)　全部で何通りの整数ができますか。

□通り

4　A，B，C，Dの４チームで，必ずどのチームとも１回ずつサッカーの試合をするようにします。全部で何試合ありますか。(5×2)

(1)　右の表にかいて調べましょう。

	A	B	C	D
A				
B				
C				
D				

(2)　全部で何試合になりますか。

□試合

5　４種類のあめから３種類を選びます。選び方は何通りありますか。(5×2)

(1)　右の表にかいて調べましょう。

A	B	C	D
○	○	○	

(2)　全部で何通りありますか。

□通り

(A3 141%・B4 122%拡大)

月　日

並べ方と組み合わせ方

名前

1 1 2 3 4 の 4 枚《まい》の数字カードを並《なら》べて 4 けたの整数を作ります。(10 × 2)

(1) 並べてできた整数が偶数《ぐうすう》になるのは，何通りですか。

□ 通り

(2) 並べてできた整数が奇数《きすう》になるのは，何通りですか。

□ 通り

2 レストランで A，B，C それぞれのグループから 1 点ずつを選んで注文します。(10 × 3)

A グループ

カレーライス (700 円)
ハンバーグ (750 円)
とんかつ　(600 円)

B グループ

サラダ (180 円)
スープ (150 円)

C グループ

ジュース (150 円)
コーラ (120 円)
ウーロン茶 (100 円)

(1) 注文の方法は，全部で何通りありますか。

□ 通り

(2) いちばん高くなるのは，どのような注文をしたときで，何円ですか。

□ □ 円

(3) 代金が 1000 円以下になるのは，何通りありますか。

□ 通り

3 はるのさん(女子)，るなさん(女子)，かずきさん(男子)の 3 人で写真をとります。(10 × 2)

(1) 女子と男子が交互になる並び方は，何通りありますか。

□ 通り

(2) 女子 2 人がとなり合った並び方は，何通りありますか。

□ 通り

4 A 町から B 町を通って C 町へ行きます。(10 × 3)

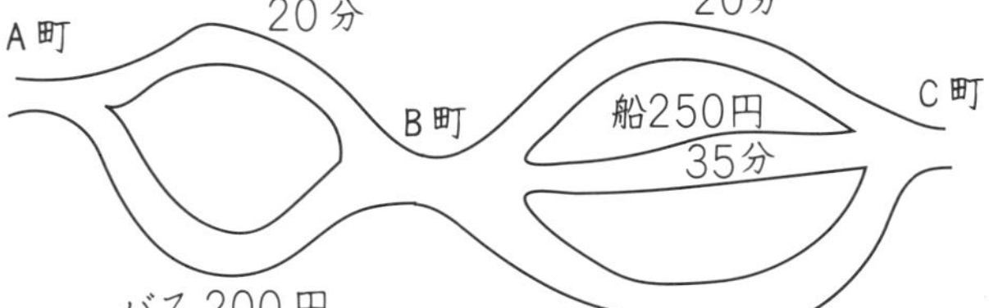

(1) 行く方法は全部で何通りありますか。

□ 通り

(2) 待ち時間を考えないことにすると，いちばん早く行けるのはどんな方法で，何分間ですか。

□ □ 分間

(3) いちばん安く行けるのは，どんな方法で，費用はいくらですか。

□ □ 円

(A3 141%・B4 122%拡大)

知識技能 B　　　　月　　日

並べ方と組み合わせ方

名前 ＿＿＿＿＿＿＿＿

1　0 4 6 9 の４枚《まい》の数字カードを並《なら》べて４けたの整数を作ります。(5×4)

(1)　千の位を 4 にした場合何通りの整数ができるでしょうか。図に表して求めましょう。

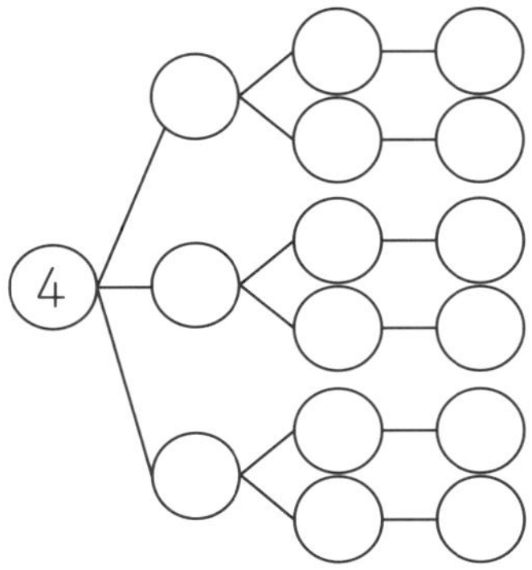

□ 通り

(2)　６や９が千の位になった場合，それぞれ何通りの整数ができますか。

□ 通り

(3)　全部で何通りの整数ができますか。

□ 通り

2　赤，青，黄，緑の４色のうち３色を使って右のような旗に色をぬります。何通りのぬり方ができますか。

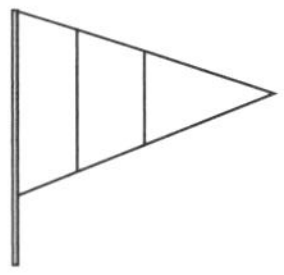

(1)　いちばん左を赤にした場合には，何通りのぬり方ができますか。下の旗を使って表しましょう。
（旗があまる場合もあります）

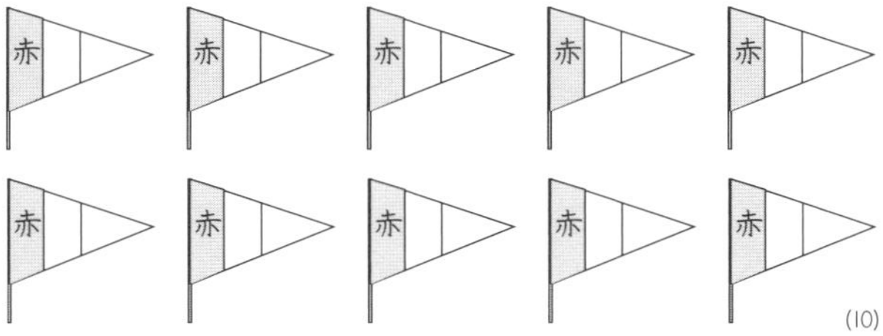

(10)

□ 通り (5)

(2)　青，黄，緑がいちばん左側になった場合それぞれ何通りありますか。

□ 通り (5)

(3)　全部で何通りの旗ができますか。

□ 通り (5)

3　A, B, C, D, Eの５チームで必ずどのチームとも１回ずつサッカーの試合をします。

(1)　右の表にかいて調べましょう。(10)

	A	B	C	D	E
A					
B					
C					
D					
E					

(2)　全部で何試合になりますか。(5)

□ 試合

4　A, B, C, Dの４人でボートに乗ります。

(1)　３人ずつ乗ると，何通りの乗り方ができますか。下の表にかいて調べましょう。(5×2)

A	○					
B	○					
C	○					
D						

□ 通り

(2)　２人ずつ乗ると，何通りの乗り方ができますか。下の表にかいて調べましょう。(5×2)

A	○								
B	○								
C									
D									

□ 通り

5　箱の中には赤白の玉がたくさん入っています。そこから，３回玉を取り出します。取り出し方は何通りあるでしょうか。(5×4)

(1)　１回目に赤玉を取り出した場合を，図の続きをかいて何通りになるか調べましょう。

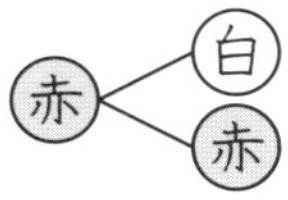

□ 通り

(2)　３回取り出すと全部で何通りになりますか。

□ 通り

(3)　３回を４回にすると，取り出し方は全部で何通りになりますか。

□ 通り

(A3 141%・B4 122%拡大)

月　日

並べ方と組み合わせ方

名前

1　みゆさん(女子)，まなさん(女子)，はるとさん(男子)，こうきさん(男子)の４人で写真をとります。(5×3)

(1)　女子と男子が交互《こうご》になる並《なら》び方は，何通りありますか。

□通り

(2)　女子２人がとなり合った並び方は，何通りありますか。

□通り

(3)　男子２人が両はしになる並び方は，何通りありますか。

□通り

2　レストランでＡ，Ｂ，Ｃそれぞれのグループから１点ずつを選んで注文します。(5×7)

Ａグループ	Ｂグループ	Ｃグループ
ハンバーガー(400円)	プリン(210円)	ジュース(180円)
ハヤシライス(650円)	アイスクリーム(250円)	コーラ(120円)
カレーライス(700円)	ゼリー(180円)	
スパゲティー(750円)		

(1)　注文の方法は，全部で何通りありますか。

□通り

(2)　代金がいちばん高くなるのはどのような注文をしたときで，何円ですか。

□　□円

(3)　代金がいちばん安くなるのはどのような注文をしたときで，何円ですか。

□　□円

(4)　代金が1000円以下になるのは，何通りありますか。

□通り

(5)　代金がちょうど1000円になるのは，どんな注文をしたときですか。

□

3　0 4 5 6 の４枚《まい》の数字カードを並べて４けたの整数を作ります。(5×4)

(1)　5500よりも大きくなるのは，何通りありますか。

□通り

(2)　偶数《ぐうすう》になるのは，何通りありますか。

□通り

(3)　奇数《きすう》になるのは，何通りありますか。

□通り

(4)　並べてできる整数で，5000にいちばん近い数を書きましょう。

□

4　Ａ町からＢ町を通ってＣ町へ行きます。(5×6)

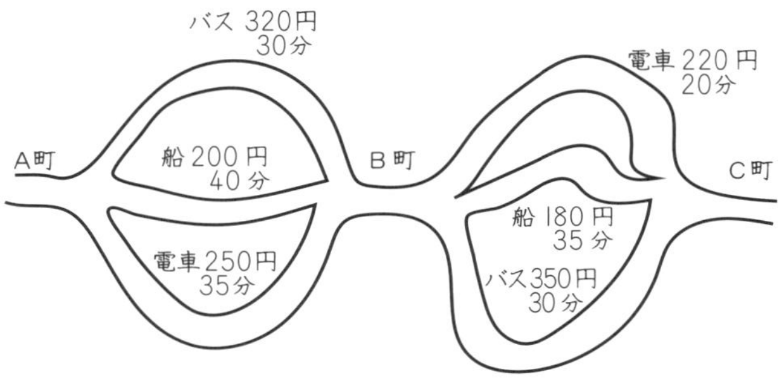

(1)　行く方法は，全部で何通りありますか。

□通り

(2)　待ち時間を考えないことにすると，いちばん早く行けるのはどんな方法ですか。また，何分間ですか。

□　□分間

(3)　費用が500円以下で行ける方法は何通りありますか。

□通り

(4)　いちばん安く行けるのは，どんな方法ですか。また，費用はいくらですか。

□　□円

(A3 141%・B4 122%拡大)

月　日

データの調べ方

名前

1 下の表は，A小学校の1か月の間にあったけがの様子を表したものです。

学年	場　所	けがの種類
3	体育館	打ぼく
1	階　段	ねんざ
4	ろうか	打ぼく
3	運動場	骨　折
6	教　室	すりきず
2	体育館	打ぼく
3	体育館	ねんざ
4	運動場	打ぼく
3	体育館	すりきず

学年	場　所	けがの種類
2	階　段	切りきず
1	体育館	すりきず
4	体育館	打ぼく
6	ろうか	ねんざ
3	教　室	打ぼく
4	教　室	切りきず
5	運動場	すりきず
6	ろうか	骨　折
1	ろうか	すりきず

(1) 2つのことがらを1つの表にまとめましょう。(5×横に6)

けがをした場所とけがの種類（人）

	切りきず	打ぼく	すりきず	骨　折	ねんざ	合　計
運動場						
体育館						
教　室						
ろうか						
階　段						
合　計						

(2) 運動場でけがをした人は何人いますか。(10)

(3) どこでどんなけがをした人がいちばん多いですか。(10)

2 下の図についてまとめましょう。

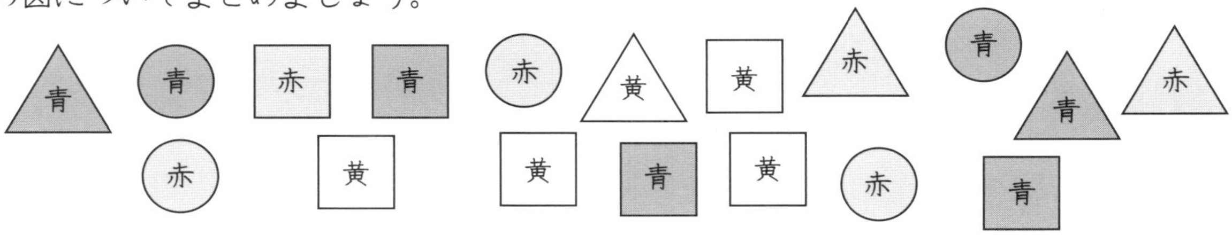

(1) 色と形で下の表にまとめましょう。(5×横に4)

色／形	赤	青	黄	合計
○				
□				
△				
合計				

(2) どの色がいちばん多いですか。(10)

(3) どの形がいちばん多いですか。(10)

(4) どの色のどの形がいちばん多いですか。(10)

(A3 141%・B4 122%拡大)

知識技能A　　　　月　日

データの調べ方

名前

1　下のグラフは，１組と２組のスポーツテスト 50ｍ走の結果を表したものです。

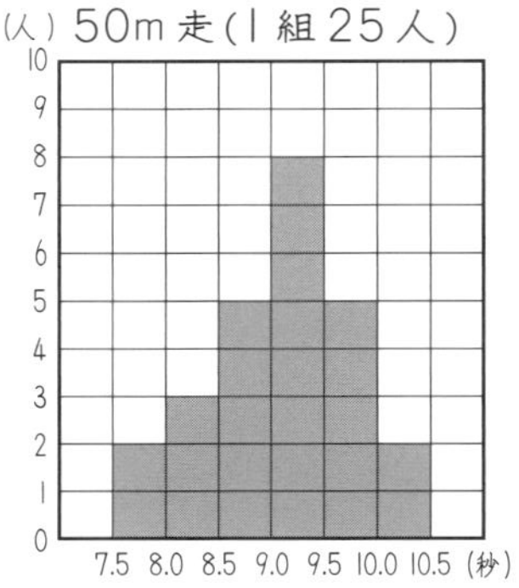

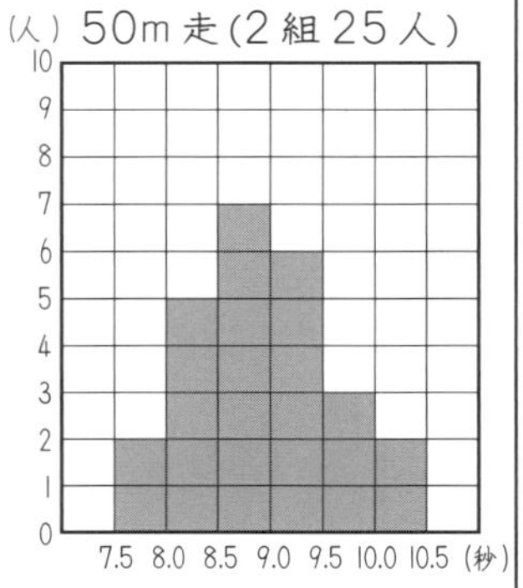

(1)　8.0秒以上8.5秒未満の階級に，それぞれ何人いますか。(5×2)

１組［　　］人　２組［　　］人

(2)　人数が最も多い階級は，それぞれ何秒以上何秒未満ですか。(5×2)

１組［　　］秒以上［　　］秒未満

２組［　　］秒以上［　　］秒未満

(3)　９秒未満で走った人は，それぞれ何人いますか。(5×2)

１組［　　］人　２組［　　］人

(4)　速い方から６番目の人は，それぞれ何秒以上何秒未満の階級にいますか。(5×2)

１組［　　］秒以上［　　］秒未満

２組［　　］秒以上［　　］秒未満

(5)　中央値《ちゅうおうち》は，それぞれ何秒以上何秒未満の階級にありますか。(5×2)

１組［　　］秒以上［　　］秒未満

２組［　　］秒以上［　　］秒未満

2　下の表は，１組と２組のソフトボール投げの記録を整理したものです。

１組のソフトボール投げの記録(m)

①	21	⑧	19	⑮	30
②	30	⑨	30	⑯	24
③	17	⑩	24	⑰	29
④	24	⑪	27	⑱	24
⑤	25	⑫	31	⑲	16
⑥	36	⑬	24	⑳	30
⑦	45	⑭	26		

２組のソフトボール投げの記録(m)

①	25	⑧	31	⑮	24
②	16	⑨	25	⑯	26
③	32	⑩	19	⑰	30
④	26	⑪	20	⑱	24
⑤	40	⑫	26	⑲	26
⑥	14	⑬	22	⑳	24
⑦	28	⑭	44		

(1)　ヒストグラムに表しましょう。(10×2)

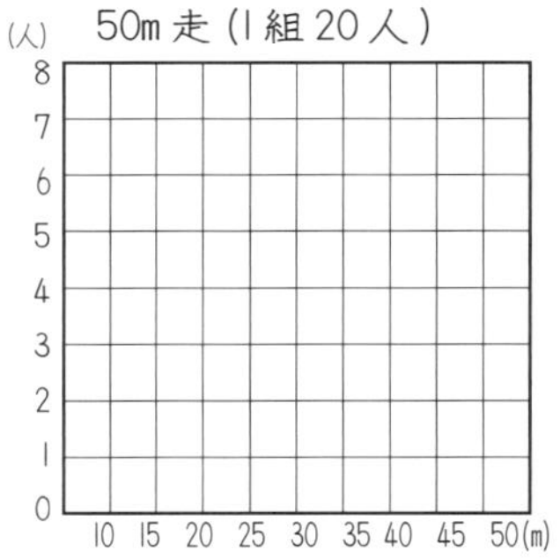

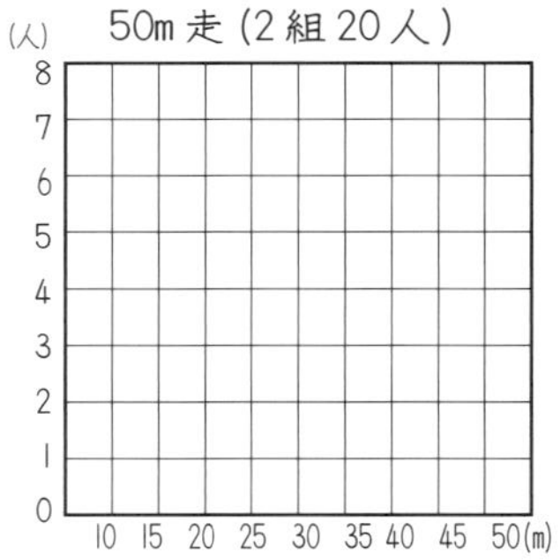

(2)　25ｍ以上投げた人は，それぞれ何人いますか。(5×2)

１組［　　］人　２組［　　］人

(3)　中央値は，それぞれ何ｍ以上何ｍ未満の階級にありますか。(5×2)

１組［　　］m以上［　　］m未満

２組［　　］m以上［　　］m未満

(4)　人数が最も多い階級は，それぞれ何ｍ以上何ｍ未満ですか。
また，それは何人で全体の何％ですか。(5×2)

１組［　　］m以上［　　］m未満

［　　］人で［　　］％

２組［　　］m以上［　　］m未満

［　　］人で［　　］％

(A3 141％・B4 122％拡大)

データの調べ方

月　　日

名前

1　下の表は，東と西の２つの畑からとれたトマトの重さをまとめたものです。

東の畑からとれたトマトの重さ (g)

①	158	⑥	172	⑪	176
②	168	⑦	189	⑫	180
③	185	⑧	177	⑬	176
④	163	⑨	182	⑭	168
⑤	176	⑩	190	⑮	159

西の畑からとれたトマトの重さ (g)

①	156	⑥	161	⑪	150	⑯	169
②	164	⑦	174	⑫	160	⑰	182
③	169	⑧	182	⑬	160	⑱	177
④	186	⑨	155	⑭	173	⑲	157
⑤	182	⑩	165	⑮	182	⑳	192

(1)　ドットプロットに表しましょう。ドットプロットの目もりも，数値《すうち》を見て記入しましょう。(10 × 2)

東の畑からとれたトマトの重さ (g)

(　　)(　　)(　　)(　　)(　　)(　　)

西の畑からとれたトマトの重さ (g)

(　　)(　　)(　　)(　　)(　　)(　　)

(2)　ヒストグラムに表しましょう。グラフの目もりや題名も，必要に応じて記入しましょう。(10 × 2)

(3)　東と西の畑について，次の値を求めましょう。(10 × 5)

①　平均値《へいきんち》　東の畑　　　　g　　西の畑　169.8 g

②　最短値《さいたん》　東の畑　　　　g　　西の畑　　　　g

③　中央値《ちゅうおう》　東の畑　　　　g　　西の畑　　　　g

(4)　２つの畑からとれたトマトの重さのデータを調べて，考えられることを書きましょう。(10)

(A3 141%・B4 122%拡大)

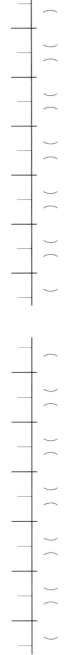

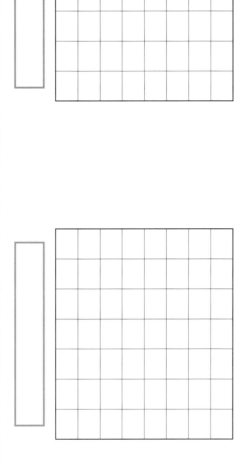

知識技能 B　　　　　　月　　日

データの調べ方

名前

1　下のグラフは，1組と2組のソフトボール投げの結果を表したものです。

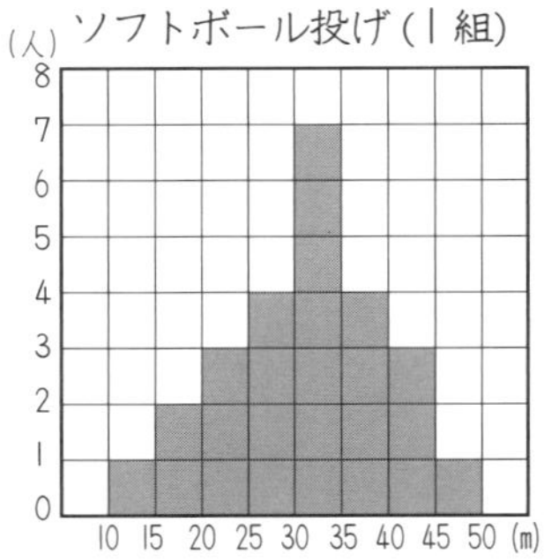

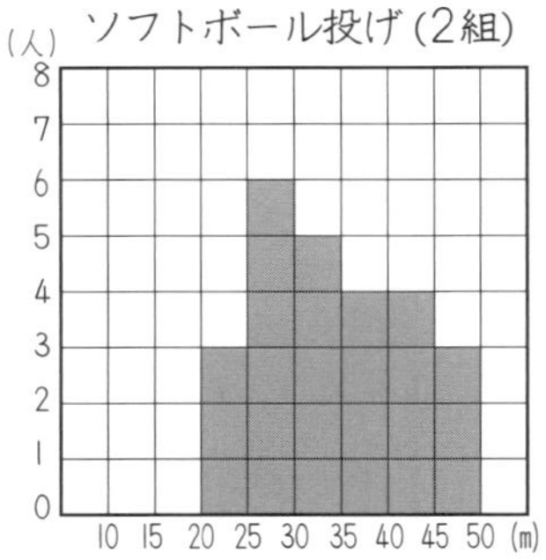

(1)　度数が最も大きい階級は，それぞれ何m以上何m未満ですか。
　また，それは何人でその割合《わりあい》は何%ですか。(4×4)

1組 □m以上 □m未満
□人で □%

2組 □m以上 □m未満
□人で □%

(2)　中央値《ちゅうおうち》は，それぞれ何m以上何m未満の階級にありますか。(4×2)

1組 □m以上 □m未満

2組 □m以上 □m未満

(3)　5番目に遠くまで投げた人は，それぞれどの階級にいますか。(4×2)

1組 □m以上 □m未満

2組 □m以上 □m未満

(4)　30m以上投げた人数はそれぞれ何人で，全体の何%にあたりますか。(4×4)

1組 □人で □%

2組 □人で □%

2　下の表は，1組と2組の反復横とびの記録を整理したものです。

1組の反復横とびの記録(回)

①	41	⑧	46	⑮	43
②	45	⑨	44	⑯	47
③	38	⑩	51	⑰	50
④	45	⑪	34	⑱	39
⑤	50	⑫	40	⑲	43
⑥	42	⑬	35	⑳	45
⑦	36	⑭	41		

2組の反復横とびの記録(回)

①	42	⑧	47	⑮	47
②	45	⑨	40	⑯	34
③	49	⑩	33	⑰	46
④	37	⑪	50	⑱	50
⑤	40	⑫	42	⑲	43
⑥	51	⑬	42	⑳	48
⑦	48	⑭	48		

(1)　ヒストグラムに表しましょう。(4×2)

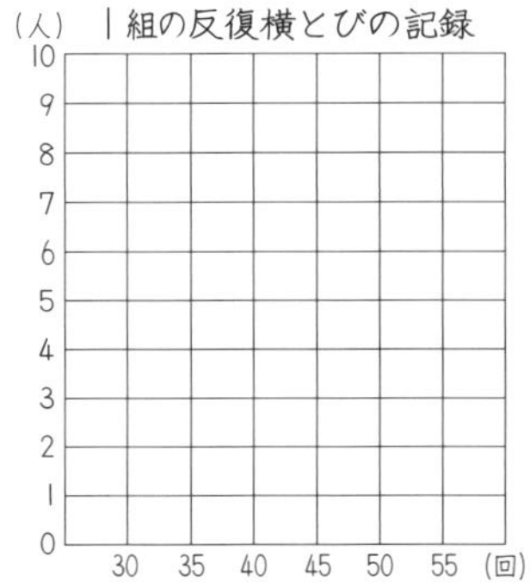

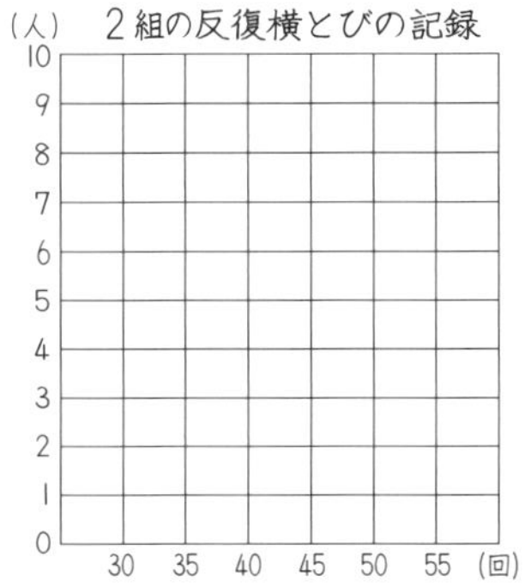

(2)　中央値は，それぞれ何回以上何回未満の階級にありますか。(4×2)

1組 □回以上 □回未満

2組 □回以上 □回未満

(3)　度数が最も大きい階級は，それぞれ何回以上何回未満ですか。
　また，それは何人で，その割合は何%ですか。(4×4)

1組 □回以上 □回未満
□人で □%

2組 □回以上 □回未満
□人で □%

(4)　45回以上とんだ人数はそれぞれ何人で，全体の何%にあたりますか。(4×4)

1組 □人で □%

2組 □人で □%

(5)　回数が少ない方から5番目の人が，35回以上40回未満にいるのはどちらの組ですか。(4)

□組

(A3 141%・B4 122%拡大)

月　日

データの調べ方

名前

1　下の(1)〜(4)の内容を表すのに適したグラフは，帯グラフ，棒《ぼう》グラフ，折れ線グラフ，柱状グラフのどれですか。また，その理由を書きましょう。(各グラフ5，理由10×4)

(1)　都道府県別のキウイのしゅうかく量の割合

理由

(2)　学校の前を通過する自動車の種類と台数

理由

(3)　1日の気温の変化

理由

(4)　学級全員の家庭学習時間の記録

理由

2　下のグラフは，日本の男女別，年れい別人口の割合《わりあい》を表したグラフです。
1950年と2019年のグラフを見て，下の問いに答えましょう。

1950年　総人口 8320 万人

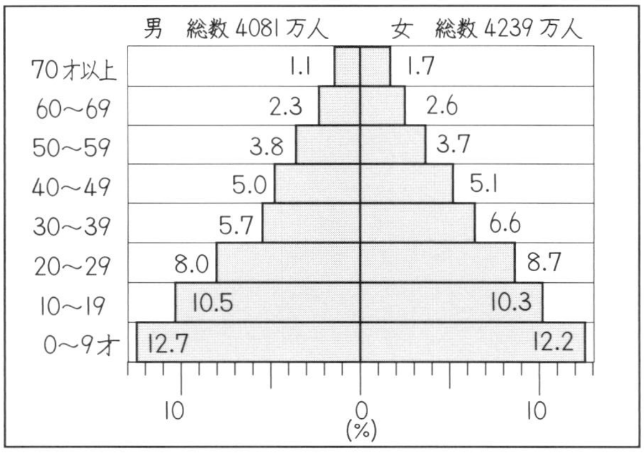

2019年　総人口 12540 万人

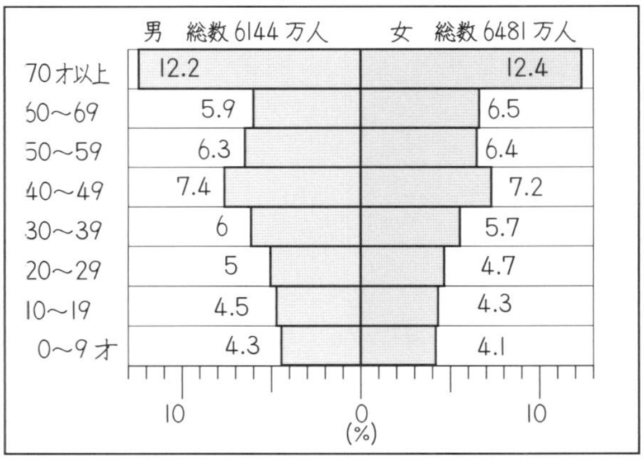

(1)　それぞれの年で，いちばん多い階級はどの階級ですか。(5×2)

1950年　　　　2019年

(2)　それぞれの年の20才未満の人口の割合は何%ですか。(5×2)

1950年　　　　2019年

(3)　それぞれの年の特ちょうを書きましょう。(10×2)

1950年　　　　2019年

(A3 141%・B4 122%拡大)

月　　日

算数のまとめ（数と計算）

名前

1 □ にあてはまる数を書きましょう。(5×4)

(1) 8900000 は 1000 を □ 個集めた数です。

(2) 100 を 5300 個集めた数は，□ です。

(3) 5.6 は，0.1 を □ 個集めた数です。

また，0.01 を □ 個集めた数です。

2 次の計算を筆算でしましょう。(5×6)

(1) 56.7×4.8

(2) 7.5×3.14

(3) $54.6 \div 1.5$

わり切れるまで計算しましょう。

(4) $7.82 \div 0.81$

商は，四捨五入《ししゃごにゅう》して $\frac{1}{10}$ の位までのがい数で表しましょう。

(5) $6 \div 2.9$

商は，四捨五入して上から2けたのがい数で表しましょう。

(6) $5.4 \div 1.5$

商は，整数で求めてあまりも出しましょう。

3 次の計算をしましょう。(5×6)

(1) $\frac{5}{6} + \frac{3}{4}$

(2) $1\frac{4}{5} + \frac{2}{3}$

(3) $2\frac{1}{4} - \frac{3}{5}$

(4) $\frac{3}{4} \times \frac{8}{9}$

(5) $1\frac{1}{5} \times 1\frac{1}{2}$

(6) $4\frac{1}{5} \div \frac{3}{4}$

4 計算をしましょう。(5×4)

(1) $6 \times 8 - 6 \div 2$

(2) $6 \times (8 - 6) \div 2$

(3) $6 + 8 \times 6 \div 2$

(4) $6 + (8 - 6 \div 2)$

(A3 141%・B4 122%拡大)

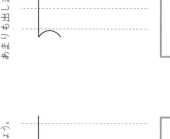

算数のまとめ（数と計算）

名前

1 次の数の 100 倍と $\frac{1}{100}$ の数を書きましょう。(4 × 4)

(1) 2.5　　100 倍 □　$\frac{1}{100}$ □

(2) 0.8　　100 倍 □　$\frac{1}{100}$ □

2 計算をしましょう。(4 × 6)

(1) $\frac{2}{3} \times 0.6 \div \frac{3}{5}$

(2) $0.45 \times \frac{3}{4} \div \frac{9}{10}$

(3) $\frac{4}{5} \div \frac{3}{4} \div 2.4$

(4) $1\frac{1}{5} \div 3.6 \times 4\frac{1}{2}$

(5) $\frac{3}{5} \div 0.2 + 0.5 \div \frac{1}{4}$

(6) $2.1 - \frac{1}{4} \div \frac{1}{2} \div \frac{5}{6}$

3 次の数の最小公倍数を書きましょう。(4 × 2)

(1) 4 と 5 □　　(2) 6 と 8 □

4 次の数の最大公約数を書きましょう。(4 × 2)

(1) 8 と 16 □　　(2) 18 と 30 □

5 56 × 87 = 4872 を使って次の答えを求めましょう。(4 × 4)

(1) 5.6 × 8.7 □

(2) 0.56 × 0.87 □

(3) 560 × 8700 □

(4) 56万 × 87万 □

6 数の大小を比べて，□ に不等号を書きましょう。(4 × 4)

(1) 0.6 □ $\frac{2}{3}$

(2) 3.7 □ $3\frac{3}{4}$

(3) $1\frac{9}{10}$ □ 1.8

(4) $\frac{15}{7}$ □ 2.17

7 下の数直線の㋐，㋑，㋒の数字を書きましょう。(4 × 3)

(1)

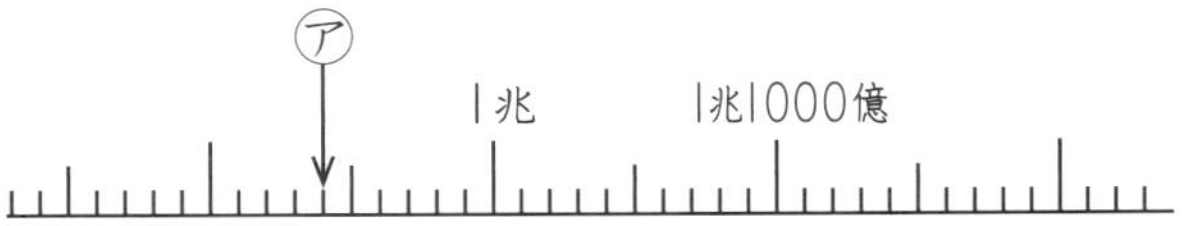

□

(2)

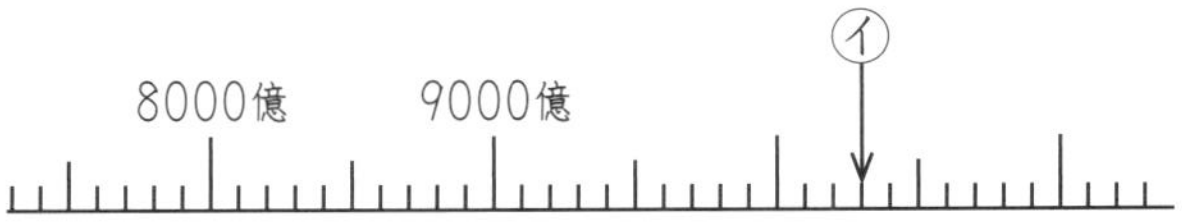

□

(3)

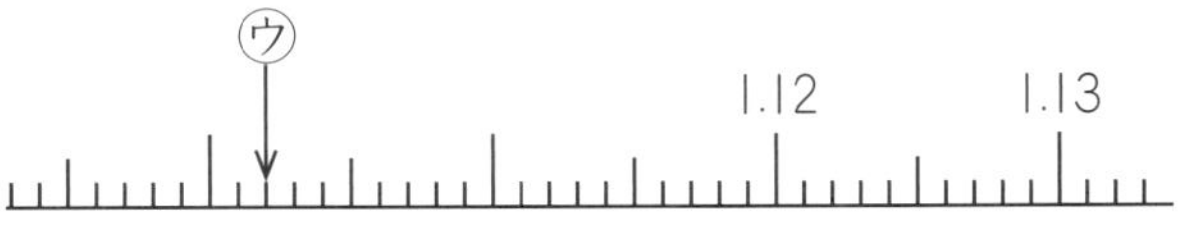

□

(A3 141%・B4 122%拡大)

月　日

算数のまとめ（数と計算）

名前

1　□にあてはまる数を書きましょう。(4 × 4)

(1)　$12.5 \times 3.2 \times 8 = 3.2 \times (\square \times 8)$

(2)　$5.5 \times 8.7 + 4.5 \times 8.7 = (5.5 + \square) \times 8.7$

(3)　$(\frac{5}{6} - \frac{3}{8}) \times \frac{4}{5} = \frac{5}{6} \times \frac{4}{5} - \square \times \frac{4}{5}$

(4)　$\frac{7}{9} \times \frac{3}{28} + \frac{5}{9} \times \frac{3}{28} = (\frac{7}{9} + \frac{5}{9}) \times \square$

2　等しい比になるように，□にあてはまる数を書きましょう。(4 × 5)

(1)　$7 : 5 = \square : 15$

(2)　$\square : 2 = 40 : 16$

(3)　$8 : \square = 24 : 18$

(4)　$21 : \square = 14 : 6$

(5)　$36 : 42 = \square : 28$

3　次の比を簡単な比にしましょう。(4 × 5)

(1)　72 : 45　□

(2)　2.4 : 4.2　□

(3)　1.2 : 9　□

(4)　$\frac{5}{6} : \frac{3}{4}$　□

(5)　$\frac{2}{5} : 0.3$　□

4　次の数の最小公倍数と最大公約数を求めましょう。(4 × 4)

(1)　12 と 16

最小公倍数　□

最大公約数　□

(2)　24 と 18

最小公倍数　□

最大公約数　□

5　四捨五入《ししゃごにゅう》して，上から 1 けたのがい数にして積や商の見積もりをしましょう。(4 × 4)

(1)　492 × 841

(2)　6285 × 2916

(3)　5609 ÷ 34

(4)　7921 ÷ 193

6　次の数を小さい順に並《なら》べましょう。(4 × 3)

(1)　（ 0.65　$\frac{5}{8}$　0.61　$\frac{7}{11}$ ）

□ → □ → □ → □

(2)　（ 1.2　$\frac{7}{6}$　$\frac{5}{4}$　1.18 ）

□ → □ → □ → □

(3)　（ 2.65　2.56　$\frac{8}{3}$　$\frac{18}{7}$ ）

□ → □ → □ → □

(A3 141%・B4 122%拡大)

月　日

算数のまとめ（数と計算）

名前

1 次の場面の x と y の関係を式に表しましょう。(5×4)

(1) 15dLのジュースを x 人で同じように分けると，1人分は y dLになります。

(2) 1個165円のりんごを x 個買うと，代金は y 円になります。

(3) 全部で145ページある本を x ページ読むと，残りは y ページになります。

(4) 23人乗っているバスに x 人乗って来たので y 人になりました。

2 次の文を読んで，正しい答えを求めましょう。(5×6)

(1) ある数を16でわるところをまちがって19でわったので，答えが47あまり8になりました。正しい答えを求めましょう。

式

答え

(2) ある数を $\frac{4}{5}$ でわるところを，逆数にしないでそのままの数をかけたので，答えが $\frac{2}{3}$ になりました。逆数にして計算した正しい答えを求めましょう。

式

答え

(3) ある長さのテープを0.7mずつに切るところを1.7mずつに切ったので，6本あまり1.3mになりました。0.7mずつに切っていたら何本できて，何mあまりになっていましたか。

式

答え

3 右の図の○の数を求めます。次の式はどのような考え方をしたのか，図に線をひいて説明しましょう。(10×3)

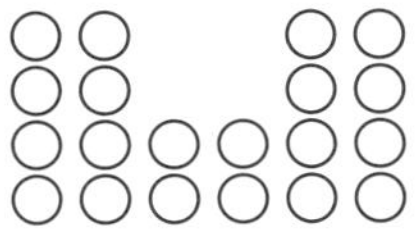

(1) $(2 \times 2) \times 5$

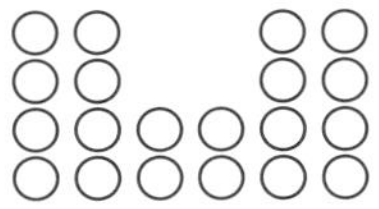

(2) $4 \times 6 - 2 \times 2$

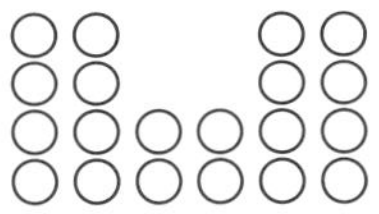

(3) $2 \times 6 + 2 \times 2 \times 2$

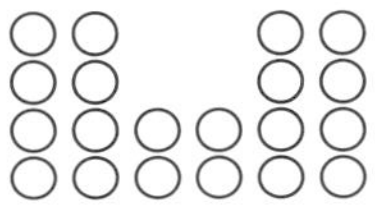

4 0から9までの整数を使って作りましょう。(5×2)

(1) 奇数《きすう》だけを使ってできる5けたでいちばん大きな数

(2) 偶数《ぐうすう》だけを使ってできる5けたでいちばん小さな数

5 あてはまる数に○をつけましょう。(5×2)

(1) $\frac{2}{7}$ と $\frac{3}{7}$ の間にある小数第一位までの小数

（ 0.1　0.2　0.3　0.4　0.5　0.6 ）

(2) $\frac{23}{9}$ と $\frac{25}{9}$ の間にある小数第一位までの小数

（ 2.3　2.4　2.5　2.6　2.7　2.8 ）

(A3 141%・B4 122%拡大)

知識技能A　　　　　　　　　　　　　　　　　　　　月　　日

算数のまとめ（量・図形）

名前

1　□にあてはまる単位を書きましょう。(5×4)

(1)　はがきの横の長さ　10 □

(2)　教室の横の長さ　7 □

(3)　ノートの面積　435 □

(4)　四国の面積　約2万 □

2　垂直《すいちょく》や平行な直線をひきましょう。(5×2)

(1)　点Aを通り，直線あに平行な直線

(2)　点Aを通り，直線いに垂直な直線

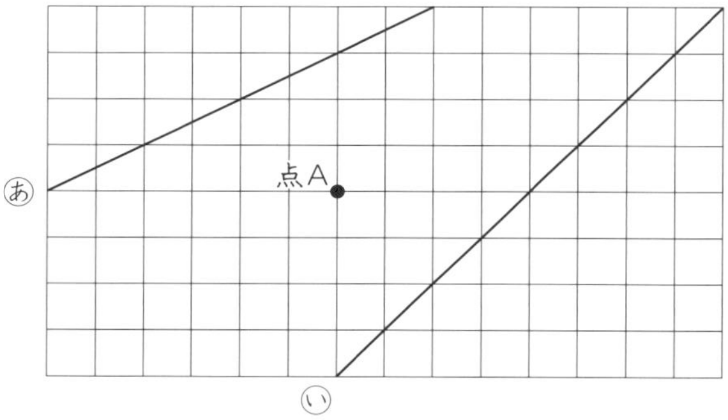

3　面積を求めましょう。(5×4)

(1)

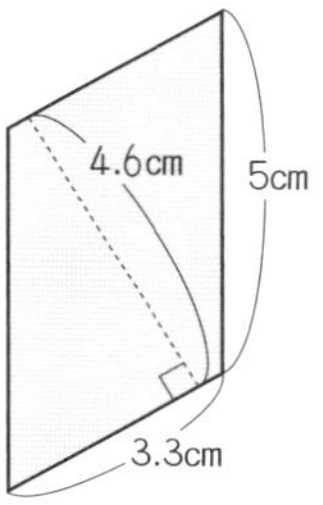

式

答え

(2)

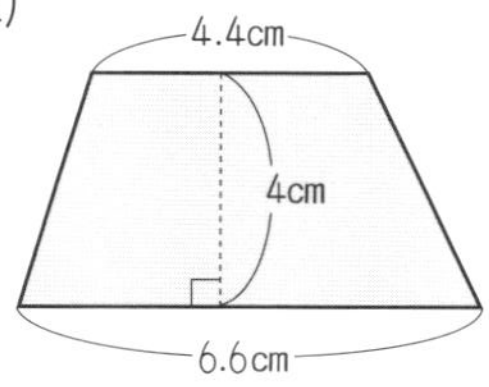

式

答え

4　体積を求めましょう。(5×4)

(1)

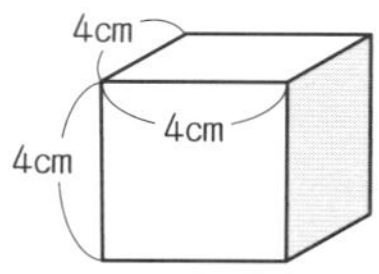

式

答え

(2)

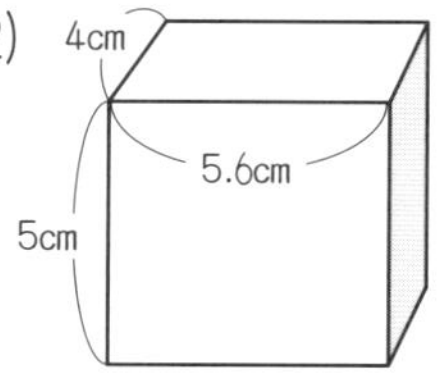

式

答え

5　次の図形をかきましょう。(5×2)

(1)　直線ABを対称《たいしょう》の軸《じく》にした線対称な図形

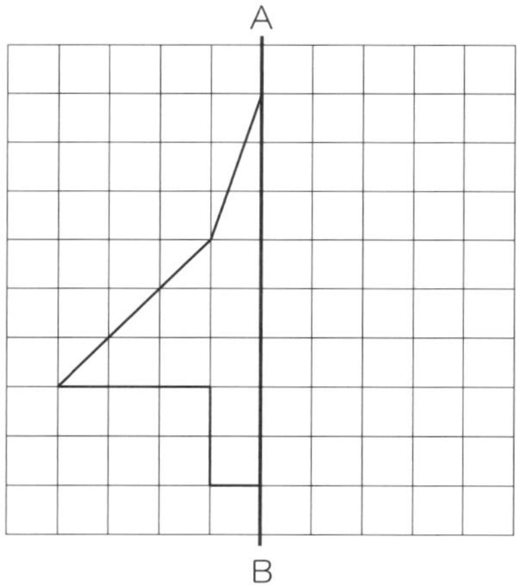

(2)　点Oを対称の中心とする点対称な図形

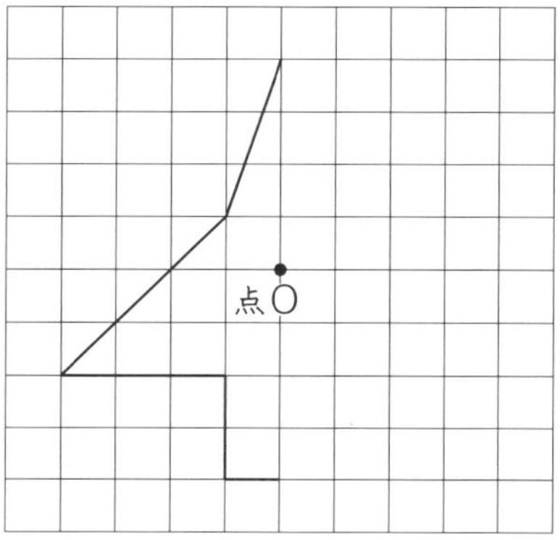

6　次の直方体の辺や面の垂直や平行の関係について答えましょう。(5×4)

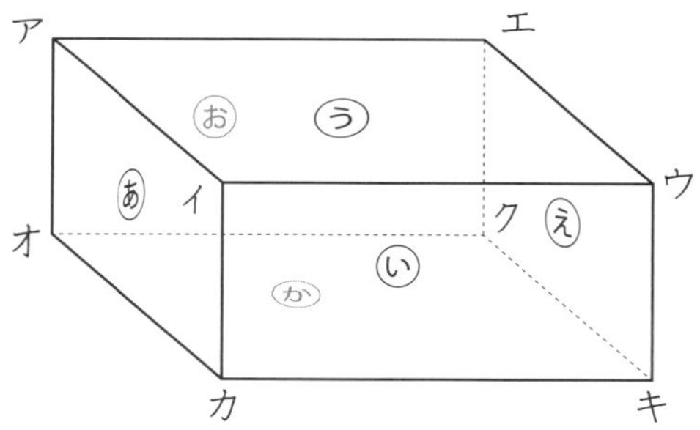

(1)　平行な面は何組ありますか。□組

(2)　面うに垂直な面を4つ書きましょう。

面□　面□　面□　面□

(3)　辺カキに垂直な辺は何本ありますか。□本

(4)　辺イウに平行な辺を3つ書きましょう。

辺□　辺□　辺□

(A3 141%・B4 122%拡大)

思考判断表現 A　　　　月　　日

算数のまとめ（量・図形）

名前 ＿＿＿＿＿＿＿＿

1　色のついた部分の面積を求めましょう。(5×4)

(1)

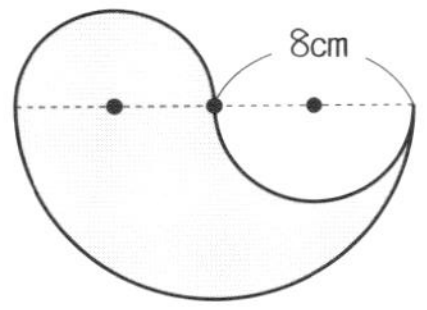

式

答え ＿＿＿＿＿＿＿＿

(2)

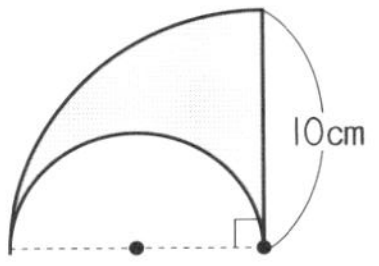

式

答え ＿＿＿＿＿＿＿＿

2　体積を求めましょう。(5×4)

(1)

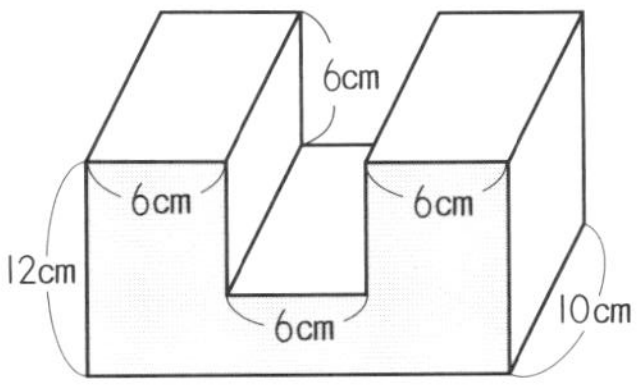

式

答え ＿＿＿＿＿＿＿＿

(2)

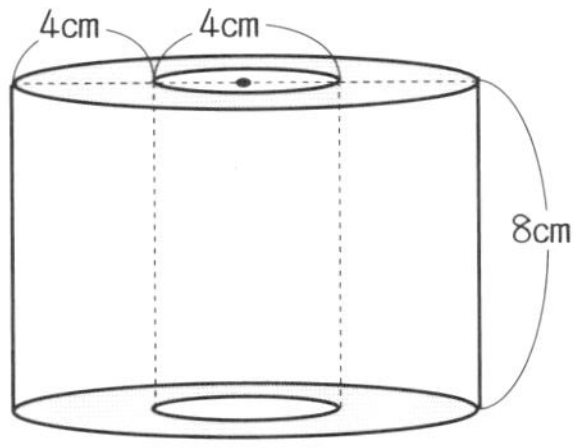

式

答え ＿＿＿＿＿＿＿＿

3　下の立方体の展開図《てんかいず》を見て答えましょう。(5×5)

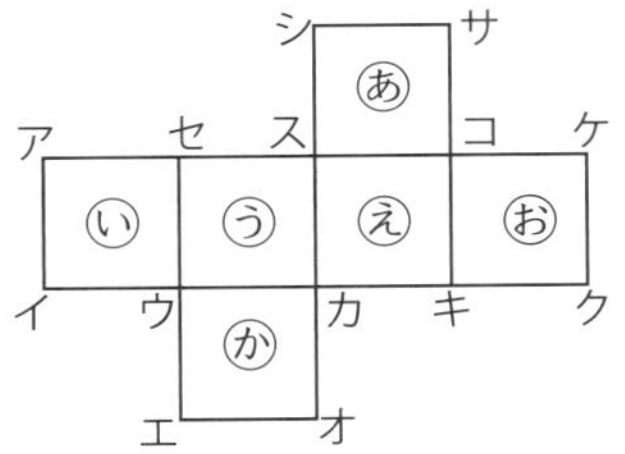

(1)　次の辺と重なる辺を書きましょう。

辺キク ［　　　］　辺シサ ［　　　］

(2)　次の点と重なる点をすべて書きましょう。

点ア ［　　　］　点キ ［　　　］

(3)　面ⓐと垂直になる面をすべて書きましょう。

［　　　　　　　］

4　縮図をかいてビルの高さを求めましょう。

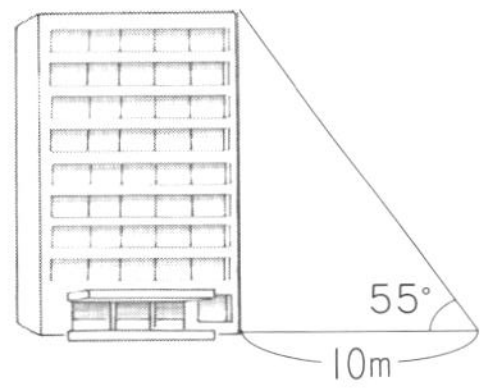

(1) $\frac{1}{250}$ の縮図をかきます。10mは何cmにすればいいですか。(5×2)

式

答え ＿＿＿＿＿＿＿＿

(2) $\frac{1}{250}$ の縮図をかきましょう。(10)

(3)　縮図ではビルの高さは約何cmですか。(5)

答え ＿＿＿＿＿＿＿＿

(4)　ビルの高さは約何mですか。上から2けたのがい数で答えましょう。(5×2)

式

答え ＿＿＿＿＿＿＿＿

月　日

算数のまとめ（量・図形）

名前

1　色のついた部分の面積を求めましょう。(4×6)

(1)

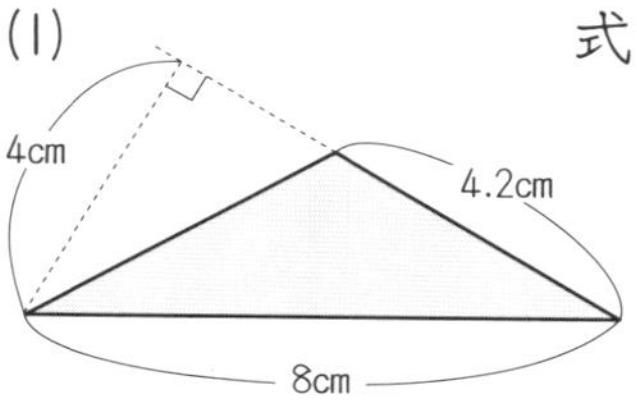

式

答え

(2)

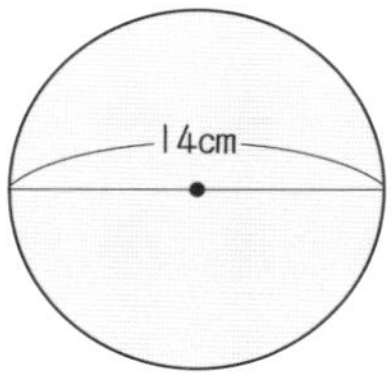

式

答え

(3)

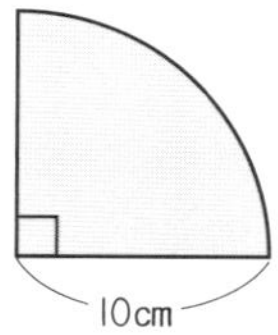

式

答え

2　体積を求めましょう。(4×4)

(1)

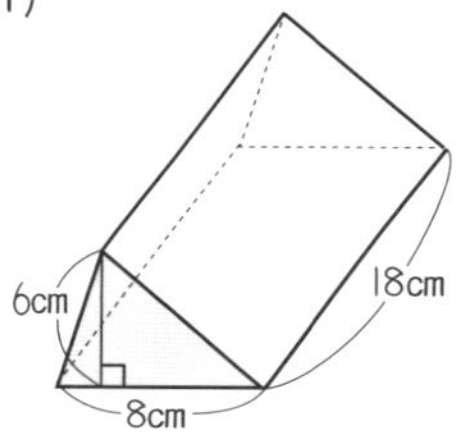

式

答え

(2)

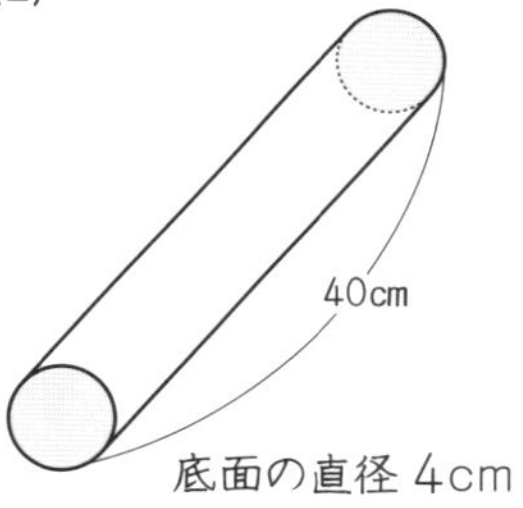

式

答え

3　（　）の言葉から，正しい方を選び○をつけましょう。(4×3)

(1)　200mLは（牛乳《にゅう》パック，ふろ）にいっぱいに入っている量です。

(2)　1100gは（たまご1個，国語辞典1冊《さつ》）の重さです。

(3)　3000cm²は，（机《つくえ》の上，教室）の広さです。

4　あてはまる四角形を書きましょう。(4×4)

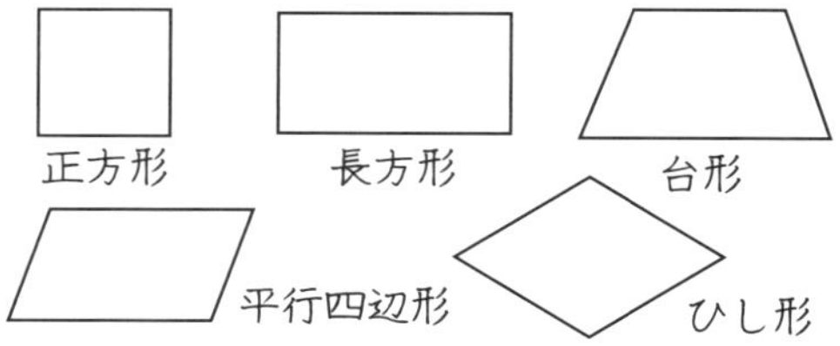

(1)　1組の辺が平行な四角形

(2)　2本の対角線の長さが等しい四角形

(3)　2本の対角線が垂直《すいちょく》に交わる四角形

(4)　2本の対角線が交わった点で，それぞれの対角線を2等分する四角形

5　下の㋐㋑㋒の角度を計算して求めましょう。(4×6)

三角定規
2枚

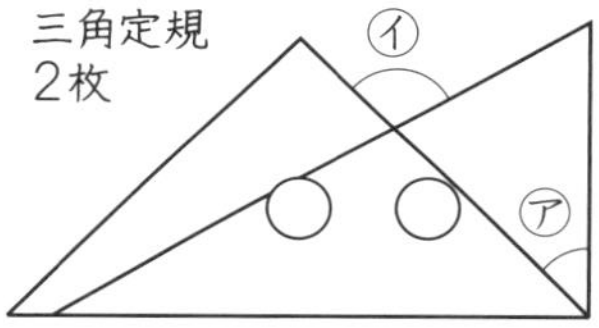

㋐　式

答え

㋑　式

答え

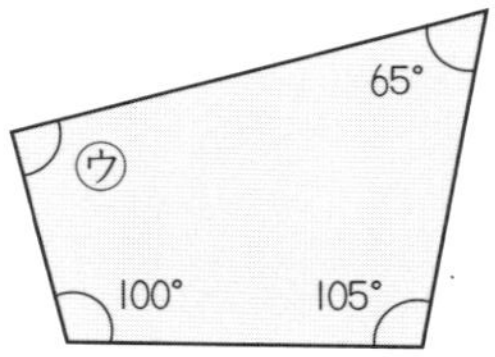

㋒　式

答え

6　下の三角形ABCの頂点Bを中心にして，2倍の拡大図《かくだいず》と，$\frac{1}{2}$の縮図《しゅくず》をかきましょう。(4×2)

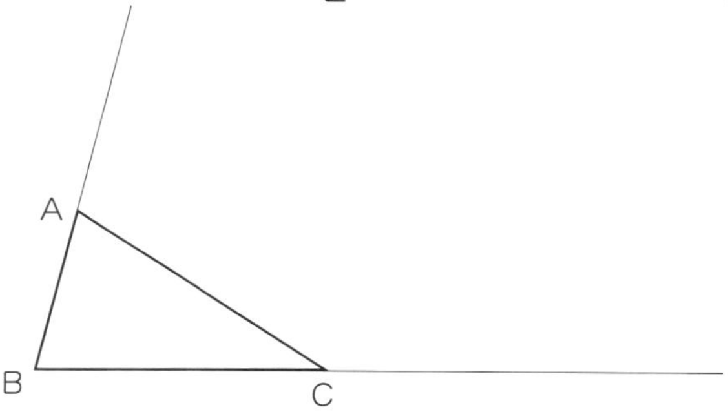

月　日

算数のまとめ（量・図形）

名前

1　色のついた部分の面積を求めましょう。(5 × 4)

(1)

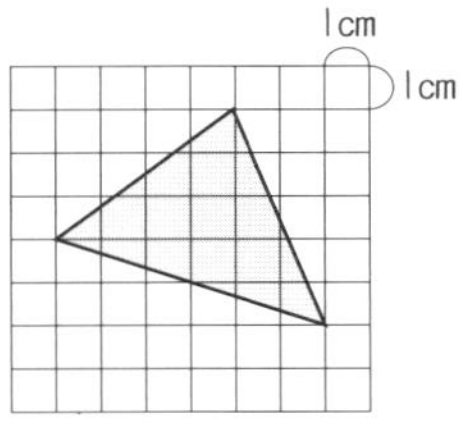

式

答え

(2)

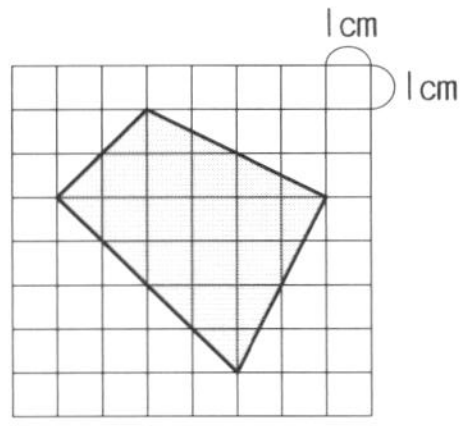

式

答え

2　次の平行四辺形の面積を求めましょう。
また，求めた考え方を説明しましょう。(5 × 3)

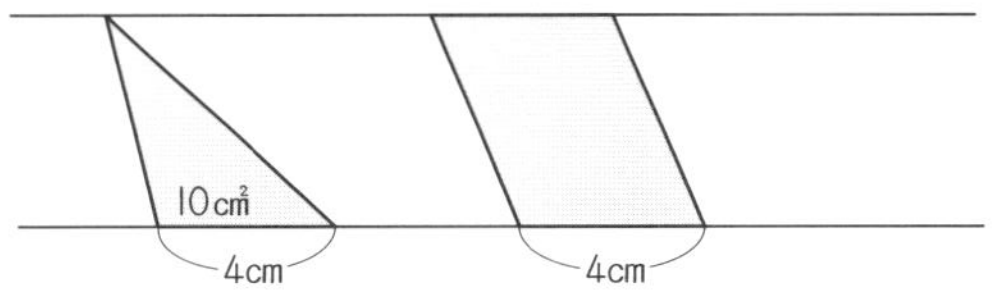

平行四辺形の面積

式

答え

考え方の説明

3　次の展開図を組み立ててできる立体の体積を求めましょう。(5 × 4)

(1)

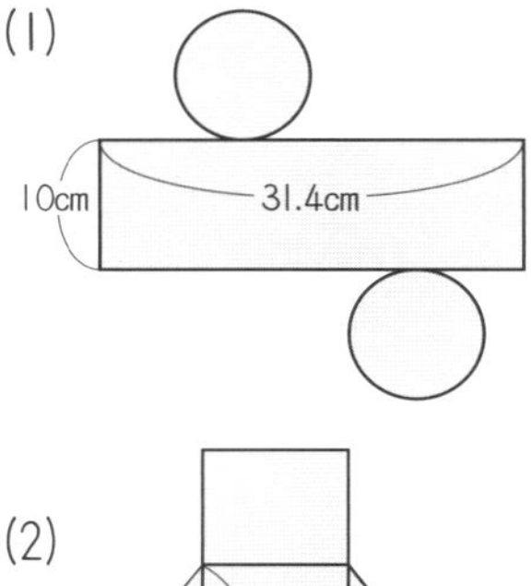

式

答え

(2)

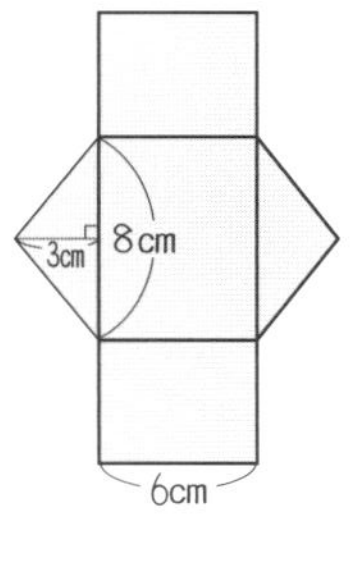

式

答え

4　三角形 ACF の頂点 A を中心にして拡大図《かくだいず》と縮図《しゅくず》をかきました。(5 × 3)

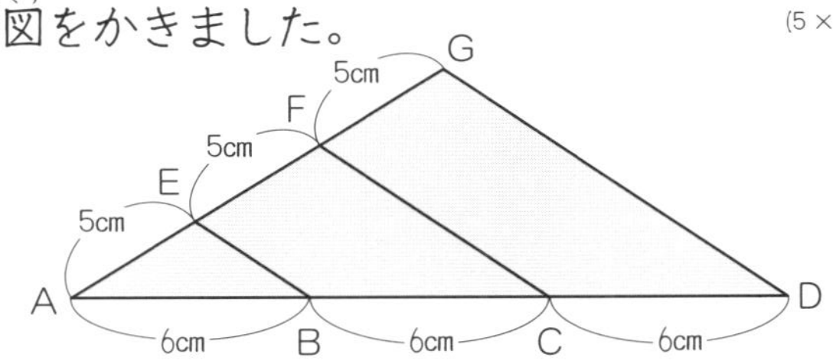

(1)　三角形 ABE は，三角形 ACF の何分の1の縮図になっていますか。

(2)　三角形 ADG は，三角形 ABE の何倍の拡大図になっていますか。

(3)　三角形 ADG は，三角形 ACF の何倍の拡大図になっていますか。

5　厚さ 1cm の板でできた水そうがあります。(5 × 6)

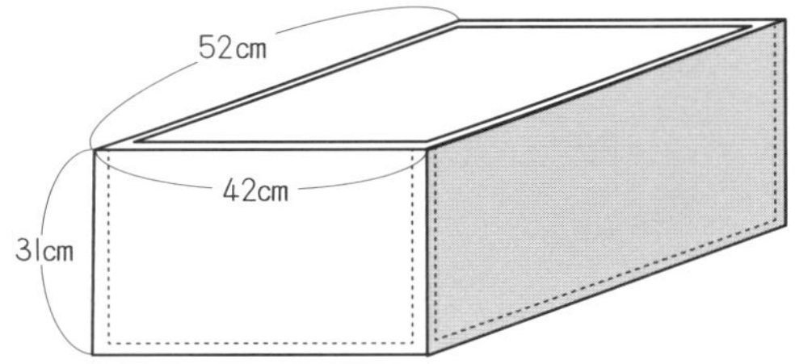

(1)　内のりを考えて，この水そうの容積を求めましょう。

式

答え

(2)　この水そうに 20L 水を入れました。
水の深さは，何 cm になりますか。

式

答え

(3)　石を入れると，2cm 深くなりました。
石の体積は，何cm³でしょうか。

式

答え

(A3 141%・B4 122%拡大)

知識技能 A　　　　月　　日

算数のまとめ（変化と関係）

名前 ＿＿＿＿＿＿

1 □にあてはまる数を求めましょう。(5×6)

(1) 20mは50mの□%です。

式

答え ＿＿＿＿

(2) 600gの25%は□gです。

式

答え ＿＿＿＿

(3) □人の30%は12人です。

式

答え ＿＿＿＿

2 A市は面積が400km²で人口が52000人です。A市の人口密度を求めましょう。(5×2)

式

答え ＿＿＿＿

3 ある金属は，体積が80cm³で重さが216gでした。この金属1cm³の重さを求めましょう。(5×2)

式

答え ＿＿＿＿

4 赤いペンキと白いペンキを2：7の割合《わりあい》で混ぜて，ピンク色のペンキを作ります。
赤いペンキが5dLなら，白いペンキは何dL用意すればいいですか。(5×2)

式

答え ＿＿＿＿

5 くだものと野菜を5:3になるように合わせて，2000mLの野菜ジュースを作ります。くだものと野菜は，それぞれ何mL入れるといいですか。(5×2)

式

答え くだもの ＿＿＿＿　野菜 ＿＿＿＿

6 □にあてはまる数を求めましょう。(5×6)

(1) 秒速12.5mで走るぞうが，同じペースで40秒走る道のりは□mです。

式

答え ＿＿＿＿

(2) 20分で8km走った自転車の分速は，□kmです。

式

答え ＿＿＿＿

(3) 時速40kmの速さで自動車が走ります。50kmを□時間で走ることができます。

式

答え ＿＿＿＿

(A3 141%・B4 122%拡大)

月　日

算数のまとめ（変化と関係）

名前

1　縦《たて》の長さと横の長さが 5:8 になるように長方形をかきます。(5×4)

(1)　縦の長さを 12cm にしたら，横の長さは何 cm にしますか。

式

答え

(2)　横の長さを 20cm にしたら，縦の長さは何 cm にしますか。

式

答え

2　A のリボンは 3.2 m で 800 円でした。
B のリボンは 2.5 m で 650 円でした。
1 m あたりの値段《ねだん》を求めて比べましょう。(5×5)

(A のリボン)

式

答え

(B のリボン)

式

答え

どちらの方が高いですか。

3　時速を求めて比べましょう。(5×5)

(1)　2 時間 20 分で 126 km 走った自動車

式

答え

(2)　秒速 20 m で泳ぐカツオ

式

答え

(3)　どちらの方が速いですか。

4　針《はり》金の長さ x(m) と重さ y(g) をグラフに表しました。(5×6)

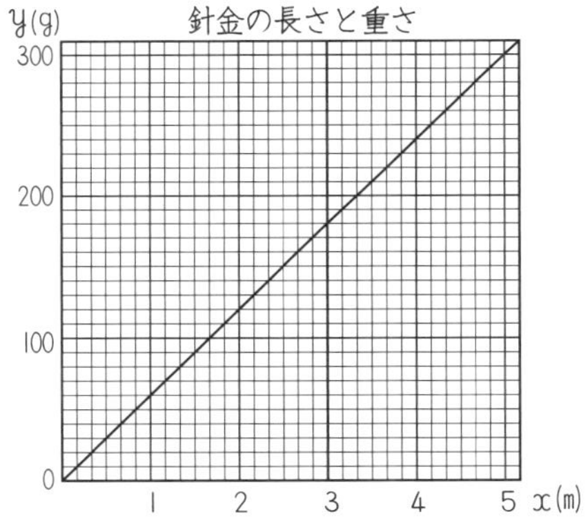

(1)　グラフを見て，表を完成させましょう。

針金の長さと重さ

長さ x(m)	1	2	3	4
重さ y(g)	60			

(2)　長さ x と重さ y の関係を式に表しましょう。

(3)　6 m では何 g になりますか。

式

答え

(4)　1 kg 500 g では何 m になりますか。

式

答え

(A3 141%・B4 122%拡大)

算数のまとめ(変化と関係)

名前 ＿＿＿＿＿＿＿＿

1　Aの畑は60㎡で186kgのジャガイモができました。Bの畑は70㎡で224kgのジャガイモができました。
　1㎡あたりの収かく量を求めましょう。(4×5)

(Aの畑)
式

答え ＿＿＿＿＿＿

(Bの畑)
式

答え ＿＿＿＿＿＿

どちらの畑の方がよくできたといえますか。

[　　　　　]

2　沖縄県は面積が約2300k㎡で，人口が約150万人です。沖縄県の人口密度を上から2けたのがい数で求めましょう。(4×2)

式

答え ＿＿＿＿＿＿

3　[　]にあてはまる数を求めましょう。(4×6)

(1)　時速240kmで走る新幹線が，1時間20分で走る道のりは[　]kmです。
式

答え ＿＿＿＿＿＿

(2)　1時間30分で60km走った自動車の時速は，[　]kmです。
式

答え ＿＿＿＿＿＿

(3)　時速30kmで自転車に乗って走り続けると，75kmの道のりを[　]時間で走れます。
式

答え ＿＿＿＿＿＿

4　定員160人の電車に200人乗っているときの割合は，何%ですか。(4×2)
式

答え ＿＿＿＿＿＿

5　3Lの40%は何mLですか。(4×2)
式

答え ＿＿＿＿＿＿

6　2.4kmは，ハイキング全体の道のりの60%です。ハイキング全体の道のりは，何cmですか。(4×2)
式

答え ＿＿＿＿＿＿

7　1段の高さが20cmの階段があります。この階段の段数x(段)と高さy(cm)の関係を調べましょう。

(1)　階段の段数xと高さyを表にしましょう。(4)

階段の段数と高さ

段数x(段)	1	2	3	4	5	6
高さy(cm)						

(2)　段数xと高さyの関係を式に表しましょう。(4)

[　　　　　]

(3)　段数が15段のときの高さは何cmですか。(4×2)
式

答え ＿＿＿＿＿＿

(4)　高さが5mになるのは，何段のときですか。(4×2)
式

答え ＿＿＿＿＿＿

(A3 141%・B4 122%拡大)

算数のまとめ（変化と関係）

名前

1　ＡとＢの２つの金属があります。右の金属の重さの表を参考にして，何の金属かをいいましょう。(4 × 4)

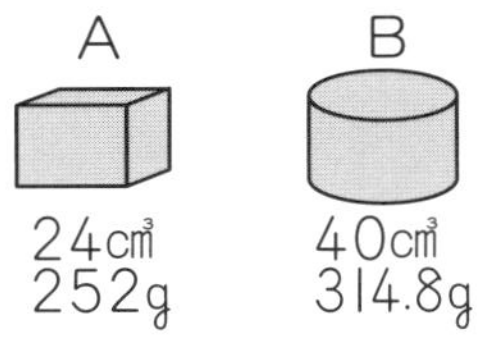

金属 1cm³ の重さ

金属名	重さ(g)
金	19.32
銀	10.5
銅	8.96
鉄	7.87
アルミニウム	2.69

（Ａの金属）
式

答え

（Ｂの金属）
式

答え

2　洋服屋さんでの問いに答えましょう。(4 × 8)

(1)　6400円の洋服が20%引きになっています。代金は，何円ですか。
式

答え

(2)　3000円のシャツが2100円になっています。これは，定価の何%ですか。
式

答え

(3)　6000円の洋服が5100円になっていました。これは，定価の何%引きですか。
式

答え

(4)　シャツが20%引きで，2000円になっていました。このシャツの定価は，何円だったでしょうか。
式

答え

3　次の動物の分速を求めて，速さを比べましょう。(4 × 7)

(1)　秒速45mで飛ぶツバメ
式

答え　分速

(2)　1分15秒間で1750mを走るライオン
式

答え　分速

(3)　時速105kmで泳ぐカジキ
式

答え　分速

(4)　速い順に書きましょう。

□ → □ → □

4　ＡとＢの２本の針《はり》金の長さx(m)と重さy(g)の関係を，グラフから読み取りましょう。(4 × 6)

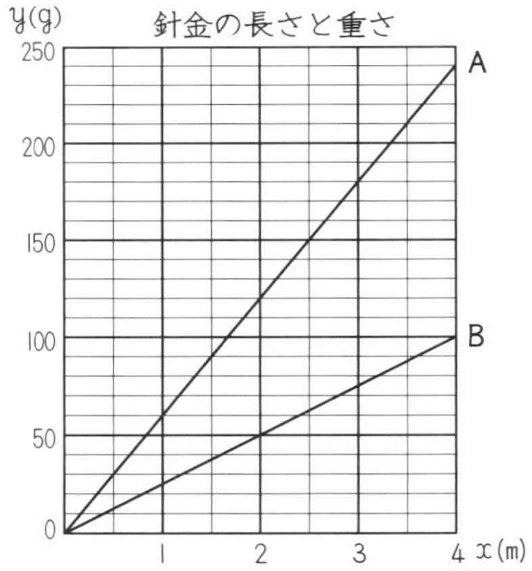

(1)　ＡとＢの２本の針《はり》金の長さx(m)と重さy(g)の関係を，式に表しましょう。

Ａの針金　□　　Ｂの針金　□

(2)　Ａの針金5mの重さは，何gですか。
式

答え

(3)　Ｂの針金が1kgのときの長さは，何mですか。
式

答え

(A3 141%・B4 122%拡大)

月　日

算数のまとめ（データの活用）

名前

1 下のグラフを見て答えましょう。(5×10)

A

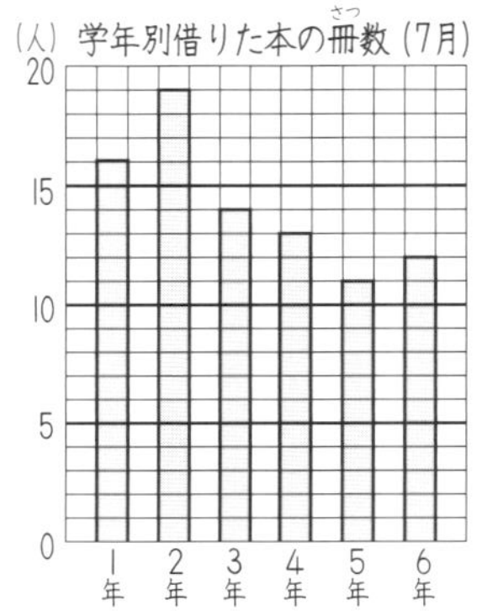

B

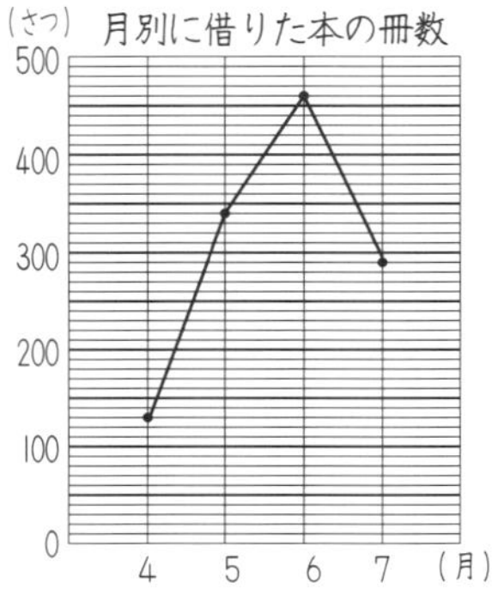

C

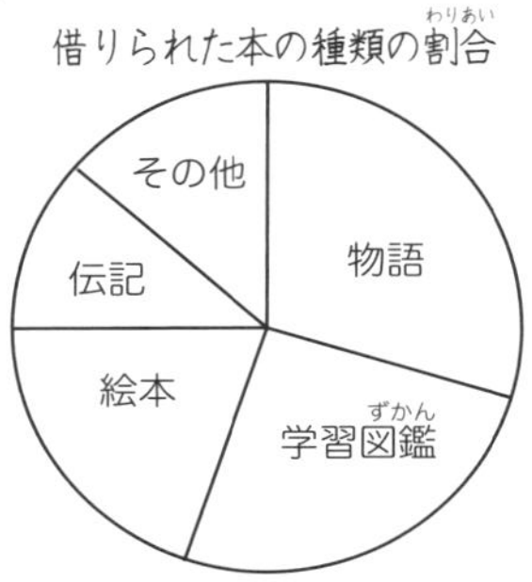

D

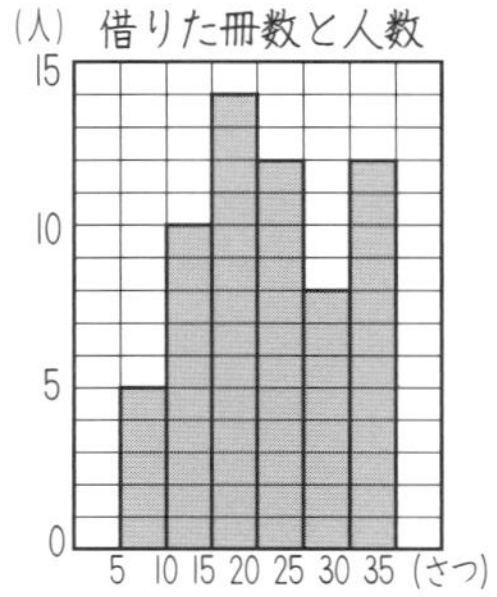

(1) グラフの名前を書きましょう。

A □　B □

C □　D □

(2) A, B, C, Dのグラフが表すのに適している内容を選んで，記号を書きましょう。

A(　　) B(　　) C(　　) D(　　)

ア 全体に対する割合を表す。

イ それぞれのことがらの大きさを表す。

ウ 全体の散らばりの様子を表す。

エ 変化の様子を表す。

(3) 次の文が正しければ（　）に○を，まちがっていたら×をつけましょう。また，その判断に使ったグラフの記号を□に書きましょう。

①（　　）□ 15冊以上20冊未満を借りた人がいちばん多い。

②（　　）□ 4月から7月まで借りた本の数が増えている。

2 下の表は，6年生20人の長座《ざ》体前くつの記録をまとめたものです。

長座体前くつの記録（cm）

① 35	② 31	③ 16	④ 25	⑤ 24
⑥ 26	⑦ 11	⑧ 16	⑨ 34	⑩ 39
⑪ 34	⑫ 16	⑬ 24	⑭ 16	⑮ 44
⑯ 16	⑰ 24	⑱ 26	⑲ 24	⑳ 19

(1) 記録を表に整理しましょう。(10)

長座体前くつの記録

長さ（cm）	人数（人）
10以上～15未満	
15 ～ 20	
20 ～ 25	
25 ～ 30	
30 ～ 35	
35 ～ 40	
40 ～ 45	

(2) ヒストグラムに表しましょう。(10)

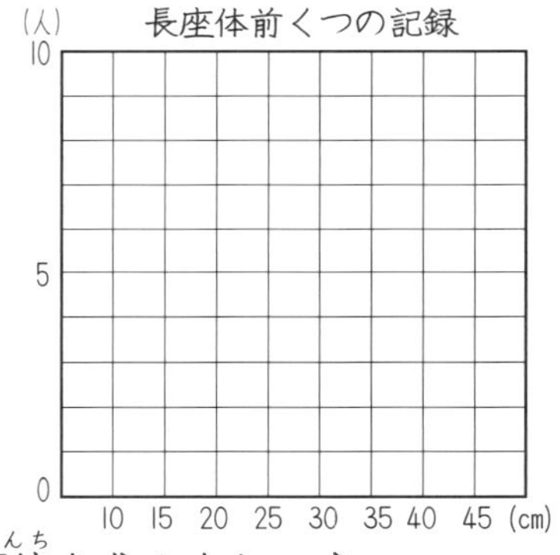

(3) 最頻値《さいひんち》を求めましょう。(5)

□ cm

(4) 平均値《へいきんち》を求めましょう。（全員の合計は500cm）(5×2)

式

□ cm

(5) 中央値《ちゅうおうち》はどの階級にありますか。(5)

□ cm以上 □ cm未満

(6) 中央値を求めましょう。(5)

□ cm

(7) 度数がいちばん多いのは，どの階級ですか。(5)

□ cm以上 □ cm未満

（A3 141%・B4 122%拡大）

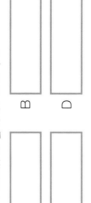

月　日

算数のまとめ（データの活用）

名前

1　下の表は，６年生20人のソフトボール投げの記録をまとめたものです。

ソフトボール投げの記録（m）

① 20	② 30	③ 16	④ 24	⑤ 28
⑥ 36	⑦ 43	⑧ 19	⑨ 34	⑩ 24
⑪ 27	⑫ 34	⑬ 24	⑭ 25	⑮ 32
⑯ 25	⑰ 28	⑱ 26	⑲ 18	⑳ 31

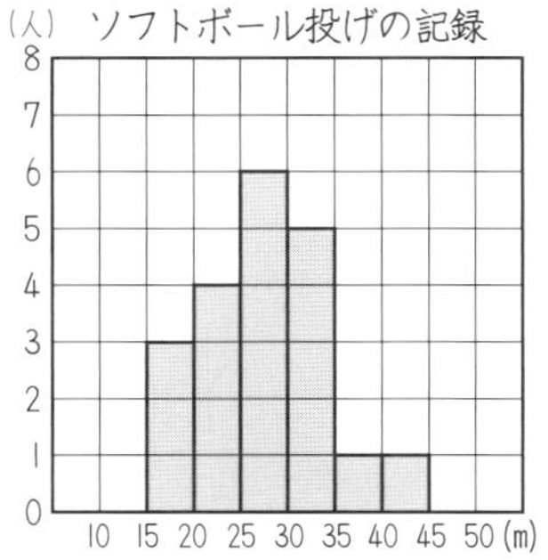

(1)　平均値《へいきんち》を求めましょう。（全員の合計は544 m）
また，平均値はどの階級にありますか。(5×3)

式

答え

□ m以上 □ m未満

(2)　最も度数が多いのは，どの階級ですか。
また，人数は全体の何%ですか。(5×3)

□ m以上 □ m未満

式

答え　　　　%

(3)　最頻値《さいひんち》を求めましょう。(5)　□ m

(4)　中央値《ちゅうおうち》を求めましょう。(5)　□ m

(5)　ボール投げの記録から，平均値や最頻値，中央値などの代表値を求めたことで分かることを書きましょう。(10)

2　Ａ小学校とＢ小学校で，１か月に借りた本の種類の割合《わりあい》を円グラフに表しました。(5×10)

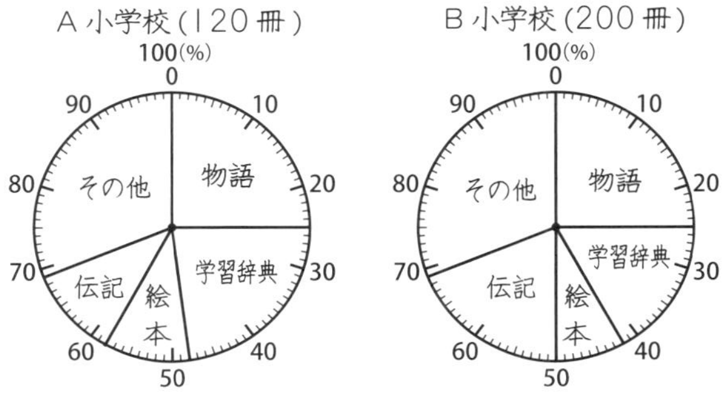

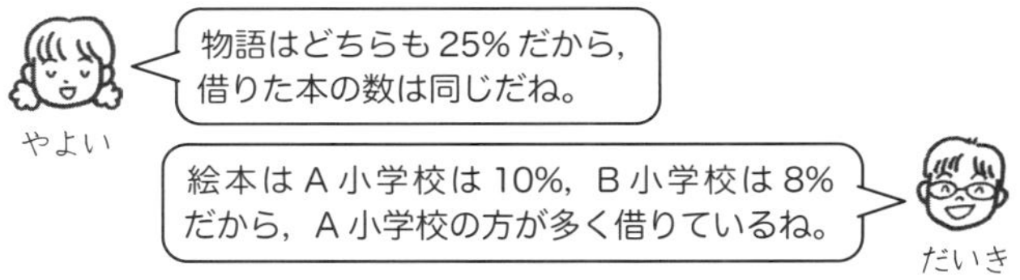

(1)　やよいさんの言っていることは正しいですか。調べて考えを書きましょう。

▶ Ａ小学校で借りられた物語の冊《さつ》数

式

答え

▶ Ｂ小学校で借りられた物語の冊数

式

答え

考え

(2)　だいきさんの言っていることは正しいですか。調べて考えを書きましょう。

▶ Ａ小学校で借りられた絵本の冊数

式

答え

▶ Ｂ小学校で借りられた絵本の冊数

式

答え

考え

（A3 141%・B4 122%拡大）

月　日

算数のまとめ（データの活用）

名前

1　北九州市とオークランドの年間月別平均気温と降水量《こうすいりょう》のグラフを見て答えましょう。(4×12)

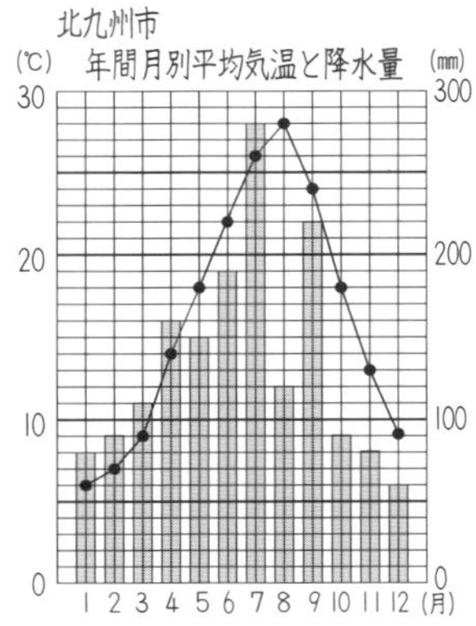

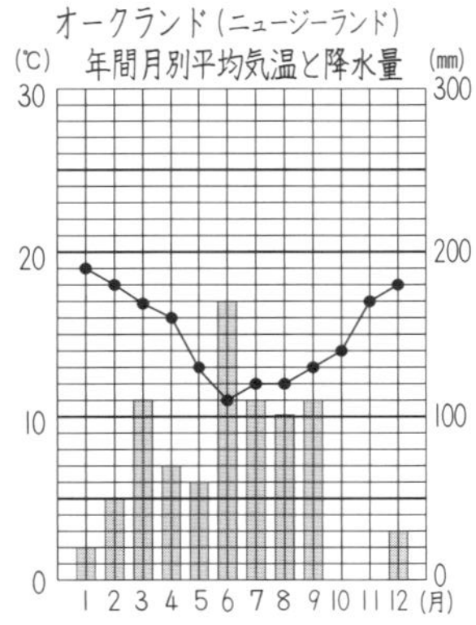

(1)　2つの都市で，平均気温の差がいちばん大きいのは何月で何度ですか。また，いちばん小さいのは何月で何度ですか。

差がいちばん大きい月（　）月（　）度

差がいちばん小さい月（　）月（　）度

(2)　気温の上がり方がいちばん大きいのは，それぞれ何月から何月で何度ですか。

北九州　（　）月から（　）月（　）度

オークランド（　）月から（　）月（　）度

(3)　気温の下がり方がいちばん大きいのは，何月から何月で何度ですか。

北九州　（　）月から（　）月（　）度

オークランド（　）月から（　）月（　）度

(4)　2つの都市の，それぞれの最高気温と最低気温の差は，何度ですか。

北九州（　）度　オークランド（　）度

(5)　降水量がいちばん多いのは，それぞれ何月で何mmですか。

北九州　（　）月（　）mm

オークランド（　）月（　）mm

(6)　次の文が正しければ○，まちがっていたら×を（ ）に書きましょう。

（　）どちらの都市も，気温が高い月に降水量も多い。

（　）北九州市では7，8月に気温が高いが，オークランドでは1，2月に気温が高い。

2　好きな給食について，表にまとめました。

こんだて	カレーライス	スパゲティー	からあげ	ハンバーグ	その他
人数(人)	85	60	45	35	25

(1)　それぞれの割合を%で表しましょう。(4×8)

カレーライス　式

答え　%

スパゲティー　式

答え　%

からあげ　式

答え　%

ハンバーグ　式

答え　%

その他　10%

(2)　帯グラフに表しましょう。題も□に書きましょう (4)

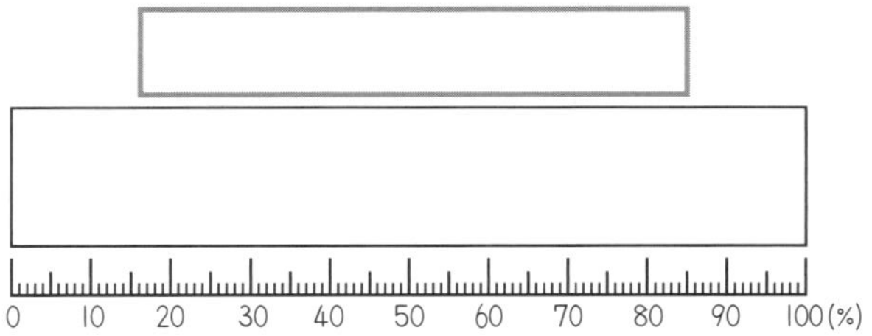

3　右のグラフはソフトボール投げの記録をヒストグラムに表したものです。下の問いに答えましょう。(4×4)

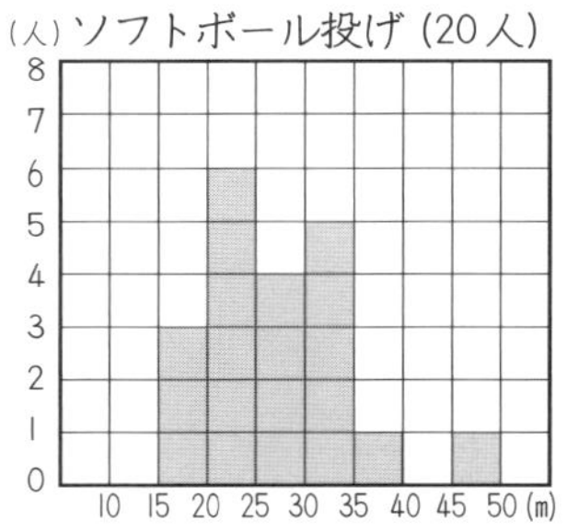

(1)　中央値《ちゅうおうち》はどの階級にありますか。

□m以上　□m未満

(2)　度数のいちばん大きい階級と，その割合を%で表しましょう。

□m以上　□m未満

式

答え　%

(A3 141%・B4 122%拡大)

月　日

算数のまとめ（データの活用）

名前

1　1組のソフトボール投げの記録を，柱状グラフに表します。

(1)　下のア～キを読んで，グラフを完成させましょう。（階級ごとに5×8）

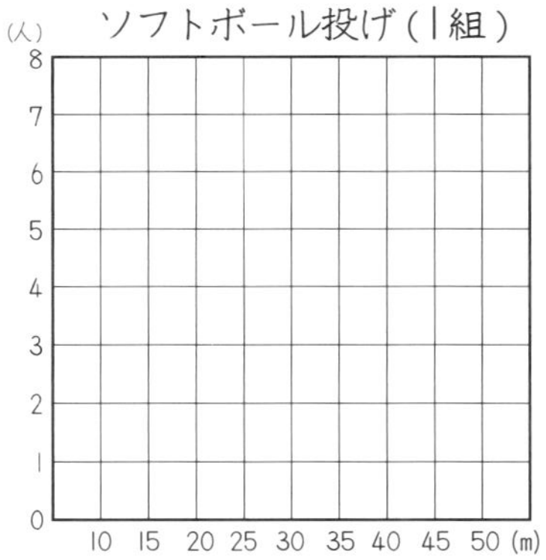

ア　1組の20人の記録をヒストグラムに表しました。

イ　15m未満の人の割合は10%でした。10m未満の人はいません。

ウ　最も度数が多いのは20m以上25m未満で全体の25%にあたります。

エ　15m以上20m未満と30m以上35m未満の人数は同じで，2つの階級の人数の合計は全体の10%にあたります。

オ　25m以上30m未満の人数と，35m以上40m未満の人数は同じで，2つの階級の人数の合計は全体の40%にあたります。

カ　40m以上投げる人は全体の15%です。

キ　45m以上投げる人は1人です。50m以上投げる人はいません。

(2)　1組のボール投げの記録は，全体にどのようになっていますか。完成した柱状グラフを見て書きましょう。(10)

2　下のグラフを見て答えましょう。

おもな食料の輸入量の変化（農林水産省調べ）

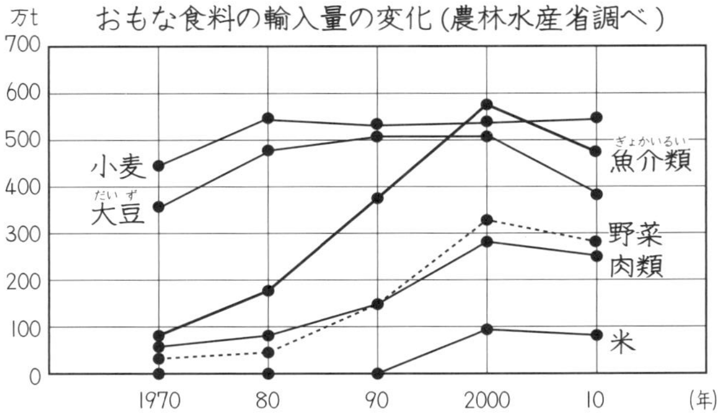

おもな食料の自給率の割合（農林水産省調べ）

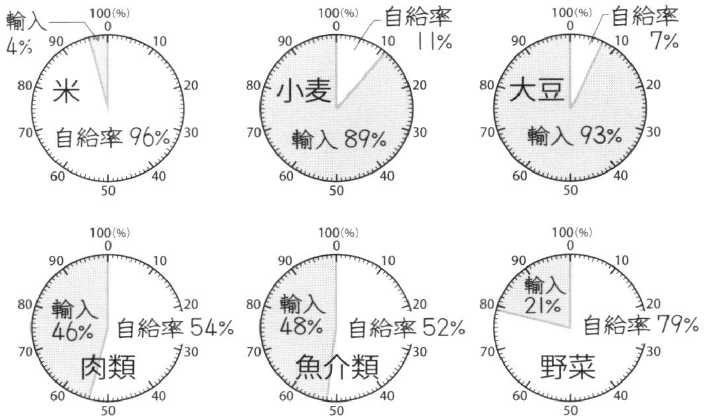

自給率・・1つの国の中で必要な量のうち，国内で生産している量の割合《わりあい》

(1)　自給率が低く，ほとんどを輸入にたよっている食料は何ですか。(5×2)

(2)　1970年と比べて2010年の輸入量が2倍以上になっているのは，何ですか。(5×4)

(3)　国内で使われる米の全体の量は，何万tですか。
（4%の輸入量を100万tとして求めましょう。）(10×2)

式

答え

(A3 141%・B4 122%拡大)

解答

児童に実施させる前に，必ず指導される方が問題を解いてください。本書の解答は，あくまでも１つの例です。指導される方の作られた解答をもとに，本書の解答例を参考に児童の多様な考えに寄り添って○つけをお願いします。

P2

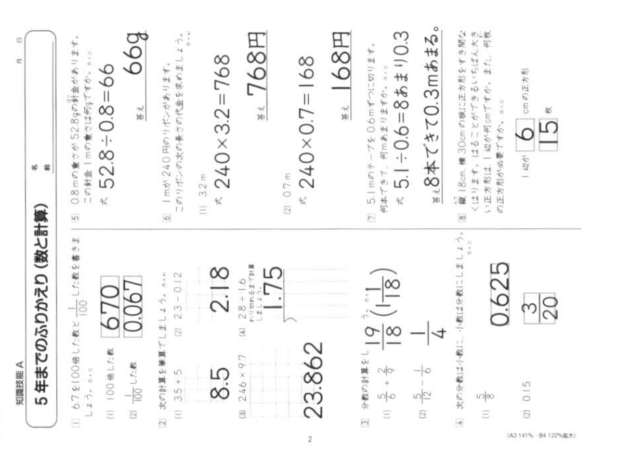

P3

P4

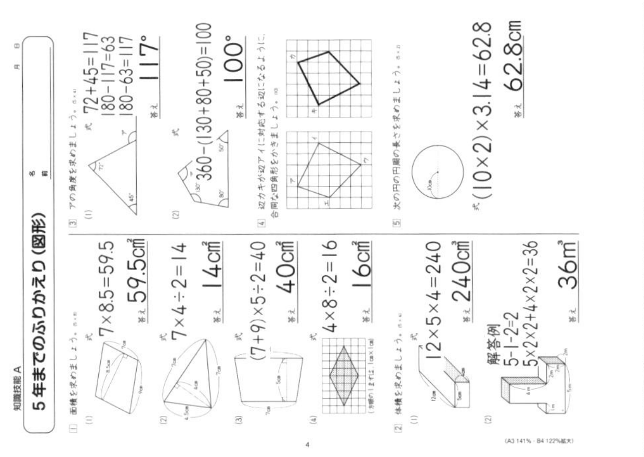

P5

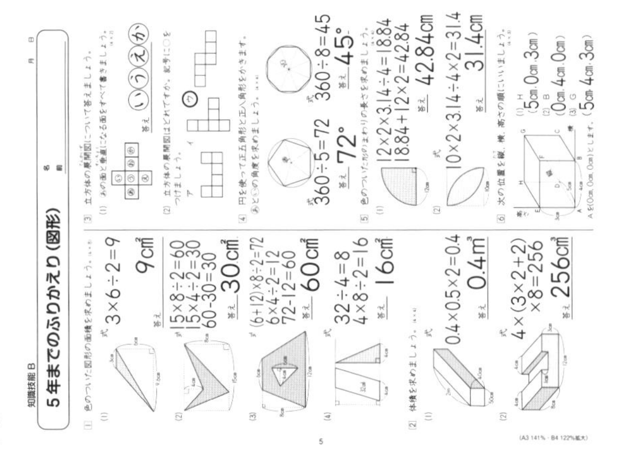

P6

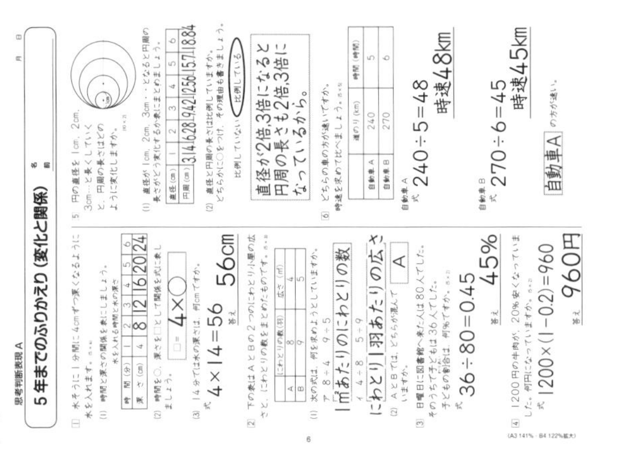

P7

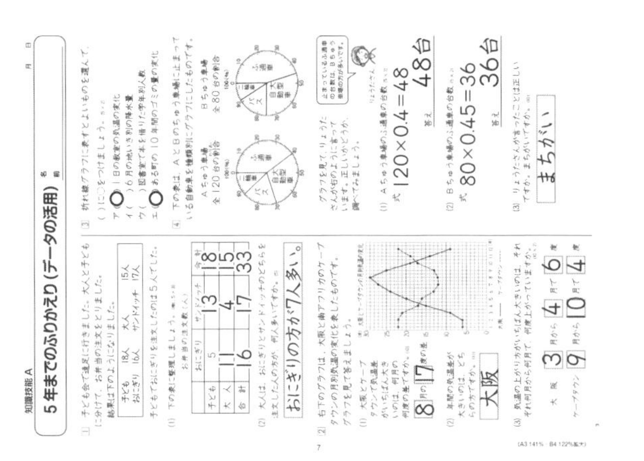

P8

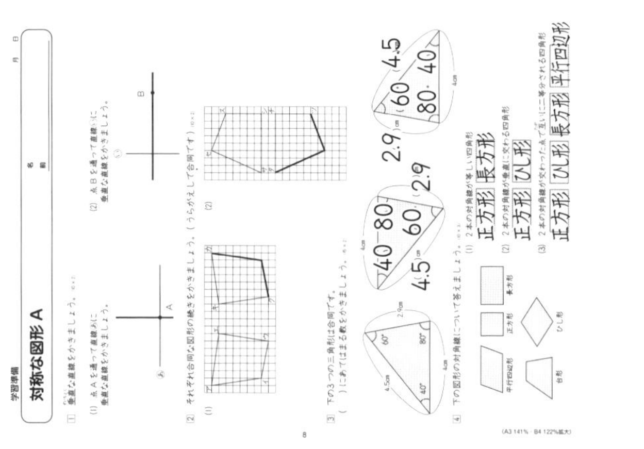

P9

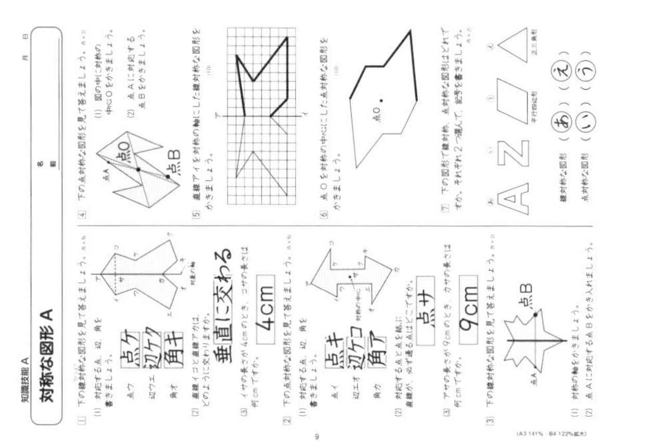

P10

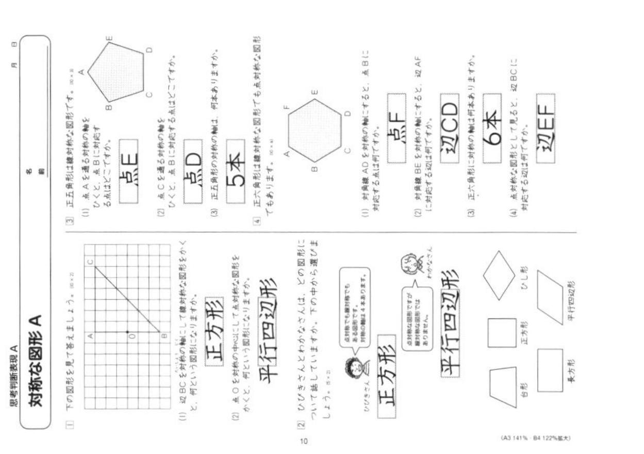

児童に実施させる前に，必ず指導される方が問題を解いてください。本書の解答は，あくまでも１つの例です。指導される方の作られた解答をもとに，本書の解答例を参考に児童の多様な考えに寄り添って○つけをお願いします。

P11

知識技能 B

対称な図形 B

名前

1 下の線対称《せんたいしょう》な図形を見て答えましょう。(4×5)

(1) AB を対称の軸《じく》としたときの対応する点，辺を書きましょう。

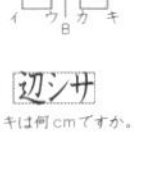

点ア 点ク

辺ウエ 辺カオ

(2) CD を対称の軸としたときの対応する点，辺を書きましょう。

点ア 点イ　辺ウエ 辺シサ

(3) 辺アイが10cmのとき，辺クキは何 cmですか。

10cm

(4) 対応する点を結んだ直線と対称の軸は，どのように交わりますか。

垂直に交わる

2 下の点対称な図形を見て答えましょう。(4×7)

(1) 対応する点，辺を書きましょう。

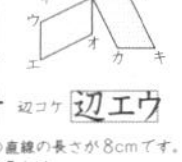

点ア 点キ

点ウ 点ケ

点オ 点サ

辺アイ 辺キク

辺エオ 辺コサ　辺コケ 辺エウ

(2) アから中心Oまでの直線の長さが 8cm です。アからキまでの直線の長さは何 cm ですか。

16 cm

3 下の図形は，次のあいうのどれでしょうか。記号を書きましょう。(4×4)

あ 線対称な図形　い 点対称な図形

う 線対称な図形でもあり点対称な図形でもある

N (い)　M (あ)　☆ (う)　☆ (あ)

4 直線 AB を対称の軸にした線対称な図形をかきましょう。(8×2)

5 点 O を対称の中心にした点対称な図形をかきましょう。(8×2)

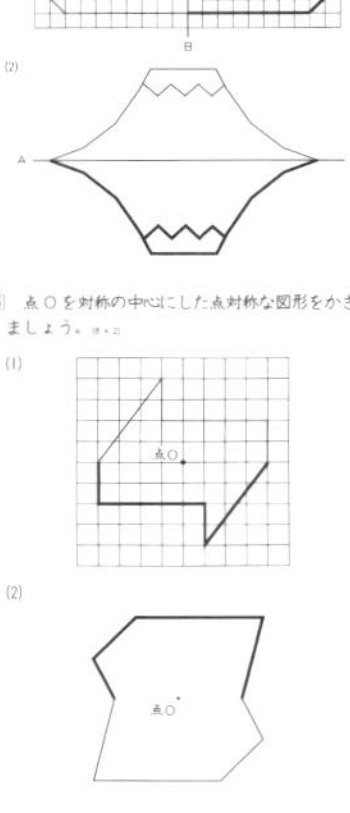

(A3 141%・B4 122%拡大)

P12

思考判断表現 B

対称な図形 B

名前

1 下の正多角形は，線対称《せんたいしょう》な図形や点対称な図形でしょうか。そうであれば○を，そうでなければ×を書きましょう。

また，線対称な図形には，対称の軸《じく》の本数も書きましょう。(4×15)

	線対称な図形	対称の軸の本数	点対称な図形
(1) 正三角形	○	3	×
(2) 正方形	○	4	○
(3) 正五角形	○	5	×
(4) 正六角形	○	6	○
(5) 正七角形	○	7	×

2 上の正多角形の線対称，点対称について分かることを書きましょう。(4×7)

(1) 対称の軸の本数はどうなっていますか。

正多角形の角の数と同じ数だけ対称の軸がある。

(2) 点対称かどうかはどうなっていますか。

正多角形の角の数が偶数のときに点対称になっている。

点対称でも線対称でもある図形です。対称の軸は 8 本あります。

正八角形

線対称ですが，点対称ではありません。対称の軸は 1 本あります。

二等辺三角形

点対称でも線対称でもある図形です。対称の軸は無数にあります。

円

点対称でも線対称でもある図形です。対角線が対称の軸でもあります。対称の軸は 2 本です。

ひし形

正三角形　正八角形　二等辺三角形　円　平行四辺形　ひし形　台形

北海道

線対称な図形だが，点対称な図形ではない。対称の軸の本数は7本ある。

岩手県

線対称な図形でも，点対称な図形でもある。対称の軸の本数は2本ある。

(A3 141%・B4 122%拡大)

P13

学習準備

文字を使った式

名前

1 １つの式に表して答えを求めましょう。(5×4)

(1) 1 本 80 円のえんぴつを 5 本と，120 円の消しゴムを 1 個買うと，合計の代金はいくらですか。

式 $80\times5+120=520$　答え 520円

(2) 100 円のドーナツを 3 個買って，500 円をはらうと，おつりはいくらですか。

式 $500-100\times3=200$　答え 200円

2 □を使った式を書いて，□の数を求めましょう。(5×4)

(1) みかんが 20 個ありましたが，□個食べたので，残りは 12 個になりました。

式 $20-\square=12$　$\square=20-12$　$\square=8$　答え 8(個)

(2) 1 個が□円のおかしを 3 個買うと，代金は 180 円でした。

式 $\square\times3=180$　$\square=180\div3$　$\square=60$　答え 60(円)

3 次の○と□の関係を式に表しましょう。(10×6)

(1) 1 本 150 円のアイスを○本買うと，代金は□円になりました。

$150\times\bigcirc=\square$

(2) 重さ○g の本を 200g のふくろに入れると，全部の重さは□g になりました。

$\bigcirc+200=\square$

(3) おり紙が○枚ありましたが，7 枚使ったので□枚になりました。

$\bigcirc-7=\square$

(4) 24 個のチョコレートを○人で分けると，1 人分は□個になります。

$24\div\bigcirc=\square$

(5) 底辺が 14cm で，高さが○cm の平行四辺形の面積は□cm² です。

$14\times\bigcirc=\square$

(6) 底辺が○cm で，高さが 7cm の三角形の面積は□cm² です。

$\bigcirc\times7\div2=\square$

(A3 141%・B4 122%拡大)

P14

思考判断表現 A

文字を使った式

名前

1 下のあめの中から，同じものを5個買います。(5×4)

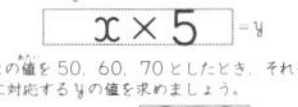

50円　60円　70円

(1) あめ 1 個の値段《ねだん》を x 円，5 個の代金を y 円として，x と y の関係を式に表しましょう。

$x\times5=y$

(2) x の値《あたい》を 50，60，70 としたとき，それぞれに対応する y の値を求めましょう。

x = 50 のとき y = 250

x = 60 のとき y = 300

x = 70 のとき y = 350

2 1 個 200g のかんづめを何個か，150g の箱に入れます。(5×4)

(1) かんづめの個数を x 個，全体の重さを yg として，x と y の関係を式に表しましょう。

$200\times x+150=y$

(2) x の値を 4，5，6 としたとき，それぞれに対応する y の値を求めて表にしましょう。

x(個)	4	5	6
y(g)	950	1150	1350

3 $x\times12=y$ の式で，x の値が 5 と 8 のとき，それに対応する y の値を求めましょう。(5×2)

(1) x の値が 5 のとき 60

(2) x の値が 8 のとき 96

4 x と y の関係を式に表しましょう。(5×6)

(1) クッキーが 14 個ありました。x 個食べると残りは y 個です。

$14-x=y$

(2) x 円のメロンを，200 円の箱に入れてもらったときの代金は y 円です。

$x+200=y$

(3) 250 ページの本を x ページ読みました。残りは y ページです。

$250-x=y$

(4) 縦《たて》が 12m 横が x m の土地の面積は y m² です。

$12\times x=y$

(5) x 個のあめを 6 人で分けたとき，1 人分は y 個です。

$x\div6=y$

(6) バスに x 人乗っていました。6 人降《お》りたので，y 人になりました。

$x-6=y$

5 次の式の x の値を求めましょう。(5×4)

(1) $x+45=y$ （y の値が 77 のとき） 32

(2) $x\times4=y$ （y の値が 50 のとき） 12.5

(3) $x-16=y$ （y の値が 26 のとき） 42

(4) $x\div4=y$ （y の値が 19 のとき） 76

(A3 141%・B4 122%拡大)

P15

思考判断表現 A

文字を使った式

名前

1 $x\times6+150$ の式で表されるのは，どれとどれですか。2 つ選んで，記号を書きましょう。(10×2)

ア x 円のドーナツを 6 個と 150 円のジュースの代金。

イ x 円のえんぴつを 6 本買うと 150 円安くなった代金。

ウ 1m が 6g の針金《はりがね》 x m と 150cm の針金を合わせた重さ。

エ 1 個 xg のみかんを 6 個と 150g の箱を合わせた重さ。

ア　エ

2 下の(1)～(4)の式は，どんな場面を表していますか。下のア～エの中から選んで，記号で答えましょう。(10×4)

(1) $18\times x=y$ … ウ

(2) $18+x=y$ … エ

(3) $18-x=y$ … ア

(4) $18\div x=y$ … イ

ア 18 個ガムがありましたが，x 個食べたので，y 個になりました。

イ x m が 18kg のパイプがあります。このパイプ 1m の重さは y kg です。

ウ 1m が 18kg のパイプがあります。x m では，y kg の重さになります。

エ 18 個ガムがありました。x 個もらったので y 個になりました。

3 下のおかしから，いくつか選んで買います。(1)～(4)の式は，それぞれどのような組み合わせの代金を表していますか。

言葉で説明しましょう。(10×4)

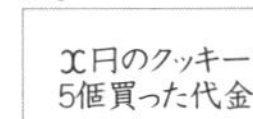

あめ 50円　クッキー x円　ケーキ 350円

(1) $x\times5$

x 円のクッキーを5個買った代金。

(2) $50+x+350$

50円のあめと x 円のクッキーと350円のケーキをそれぞれ1個ずつ買った代金。

(3) $x\times3+350$

x 円のクッキーを3個と350円のケーキを1個買った代金。

(4) $(50+x)\times3$

50円のあめと x 円のクッキーをセットにして，3セット買った代金。

(A3 141%・B4 122%拡大)

P16

知識技能 B

文字を使った式

名前

1 同じ野菜を 5 個買います。(4×5)

ピーマン 60円　玉ねぎ 80円　なす 100円　トマト 120円

(1) 野菜 1 個の値段《ねだん》を x 円，5 個の代金を y 円として，x と y の関係を式に表しましょう。

$x\times5=y$

(2) 野菜の値段で x の値《あたい》が 60，80，100，120 となったとき，それぞれに対応する y の値を求めましょう。

x = 60 のとき y = 300

x = 80 のとき y = 400

x = 100 のとき y = 500

x = 120 のとき y = 600

2 1 個 350 円のももを何個か買って 100 円の箱に入れます。(4×4)

(1) ももの個数を x 個，全体の代金を y 円として，x と y の関係を式に表しましょう。

$350\times x+100=y$

(2) x の値を 4，5，6 としたとき，それぞれに対応する y の値を求めて表にしましょう。

x(個)	4	5	6
y(円)	1500	1850	2200

3 $x\times4+5=y$ の式で，x の値が 5，8，10.5，22.5 のとき，それに対応する y の値を求めましょう。(4×4)

(1) x の値が 5 のとき 25

(2) x の値が 8 のとき 37

(3) x の値が 10.5 のとき 47

(4) x の値が 22.5 のとき 95

4 x と y の関係を式に表しましょう。(4×8)

(1) 27m のテープを x m 使うと残りは y m です。

$27-x=y$

(2) 1m の重さが 65g の針金《はりがね》が x m あるときの重さは y g です。

$65\times x=y$

(3) 18m で x 円の針金の 1m あたりの値段は y 円です。

$x\div18=y$

(4) 底辺が x m で高さが 8m の平行四辺形の面積は y m² です。

$x\times8=y$

(5) 8L のジュースを x 人で等しく分けたとき，1 人分は y L です。

$8\div x=y$

(6) 直径が x m の円の円周の長さは y m です。

$x\times3.14=y$

(7) x L の水を 2L 使うと，残りは y L です。

$x-2=y$

(8) x kg のスイカを 0.5kg の箱に入れます。全体の重さは y kg です。

$x+0.5=y$

5 次の式の x の値を求めましょう。(4×4)

(1) $x+19=y$ （y の値が 41 のとき） 22

(2) $x\times8=y$ （y の値が 10 のとき） 1.25

(3) $x-6.5=y$ （y の値が 13.5 のとき） 20

(4) $x\div4.5=y$ （y の値が 14 のとき） 63

(A3 141%・B4 122%拡大)

P17

思考判断表現 B

文字を使った式

名前

1 下の(1)～(4)の式は，どんな場面を表していますか。下のア～エの中から選んで，記号で答えましょう。(5×4)

(1) $12\times x=y$ … ア

(2) $12+x=y$ … ウ

(3) $12-x=y$ … エ

(4) $12\div x=y$ … イ

ア 1m の重さが 12g の針金《はりがね》 x m の重さは y g です。

イ x m で 12g の針金があります。この針金 1m の重さは y g です。

ウ 12m を使うと，残りが x m になった針金のもとの長さは y m です。

エ x m をつぎたすと 12m になりました。この針金のもとの長さは y m です。

2 下の図のような土地の面積を求めます。(1)～(3)は，どのように考えた式ですか。それぞれに合う図を選んで，記号を書きましょう。(5×3)

(1) $x\times8-2\times2$ … ウ

(2) $2\times6+(x-2)\times8$ … ア

(3) $x\times6+(x-2)\times2$ … イ

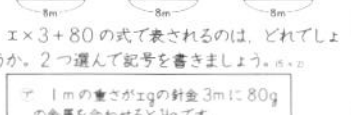

3 $x\times3+80$ の式で表されるのは，どれでしょうか。2 つ選んで記号を書きましょう。(5×2)

ア 1m の重さが x g の針金 3m に 80g の金属を合わせると y g です。

イ 1 個 x 円と 80 円のおかしをセットにして 3 セット買った代金は y 円です。

ウ 1 本に x mL 入ったお茶が 3 本ありました。80mL 飲むと残りは y mL です。

エ 1 本 x cm のリボン 3 本と 80cm のリボンを合わせると y cm です。

ア　エ

4 下のくだものから，いくつか選んで買います。(1)～(5)の式は，それぞれどのような組み合わせの代金を表していますか。言葉で説明しましょう。(5×5)

みかん 80円　りんご x円　かき 320円

(1) $x\times3$

x 円のリンゴを3個買った代金。

(2) $80+x+320$

80円のみかんと x 円のりんごと320円のかきを1個ずつ買った代金。

(3) $x\times3+320$

x 円のリンゴを3個と320円のかきを1個買った代金。

(4) $(80+x)\times3$

80円のみかんと x 円のりんごをセットにして3セット買った代金。

(5) $(80+x+320)\times2$

80円のみかんと x 円のりんごと320円のかきをセットにして2セット買った代金。

5 三角形とひし形の面積の求め方を考えました。式の考え方に合う図を選んで記号を書きましょう。(5×6)

三角形 ① $(x\times5)\div2$ … ア

② $(x\div2)\times5$ … ウ

③ $x\times(5\div2)$ … イ

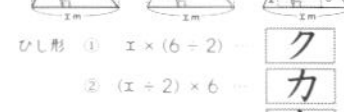

ひし形 ① $x\times(6\div2)$ … ク

② $(x\div2)\times6$ … カ

③ $(x\times6)\div2$ … キ

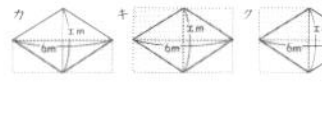

(A3 141%・B4 122%拡大)

P18

学習準備

分数のかけ算・わり算

名前

1 次の量を表すのにふさわしい図と線で結び，色をぬって量を表しましょう。(5×5)

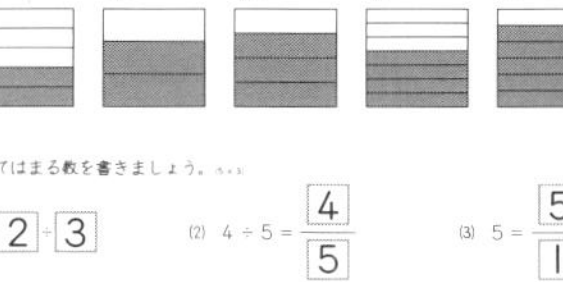

2 □にあてはまる数を書きましょう。(5×3)

(1) $\frac{2}{3}=2\div3$　(2) $4\div5=\frac{4}{5}$　(3) $5=\frac{5}{1}$

3 仮分数は帯分数か整数に，帯分数は仮分数にしましょう。(5×6)

(1) $\frac{8}{4}$ 2　(2) $\frac{12}{5}$ $2\frac{2}{5}$　(3) $\frac{30}{7}$ $4\frac{2}{7}$

(4) $1\frac{3}{4}$ $\frac{7}{4}$　(5) $2\frac{1}{6}$ $\frac{13}{6}$　(6) $\frac{18}{3}$ 6

4 約分をしましょう。(5×6)

(1) $\frac{4}{6}$ $\frac{2}{3}$　(2) $\frac{6}{8}$ $\frac{3}{4}$　(3) $\frac{20}{25}$ $\frac{4}{5}$

(4) $\frac{21}{28}$ $\frac{3}{4}$　(5) $3\frac{15}{18}$ $3\frac{5}{6}$　(6) $\frac{12}{24}$ $\frac{1}{2}$

(A3 141%・B4 122%拡大)

P19

知識技能 A

分数×整数　分数÷整数

名前

1 $\frac{2}{5}\times3$ の計算方法を考えましょう。

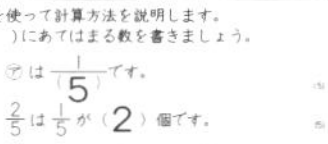

図を使って計算方法を説明します。

（　）にあてはまる数を書きましょう。

(1) ㋐は $\frac{1}{(5)}$ です。(5)

(2) $\frac{2}{5}$ は $\frac{1}{5}$ が（2）個です。(5)

(3) $\frac{2}{5}\times3$ には，$\frac{1}{5}$ が $2\times$（3）あります。(5)

(4) だから，$\frac{2}{5}\times3$ の計算は次のようにします。(10)

$\frac{(2)\times(3)}{5}=\frac{(6)}{5}$

2 $\frac{3}{4}\div2$ の計算方法を考えましょう。

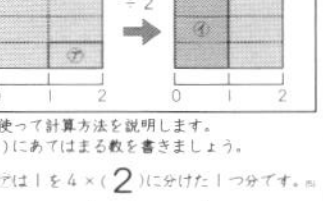

図を使って計算方法を説明します。

（　）にあてはまる数を書きましょう。

(1) ㋐は 1 を $4\times$（2）に分けた 1 つ分です。(5)

(2) ㋐は $\frac{1}{(4)\times(2)}=\frac{1}{(8)}$ です。(5)

(3) ㋑には，㋐が（3）個あります。(5)

(4) だから，$\frac{3}{4}\div2$ の計算は次のようにします。(10)

$\frac{1}{4\times2}\times3=\frac{3}{(4)\times(2)}=\frac{3}{8}$

3 かけ算をしましょう。(5×5)

(1) $\frac{3}{4}\times5$　$\frac{15}{4}$ $(3\frac{3}{4})$

(2) $\frac{3}{8}\times6$　$\frac{9}{4}$ $(2\frac{1}{4})$

(3) $\frac{4}{15}\times20$　$\frac{16}{3}$ $(5\frac{1}{3})$

(4) $\frac{7}{3}\times12$　28

(5) $2\frac{1}{12}\times9$　$\frac{75}{4}$ $(18\frac{3}{4})$

4 わり算をしましょう。(5×5)

(1) $\frac{7}{10}\div4$　$\frac{7}{40}$

(2) $\frac{6}{7}\div12$　$\frac{1}{14}$

(3) $\frac{8}{7}\div20$　$\frac{2}{35}$

(4) $\frac{9}{11}\div27$　$\frac{1}{33}$

(5) $2\frac{1}{3}\div14$　$\frac{1}{6}$

(A3 141%・B4 122%拡大)

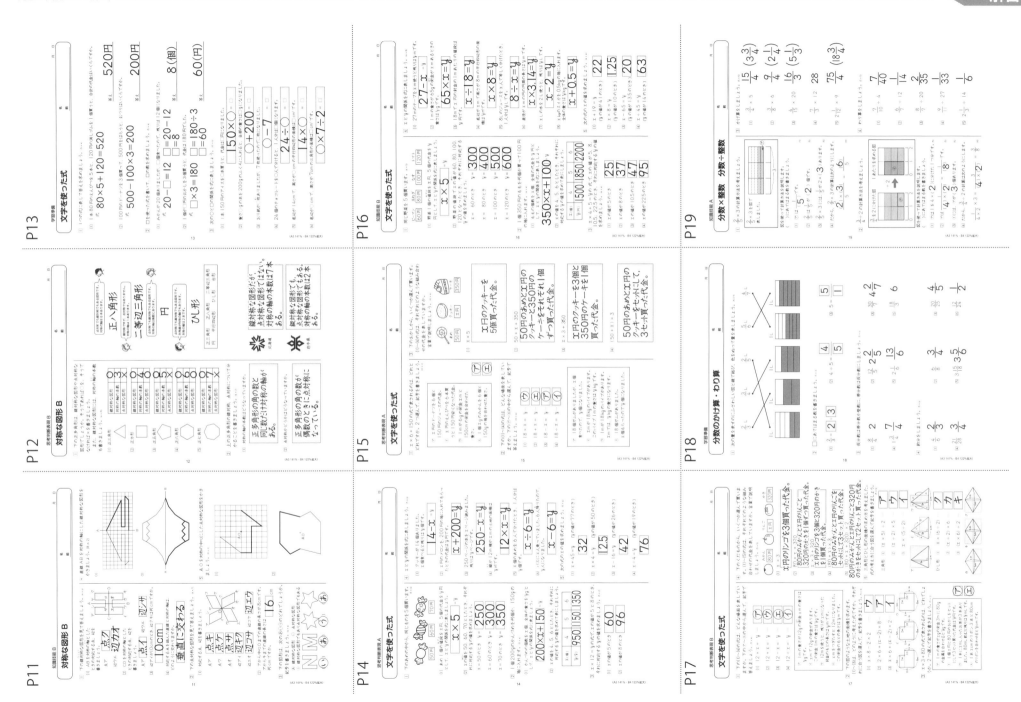

児童に実施させる前に，必ず指導される方が問題を解いてください。本書の解答は，あくまでも１つの例です。指導される方の作られた解答をもとに，本書の解答例を参考に児童の多様な考えに寄り添って○つけをお願いします。

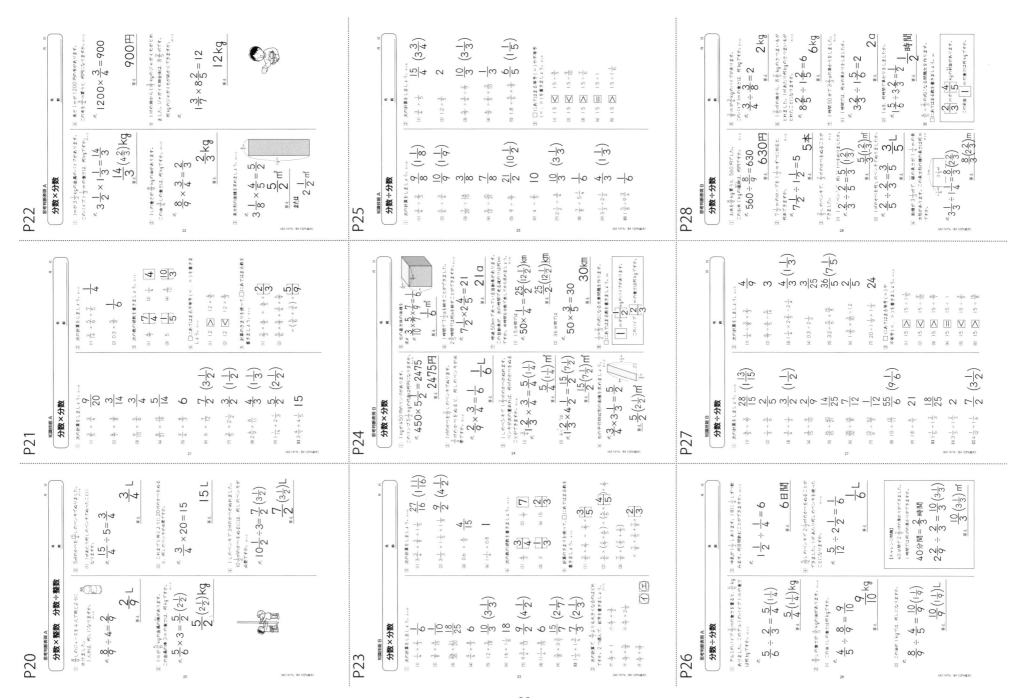

P20

思考判断表現 A

分数×整数　分数÷整数

名前

[1] $\frac{8}{9}$ L のジュースを４人で同じように分けました。１人分は，何 L になりますか。

式 $\frac{8}{9} \div 4 = \frac{2}{9}$

答え $\frac{2}{9}$ L

[2] １ｍが $\frac{5}{6}$ kg の金属の棒があります。この金属の棒３ｍの重さは，何 kg ですか。

式 $\frac{5}{6} \times 3 = \frac{5}{2}\left(2\frac{1}{2}\right)$

答え $\frac{5}{2}\left(2\frac{1}{2}\right)$ kg

[3] ５㎡のかべを $\frac{15}{4}$ L のペンキでぬりました。

(1) １㎡あたり何 L のペンキでぬったことになりますか。

式 $\frac{15}{4} \div 5 = \frac{3}{4}$

答え $\frac{3}{4}$ L

(2) これまでと同じように 20㎡のかべをぬると，何 L のペンキが必要ですか。

式 $\frac{3}{4} \times 20 = 15$

答え 15 L

[4] １L のペンキで３㎡のかべがぬれました。$10\frac{1}{2}$ ㎡のかべをぬるには，何 L のペンキが必要ですか。

式 $10\frac{1}{2} \div 3 = \frac{7}{2}\left(3\frac{1}{2}\right)$

答え $\frac{7}{2}\left(3\frac{1}{2}\right)$ L

P21

知識技能 A

分数×分数

名前

[1] 次の計算をしましょう。

(1) $\frac{3}{5} \times \frac{3}{4}$　$\frac{9}{20}$

(2) $\frac{4}{7} \times \frac{3}{8}$　$\frac{3}{14}$

(3) $\frac{9}{10} \times \frac{5}{6}$　$\frac{3}{4}$

(4) $\frac{8}{21} \times \frac{15}{16}$　$\frac{5}{14}$

(5) $\frac{9}{4} \times \frac{8}{3}$　6

(6) $6 \times \frac{7}{12}$　$\frac{7}{2}\left(3\frac{1}{2}\right)$

(7) $\frac{3}{5} \times 2\frac{1}{2}$　$\frac{3}{2}\left(1\frac{1}{2}\right)$

(8) $2\frac{4}{9} \times \frac{6}{11}$　$\frac{4}{3}\left(1\frac{1}{3}\right)$

(9) $1\frac{1}{14} \times 2\frac{1}{3}$　$\frac{5}{2}\left(2\frac{1}{2}\right)$

(10) $3\frac{4}{7} \times 4\frac{1}{5}$　15

[2] 次の計算をしましょう。

(1) $\frac{3}{14} \times \frac{5}{6} \times \frac{7}{5}$　$\frac{1}{4}$

(2) $0.3 \times \frac{5}{9}$　$\frac{1}{6}$

[3] 次の数の逆数を書きましょう。

(1) $\frac{4}{7}$　$\frac{7}{4}$　(2) $\frac{1}{4}$　4

(3) 5　$\frac{1}{5}$　(4) $\frac{3}{10}$　$\frac{10}{3}$

[4] □にあてはまる不等号（＜，＞）を書きましょう。

(1) 12 ＞ $12 \times \frac{4}{5}$

(2) 12 ＜ $12 \times \frac{4}{3}$

[5] 計算のきまりを使って，□にあてはまる数を書きましょう。

(1) $\frac{2}{3} \times \frac{4}{5} = \frac{4}{5} \times \frac{2}{3}$

(2) $\frac{5}{6} \times \frac{5}{9} + \frac{3}{4} \times \frac{5}{9} = \left(\frac{5}{6} + \frac{3}{4}\right) \times \frac{5}{9}$

P22

思考判断表現 A

分数×分数

名前

[1] １ｍが $3\frac{1}{2}$ kg の金属のパイプがあります。このパイプ $1\frac{1}{3}$ ｍの重さは，何 kg ですか。

式 $3\frac{1}{2} \times 1\frac{1}{3} = \frac{14}{3}$

答え $\frac{14}{3}\left(4\frac{2}{3}\right)$ kg

[2] １L の重さが $\frac{8}{9}$ kg の油があります。この油 $\frac{3}{4}$ L の重さは，何 kg ですか。

式 $\frac{8}{9} \times \frac{3}{4} = \frac{2}{3}$

答え $\frac{2}{3}$ kg

[3] 長方形の面積を求めましょう。

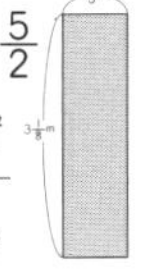

式 $3\frac{1}{8} \times \frac{4}{5} = \frac{5}{2}$

答え $\frac{5}{2}$ ㎡　または $2\frac{1}{2}$ ㎡

[4] 長さ１ｍが 1200 円の布があります。この布を $\frac{3}{4}$ ｍ買うと，何円になりますか。

式 $1200 \times \frac{3}{4} = 900$

答え 900円

[5] １㎡の畑から $1\frac{3}{7}$ kg のジャガイモがとれました。ジャガイモ畑全体は，$8\frac{2}{5}$ ㎡です。何 kg のジャガイモが収かくできますか。

式 $1\frac{3}{7} \times 8\frac{2}{5} = 12$

答え 12kg

P23

知識技能 B

分数×分数

名前

[1] 次の計算をしましょう。

(1) $\frac{1}{4} \times \frac{2}{3}$　$\frac{1}{6}$

(2) $\frac{3}{8} \times \frac{4}{15}$　$\frac{1}{10}$

(3) $\frac{24}{35} \times \frac{21}{20}$　$\frac{18}{25}$

(4) $\frac{9}{4} \times \frac{8}{3}$　6

(5) $12 \times \frac{5}{18}$　$\frac{10}{3}\left(3\frac{1}{3}\right)$

(6) $16 \times 1\frac{1}{8}$　18

(7) $9\frac{3}{4} \times \frac{6}{13}$　$\frac{9}{2}\left(4\frac{1}{2}\right)$

(8) $11\frac{1}{4} \times \frac{8}{15}$　6

(9) $\frac{5}{8} \times 3\frac{3}{7}$　$\frac{15}{7}\left(2\frac{1}{7}\right)$

(10) $1\frac{1}{3} \times 1\frac{3}{4}$　$\frac{7}{3}\left(2\frac{1}{3}\right)$

[2] 次の計算で，$\frac{4}{7}$ よりも大きくなるのはどれですか。２つ選んで，記号を書きましょう。

㋐ $\frac{4}{7} \times 1$　㋑ $\frac{4}{7} \times \frac{3}{2}$

㋒ $\frac{4}{7} \times \frac{5}{8}$　㋓ $\frac{4}{7} \times 2\frac{1}{9}$

㋔ $\frac{4}{7} \times \frac{3}{7}$

㋑ ㋓

[3] 次の計算をしましょう。

(1) $3\frac{3}{4} \times \frac{3}{8} \times 1\frac{1}{5}$　$\frac{27}{16}\left(1\frac{11}{16}\right)$

(2) $3\frac{1}{3} \times 1\frac{1}{5} \times 1\frac{1}{8}$　$\frac{9}{2}\left(4\frac{1}{2}\right)$

(3) $0.6 \times \frac{4}{9}$　$\frac{4}{15}$

(4) $1\frac{1}{4} \times 0.8$　1

[4] 次の数の逆数を書きましょう。

(1) $\frac{4}{3}$　$\frac{3}{4}$　(2) $\frac{1}{7}$　7

(3) 3　$\frac{1}{3}$　(4) 1.5　$\frac{2}{3}$

[5] 計算のきまりを使って，□にあてはまる数を書きましょう。

(1) $\frac{3}{5} \times \frac{2}{7} = \frac{2}{7} \times \frac{3}{5}$

(2) $\frac{5}{6} \times \left(\frac{2}{7} \times \frac{4}{5}\right) = \left(\frac{5}{6} \times \frac{4}{5}\right) \times \frac{2}{7}$

(3) $\frac{7}{8} \times \left(\frac{2}{5} + \frac{2}{3}\right) = \frac{7}{8} \times \frac{2}{5} + \frac{7}{8} \times \frac{2}{3}$

P24

思考判断表現 B

分数×分数

名前

[1] １kg が 450 円のリンゴがあります。このリンゴ $5\frac{1}{2}$ kg の代金は何円になりますか。

式 $450 \times 5\frac{1}{2} = 2475$

答え 2475円

[2] １㎡のかべを $\frac{2}{9}$ L のペンキでぬります。$\frac{3}{4}$ ㎡のかべをぬると，何 L のペンキが必要ですか。

式 $\frac{2}{9} \times \frac{3}{4} = \frac{1}{6}$

答え $\frac{1}{6}$ L

[3] １L のペンキで $1\frac{2}{3}$ ㎡のかべがぬれます。ペンキが次の量あれば，何㎡のかべをぬることができますか。

(1) $\frac{3}{4}$ L では

式 $1\frac{2}{3} \times \frac{3}{4} = \frac{5}{4}\left(1\frac{1}{4}\right)$

答え $\frac{5}{4}\left(1\frac{1}{4}\right)$ ㎡

(2) $4\frac{1}{2}$ L では

式 $1\frac{2}{3} \times 4\frac{1}{2} = \frac{15}{2}\left(7\frac{1}{2}\right)$

答え $\frac{15}{2}\left(7\frac{1}{2}\right)$ ㎡

[4] 右の平行四辺形の面積を求めましょう。

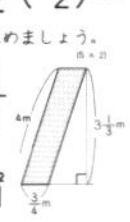

式 $\frac{3}{4} \times 3\frac{1}{3} = \frac{5}{2}$

答え $\frac{5}{2}\left(2\frac{1}{2}\right)$ ㎡

[5] 右の直方体の体積を求めましょう。

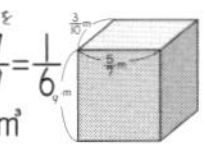

式 $\frac{3}{10} \times \frac{5}{7} \times \frac{7}{9} = \frac{1}{6}$

答え $\frac{1}{6}$ ㎥

[6] １時間で $7\frac{1}{2}$ a を耕すことができました。$2\frac{4}{5}$ 時間では何 a を耕すことができますか。

式 $7\frac{1}{2} \times 2\frac{4}{5} = 21$

答え 21a

[7] 時速 50km で走っている自動車があります。この自動車が，次の時間で走る道のりは何 km ですか。時間を分数で表してから求めましょう。

(1) 15 分間では

式 $50 \times \frac{1}{4} = \frac{25}{2}\left(12\frac{1}{2}\right)$ km

答え $\frac{25}{2}\left(12\frac{1}{2}\right)$ km

(2) 36 分間では

式 $50 \times \frac{3}{5} = 30$

答え 30km

[8] $\frac{1}{2} \times \frac{2}{3}$ の式になる文章問題を作ります。□にあてはまる数を書きましょう。

１ｍが $\frac{1}{2}$ kg のパイプがあります。このパイプ $\frac{2}{3}$ ｍの重さは何 kg ですか。

P25

知識技能 A

分数÷分数

名前

[1] 次の計算をしましょう。

(1) $\frac{3}{4} \div \frac{2}{3}$　$\frac{9}{8}\left(1\frac{1}{8}\right)$

(2) $\frac{5}{6} \div \frac{3}{4}$　$\frac{10}{9}\left(1\frac{1}{9}\right)$

(3) $\frac{7}{20} \div \frac{14}{15}$　$\frac{3}{8}$

(4) $\frac{5}{12} \div \frac{10}{21}$　$\frac{7}{8}$

(5) $9 \div \frac{6}{7}$　$\frac{21}{2}\left(10\frac{1}{2}\right)$

(6) $4 \div \frac{2}{5}$　10

(7) $2\frac{1}{2} \div \frac{3}{4}$　$\frac{10}{3}\left(3\frac{1}{3}\right)$

(8) $\frac{7}{8} \div 5\frac{1}{4}$　$\frac{1}{6}$

(9) $3\frac{1}{3} \div 2\frac{1}{2}$　$\frac{4}{3}\left(1\frac{1}{3}\right)$

(10) $1\frac{5}{8} \div 9\frac{3}{4}$　$\frac{1}{6}$

[2] 次の計算をしましょう。

(1) $\frac{3}{4} \div \frac{1}{5}$　$\frac{15}{4}\left(3\frac{3}{4}\right)$

(2) $1.2 \div \frac{3}{5}$　2

(3) $\frac{5}{7} \div \frac{3}{4} \div \frac{2}{7}$　$\frac{10}{3}\left(3\frac{1}{3}\right)$

(4) $\frac{4}{9} \div \frac{2}{5} \times \frac{3}{10}$　$\frac{1}{3}$

(5) $1.8 \div \frac{5}{6} \times \frac{5}{9}$　$\frac{6}{5}\left(1\frac{1}{5}\right)$

[3] □にあてはまる等号（＝）や不等号（＜，＞）を書きましょう。

(1) 15 ＜ $15 \div \frac{4}{5}$

(2) 15 ＜ $15 \div \frac{9}{10}$

(3) 15 ＞ $15 \div \frac{7}{6}$

(4) 15 ＝ $15 \div 1$

(5) 15 ＞ $15 \div 1\frac{1}{6}$

P26

思考判断表現 A

分数÷分数

名前

[1] アルミのパイプ $\frac{2}{3}$ ｍの重さを量ると，$\frac{5}{6}$ kg ありました。このアルミのパイプ１ｍの重さは何 kg ですか。

式 $\frac{5}{6} \div \frac{2}{3} = \frac{5}{4}\left(1\frac{1}{4}\right)$

答え $\frac{5}{4}\left(1\frac{1}{4}\right)$ kg

[2] $\frac{8}{9}$ L の重さが $\frac{4}{5}$ kg の油があります。

(1) この油１L の重さは何 kg ですか。

式 $\frac{4}{5} \div \frac{8}{9} = \frac{9}{10}$

答え $\frac{9}{10}$ kg

(2) この油が１kg では，何 L になりますか。

式 $\frac{8}{9} \div \frac{4}{5} = \frac{10}{9}\left(1\frac{1}{9}\right)$

答え $\frac{10}{9}\left(1\frac{1}{9}\right)$ L

[3] 牛乳が $1\frac{1}{2}$ L あります。１日に $\frac{1}{4}$ L ずつ飲みます。何日間飲むことができますか。

式 $1\frac{1}{2} \div \frac{1}{4} = 6$

答え 6日間

[4] $\frac{5}{12}$ L のペンキで $2\frac{1}{2}$ ㎡のかべをぬることができました。１㎡あたり何 L のペンキを使ったことになりますか。

式 $\frac{5}{12} \div 2\frac{1}{2} = \frac{1}{6}$

答え $\frac{1}{6}$ L

【チャレンジ問題】

40 分間で $2\frac{2}{9}$ ㎡の草かりができました。１時間では何㎡の草かりができますか。

$40分間 = \frac{2}{3}時間$

$2\frac{2}{9} \div \frac{2}{3} = \frac{10}{3}\left(3\frac{1}{3}\right)$

答え $\frac{10}{3}\left(3\frac{1}{3}\right)$ ㎡

P27

知識技能 B

分数÷分数

名前

[1] 次の計算をしましょう。

(1) $\frac{4}{5} \div \frac{3}{7}$　$\frac{28}{15}\left(1\frac{13}{15}\right)$

(2) $\frac{1}{3} \div \frac{5}{6}$　$\frac{2}{5}$

(3) $\frac{3}{4} \div \frac{1}{2}$　$\frac{3}{2}\left(1\frac{1}{2}\right)$

(4) $\frac{3}{15} \div \frac{9}{10}$　$\frac{2}{9}$

(5) $\frac{16}{15} \div \frac{40}{21}$　$\frac{14}{25}$

(6) $\frac{35}{32} \div \frac{15}{8}$　$\frac{7}{12}$

(7) $\frac{13}{9} \div \frac{52}{3}$　$\frac{1}{12}$

(8) $10 \div \frac{12}{11}$　$\frac{55}{6}\left(9\frac{1}{6}\right)$

(9) $18 \div \frac{6}{7}$　21

(10) $1\frac{1}{5} \div 1\frac{2}{3}$　$\frac{18}{25}$

(11) $3\frac{1}{3} \div 1\frac{2}{3}$　2

(12) $4\frac{1}{12} \div 1\frac{1}{6}$　$\frac{7}{2}\left(3\frac{1}{2}\right)$

[2] 次の計算をしましょう。

(1) $\frac{1}{4} \div \frac{3}{8} \times \frac{2}{3}$　$\frac{4}{9}$

(2) $\frac{6}{7} \div \frac{4}{5} \div \frac{5}{14}$　3

(3) $1\frac{1}{4} \times 2\frac{2}{3} \div 2\frac{1}{4}$　$\frac{4}{3}\left(1\frac{1}{3}\right)$

(4) $0.3 \div 2\frac{1}{2}$　$\frac{3}{25}$

(5) $3.2 \div \frac{5}{6} \times \frac{15}{8}$　$\frac{36}{5}\left(7\frac{1}{5}\right)$

(6) $1\frac{3}{5} \times \frac{3}{10} \div 1.2$　$\frac{2}{5}$

(7) $20 \div 1\frac{1}{9} \times 1\frac{1}{3}$　24

[3] □にあてはまる等号（＝）や不等号（＜，＞）を書きましょう。

(1) 15 ＞ $15 \div 1\frac{1}{5}$

(2) 15 ＜ $15 \div \frac{9}{10}$

(3) 15 ＞ $15 \div \frac{8}{7}$

(4) 15 ＝ $15 \div 1$

(5) 15 ＜ $15 \div \frac{3}{5}$

(6) 15 ＞ $15 \div \frac{15}{8}$

P28

思考判断表現 B

分数÷分数

名前

[1] お米を $\frac{8}{9}$ kg 買うと，560 円でした。このお米１kg の値段は，何円ですか。

式 $560 \div \frac{8}{9} = 630$

答え 630円

[2] $7\frac{1}{2}$ ｍのロープを $1\frac{1}{2}$ ｍずつに切ると，何本できますか。

式 $7\frac{1}{2} \div 1\frac{1}{2} = 5$

答え 5本

[3] $\frac{2}{5}$ L のペンキで，$\frac{2}{3}$ ㎡のかべをぬることができました。

(1) １L のペンキで，何㎡のかべをぬりましたか。

式 $\frac{2}{3} \div \frac{2}{5} = \frac{5}{3}\left(1\frac{2}{3}\right)$

答え $\frac{5}{3}\left(1\frac{2}{3}\right)$ ㎡

(2) １㎡のかべを何 L のペンキでぬりましたか。

式 $\frac{2}{5} \div \frac{2}{3} = \frac{3}{5}$

答え $\frac{3}{5}$ L

[4] 面積が $3\frac{1}{3}$ ㎡で，縦の長さが $1\frac{1}{4}$ ｍの長方形があります。この長方形の横の長さは何ｍですか。

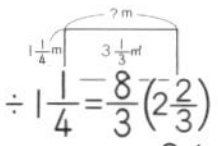

式 $3\frac{1}{3} \div 1\frac{1}{4} = \frac{8}{3}\left(2\frac{2}{3}\right)$

答え $\frac{8}{3}\left(2\frac{2}{3}\right)$ ｍ

[5] $\frac{3}{4}$ ｍが $\frac{3}{8}$ kg のパイプがあります。このパイプ１ｍの重さは，何 kg ですか。

式 $\frac{3}{4} \div \frac{3}{8} = 2$

答え 2kg

[6] $1\frac{2}{5}$ ㎡の畑から，$8\frac{2}{5}$ kg のさつまいもがとれました。１㎡あたり何 kg のさつまいもがとれたことになりますか。

式 $8\frac{2}{5} \div 1\frac{2}{5} = 6$

答え 6kg

[7] １時間 50 分で $3\frac{2}{3}$ a の草かりをしました。

(1) １時間では，何 a の草かりをしましたか。

式 $3\frac{2}{3} \div 1\frac{5}{6} = 2$

答え 2a

(2) １a を，何時間で草かりをしましたか。

式 $1\frac{5}{6} \div 3\frac{2}{3} = \frac{1}{2}$

答え $\frac{1}{2}$ 時間

[8] $\frac{4}{5} \div \frac{2}{3}$ の式になる文章問題を作ります。□にあてはまる数を書きましょう。

$\frac{2}{3}$ ｍが $\frac{4}{5}$ kg の針金があります。この針金１ｍの重さは何 kg ですか。

児童に実施させる前に，必ず指導される方が問題を解いてください。本書の解答は，あくまでも１つの例です。指導される方の作られた解答をもとに，本書の解答例を参考に児童の多様な考えに寄り添って○つけをお願いします。

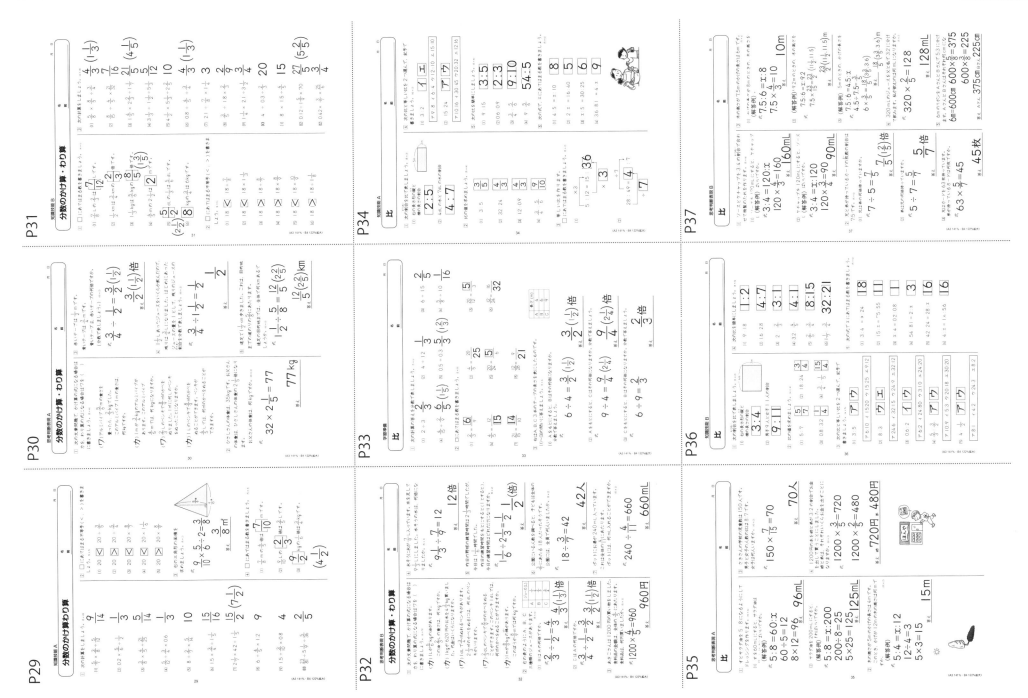

P29

知識技能 A

分数のかけ算わり算

1 次の計算をしましょう。

(1) $\frac{5}{7}\times\frac{3}{8}\div\frac{5}{12}$　$\frac{9}{14}$

(2) $0.2\times\frac{5}{6}\div\frac{1}{2}$　$\frac{1}{3}$

(3) $\frac{3}{8}\times\frac{4}{5}\div\frac{21}{25}$　$\frac{5}{14}$

(4) $\frac{5}{12}\div\frac{3}{4}\times0.6$　$\frac{1}{3}$

(5) $8\div\frac{2}{7}\times\frac{5}{14}$　10

(6) $1.5\times\frac{3}{4}\div1\frac{1}{5}$　$\frac{15}{16}$

(7) $2\frac{1}{7}\times4.2\div1\frac{1}{5}$　$\frac{15}{2}(7\frac{1}{2})$

(8) $6\div\frac{4}{5}\times1.2$　9

(9) $1.5\div\frac{3}{10}\times0.8$　4

(10) $\frac{23}{81}\div5\frac{1}{9}\div\frac{5}{36}$　$\frac{2}{5}$

2 □にあてはまる不等号（＜，＞）を書きましょう。

(1) 20 ＜ $20\div\frac{3}{5}$

(2) 20 ＞ $20\div\frac{5}{4}$

(3) 20 ＜ $20\times\frac{8}{7}$

(4) 20 ＜ $20\times1\frac{1}{6}$

(5) 20 ＞ $20\times\frac{8}{9}$

3 右の三角形の面積を求めましょう。

式 $\frac{9}{10}\times\frac{5}{6}\div2=\frac{3}{8}$　答え $\frac{3}{8}$㎡

4 □にあてはまる数を書きましょう。

(1) $\frac{7}{8}$mの$\frac{4}{5}$倍は $\frac{7}{10}$ mです。

(2) $\frac{9}{10}$Lの $\frac{2}{3}$ 倍は$\frac{3}{5}$Lです。

(3) $\frac{9}{2}$ kgの$\frac{1}{6}$倍は$\frac{3}{4}$kgです。$(4\frac{1}{2})$

P30

思考判断表現 A

分数のかけ算・わり算

1 次の文章問題で，かけ算の式になる場合はカを，わり算の式になる場合はワを（　）に書きましょう。

（ワ）アルミパイプ$\frac{5}{6}$mの重さを量ったら，$\frac{2}{3}$kgでした。このアルミパイプ1mの重さは，何kgですか。

（カ）1mが$\frac{3}{4}$kgのアルミパイプがあります。このアルミパイプ$\frac{4}{5}$mでは，何kgになりますか。

（ワ）$\frac{2}{3}$Lのペンキで$\frac{8}{9}$㎡のかべをぬりました。1㎡に何Lのペンキをぬったことになりますか。

（カ）1Lのペンキで$\frac{8}{9}$㎡のかべをぬることができます。ペンキが$\frac{4}{5}$Lでは，何㎡のかべをぬることができますか。

2 ひさしさんの体重は，35kgです。お父さんの体重は，ひさしさんの体重の$2\frac{1}{5}$倍になります。お父さんの体重は，何kgですか。

式 $32\times2\frac{1}{5}=77$　答え 77kg

3 赤いテープは$\frac{1}{2}$mです。青いテープは$\frac{3}{4}$mです。青いテープは，赤いテープの何倍ですか。（分数で表しましょう。）

式 $\frac{3}{4}\div\frac{1}{2}=\frac{3}{2}(1\frac{1}{2})$　答え $\frac{3}{2}(1\frac{1}{2})$倍

4 $1\frac{1}{2}$Lあったジュースをいくらか飲んだので，残りは$\frac{3}{4}$Lになりました。はじめにあったジュースの量を1として，残りのジュースの割合を分数で表しましょう。

式 $\frac{3}{4}\div1\frac{1}{2}=\frac{1}{2}$　答え $\frac{1}{2}$

5 道又で$1\frac{1}{2}$km歩きました。これは，目的地までの道のりの$\frac{5}{8}$にあたります。道又の目的地までは，全体で何kmあるでしょうか。

式 $1\frac{1}{2}\div\frac{5}{8}=\frac{12}{5}(2\frac{2}{5})$　答え $\frac{12}{5}(2\frac{2}{5})$km

P31

知識技能 B

分数のかけ算・わり算

1 □にあてはまる数を書きましょう。

(1) $\frac{7}{8}$Lの$\frac{2}{3}$は $\frac{7}{12}$ Lです。

(2) $\frac{1}{2}$kmは$\frac{3}{4}$kmの $\frac{2}{3}$ 倍です。

(3) $1\frac{1}{3}$kgは$\frac{5}{6}$kgの $\frac{8}{5}$ 倍です。$(1\frac{3}{5})$

(4) $\frac{4}{5}$mの$2\frac{1}{2}$は 2 mです。

(5) $\frac{5}{2}$ dLの$\frac{1}{3}$は$\frac{5}{6}$dLです。$(2\frac{1}{2})$

(6) 8 kgの$\frac{3}{4}$は6kgです。

2 □にあてはまる不等号（＜，＞）を書きましょう。

(1) 18 ＜ $18\div\frac{7}{8}$

(2) 18 ＜ $18\times1\frac{1}{3}$

(3) 18 ＞ $18\div\frac{8}{7}$

(4) 18 ＞ $18\times\frac{8}{9}$

(5) 18 ＜ $18\times\frac{10}{9}$

(6) 18 ＞ $18\div1\frac{1}{8}$

3 次の計算をしましょう。

(1) $\frac{5}{8}\times\frac{8}{5}\div\frac{3}{4}$　$\frac{4}{3}(1\frac{1}{3})$

(2) $\frac{8}{15}\div\frac{4}{5}\times\frac{21}{32}$　$\frac{7}{16}$

(3) $1\frac{4}{5}\times2\frac{2}{3}\div1\frac{1}{7}$　$\frac{21}{5}(4\frac{1}{5})$

(4) $3\frac{1}{3}-1\frac{1}{2}\div5\frac{1}{3}$　$\frac{5}{12}$

(5) $4\frac{1}{2}\times5\frac{1}{3}\div2\frac{2}{5}$　10

(6) $0.8\div\frac{4}{5}\div\frac{3}{4}$　$\frac{4}{3}(1\frac{1}{3})$

(7) $2.1\div\frac{7}{8}\times1\frac{1}{4}$　3

(8) $\frac{3}{5}\div1.8\times\frac{2}{3}$　$\frac{2}{9}$

(9) $1\frac{1}{4}\times2.1\div3\frac{1}{2}$　$\frac{3}{4}$

(10) $4\div0.3\div\frac{2}{3}$　20

(11) $8\times1.5\div\frac{4}{5}$　15

(12) $0.12\div1\frac{3}{5}\times70$　$\frac{27}{5}(5\frac{2}{5})$

(13) $0.42\times\frac{3}{7}\times\frac{25}{6}$　$\frac{3}{4}$

P32

思考判断表現 B

分数のかけ算・わり算

1 次の文章問題で，かけ算の式になる場合はカを，わり算の式になる場合はワを（　）に書きましょう。

（カ）1Lが$\frac{5}{6}$kgの油があります。この油$\frac{4}{5}$Lの重さは，何kgですか。

（カ）1kgが620円のお米を$4\frac{2}{3}$kg買いました。代金はいくらになりますか。

（ワ）1dLで$\frac{3}{4}$㎡ぬれるペンキがあります。$2\frac{1}{3}$㎡のかべをぬるには，何dLのペンキがいりますか。

（ワ）$\frac{2}{3}$dLのペンキで$\frac{8}{9}$㎡のかべをぬることができます。このペンキ1dLでは，何㎡のかべをぬることができますか。

（カ）1mが$\frac{3}{8}$kgの棒があります。このぼうが$\frac{8}{9}$mでは何kgですか。

2 右の表のようにA，B，C三種類のジュースがあります。

	ジュース(L)
A	$\frac{1}{2}$
B	$\frac{2}{3}$
C	$\frac{3}{4}$

(1) BはAの何倍ですか。

式 $\frac{2}{3}\div\frac{1}{2}=\frac{4}{3}$　答え $\frac{4}{3}(1\frac{1}{3})$倍

(2) CはAの何倍ですか。

式 $\frac{3}{4}\div\frac{1}{2}=\frac{3}{2}$　答え $\frac{3}{2}(1\frac{1}{2})$倍

3 あきこさんは1200円の買い物をしました。食料品の金額は，全体の$\frac{4}{5}$にあたります。食料品は，何円買いましたか。

式 $1200\times\frac{4}{5}=960$　答え 960円

4 水そうに水が$\frac{7}{9}$L入っています。水を足して$9\frac{1}{3}$Lにしました。水そうの水は，何倍になりましたか。

式 $9\frac{1}{3}\div\frac{7}{9}=12$　答え 12倍

5 昨日の野球の練習時間は$2\frac{1}{3}$時間でしたが，今日は$1\frac{1}{6}$時間でした。昨日の練習時間をもとにすると（1とすると），今日の練習時間はどれだけになりますか。

式 $1\frac{1}{6}\div2\frac{1}{3}=\frac{1}{2}$　答え $\frac{1}{2}$(倍)

6 公園にいる人数を調べると，子どもは全体の$\frac{3}{7}$にあたる18人だったそうです。公園には，全員で何人いましたか。

式 $18\div\frac{3}{7}=42$　答え 42人

7 ポットにお湯が240mL入っています。これは全体の$\frac{4}{11}$にあたります。ポットには，何mL入れることができますか。

式 $240\div\frac{4}{11}=660$　答え 660mL

P33

学習準備

比

1 次の計算の答えを分数で表しましょう。

(1) $2\div3$　$\frac{2}{3}$

(2) $4\div12$　$\frac{1}{3}$

(3) $6\div15$　$\frac{2}{5}$

(4) $\frac{4}{15}\div\frac{2}{9}$　$\frac{6}{5}(1\frac{1}{5})$

(5) $0.5\div0.3$　$\frac{5}{3}(1\frac{2}{3})$

(6) $\frac{5}{8}\div10$　$\frac{1}{16}$

2 □にあてはまる数を書きましょう。

(1) $\frac{2}{3}=\frac{6}{9}$

(2) $\frac{4}{5}=\frac{20}{25}$

(3) $\frac{20}{12}=\frac{5}{3}$

(4) $\frac{4}{5}=\frac{12}{15}$

(5) $\frac{20}{24}=\frac{5}{6}$

(6) $\frac{12}{24}=\frac{16}{32}$

(7) $\frac{21}{15}=\frac{14}{10}$

(8) $\frac{12}{28}=\frac{9}{21}$

3 右はA，B，C３本のテープの長さを表にしたものです。(1)〜(3)の問いに答えましょう。

	長さ(m)
A	4
B	6
C	9

(1) Aをもとにすると，Bはその何倍になりますか。分数で答えましょう。

式 $6\div4=\frac{3}{2}(1\frac{1}{2})$　答え $\frac{3}{2}(1\frac{1}{2})$倍

(2) Aをもとにすると，Cはその何倍になりますか。分数で答えましょう。

式 $9\div4=\frac{9}{4}(2\frac{1}{4})$　答え $\frac{9}{4}(2\frac{1}{4})$倍

(3) Cをもとにすると，Bはその何倍になりますか。分数で答えましょう。

式 $6\div9=\frac{2}{3}$　答え $\frac{2}{3}$倍

P34

知識技能 A

比

1 次の割合を比で表しましょう。

(1) 右の長方形の縦と横の長さの割合　2:5

(2) 4dLの水と7dLの水の割合　4:7

2 比の値を求めましょう。

(1) 3:5　$\frac{3}{5}$

(2) 32:24　$\frac{4}{3}$

(3) 12:0.9　$\frac{4}{3}$

(4) $\frac{3}{4}:\frac{5}{6}$　$\frac{9}{10}$

3 等しい比を作ります。□にあてはまる数を書きましょう。

(1) 5:12 = 15:36（×3）

(2) 28:49 = 4:7（÷7）

4 次の比と等しい比を２つ選んで，記号で書きましょう。

(1) 3:2　イ エ

ア 9:8　イ 6:4　ウ 12:10　エ 15:10

(2) 15:24　ア ウ

ア 10:16　イ 30:45　ウ 20:32　エ 12:16

5 次の比を簡単にしましょう。

(1) 9:15　3:5

(2) 0.6:0.9　2:3

(3) $\frac{3}{4}:\frac{5}{6}$　9:10

(4) $9:\frac{5}{6}$　54:5

6 次の式で，xにあてはまる数を書きましょう。

(1) 4:5 = x:10　8

(2) 2:x = 16:40　5

(3) x:5 = 30:25　6

(4) 36:81 = 4:x　9

P35

思考判断表現 A

比

1 すとサラダ油を5:8になるようにしてドレッシングを作ります。

(1) すを60mLにすると，サラダ油は何mLにすればいいですか。

（解答例）
式 $5:8=60:x$
$60\div5=12$
$8\times12=96$　答え 96mL

(2) サラダ油を200mLにすると，すは何mLにすればいいですか。

（解答例）
式 $5:8=x:200$
$200\div8=25$
$5\times25=125$　答え 125mL

2 木の高さが5mのかげの長さは4mです。このとき，かげが12mの木の高さは何mですか。

（解答例）
式 $5:4=x:12$
$12\div4=3$
$5\times3=15$　答え 15m

3 さささんの学校の児童数は150人です。男子と女子の人数の比は8:7です。女子は何人いますか。

式 $150\times\frac{7}{15}=70$　答え 70人

4 1200円の本を姉と弟が3:2の割合でお金を出して買うことにしました。姉と弟は，それぞれいくらお金を出すことになりますか。

式 $1200\times\frac{3}{5}=720$
$1200\times\frac{2}{5}=480$
答え 姉 720円　弟 480円

P36

知識技能 B

比

1 次の割合を比で表しましょう。

(1) 右の長方形の縦と横の長さの割合　3:4

(2) 男子9人と女子11人の割合　9:11

2 比の値を求めましょう。

(1) 5:7　$\frac{5}{7}$

(2) 18:24　$\frac{3}{4}$

(3) 0.8:3.2　$\frac{1}{4}$

(4) $\frac{3}{4}:\frac{1}{5}$　$\frac{15}{4}$

3 次の比と等しい比を２つ選んで，記号で書きましょう。

(1) 3:5　ア ウ

ア 6:10　イ 15:20　ウ 15:25　エ 9:12

(2) 8:3　ウ エ

ア 24:6　イ 32:15　ウ 24:9　エ 32:12

(3) 0.6:2　イ ウ

ア 6:2　イ 24:80　ウ 3:10　エ 24:20

(4) $\frac{5}{3}:\frac{3}{2}$　ア ウ

ア 10:9　イ 5:3　ウ 20:18　エ 30:20

(5) $4:\frac{1}{2}$　ア ウ

ア 8:1　イ 4:2　ウ 24:3　エ 8:2

4 次の比を簡単にしましょう。

(1) 9:18　1:2

(2) 16:28　4:7

(3) $2:\frac{2}{3}$　3:1

(4) $3.2:\frac{4}{5}$　4:1

(5) $\frac{2}{5}:\frac{3}{4}$　8:15

(6) $1\frac{1}{7}:\frac{3}{4}$　32:21

5 次の式で，xにあてはまる数を書きましょう。

(1) 3:4 = x:24　18

(2) 15:x = 75:55　11

(3) x:4 = 0.2:0.8　1

(4) 54:81 = 2:x　3

(5) 42:24 = 28:x　16

(6) 4:x = 14:56　16

P37

思考判断表現 B

比

1 ソースとケチャップを3:4の割合で合わせて特製のたれを作ります。

(1) ソースを120mLにすると，ケチャップは何mLにすればいいですか。

（解答例）
式 $3:4=120:x$
$120\times\frac{4}{3}=160$　答え 160mL

(2) ケチャップを120mLにすると，ソースは何mLにすればいいですか。

（解答例）
式 $3:4=x:120$
$120\times\frac{3}{4}=90$　答え 90mL

2 兄と弟が持っているカードの枚数の割合は7:5です。

(1) 兄は弟の何倍持っていますか。

式 $7\div5=\frac{7}{5}$　答え $\frac{7}{5}(1\frac{2}{5})$倍

(2) 弟は兄の何倍持っていますか。

式 $5\div7=\frac{5}{7}$　答え $\frac{5}{7}$倍

(3) 兄はカードを63枚持っています。弟が持っているカードは何枚ですか。

式 $63\times\frac{5}{7}=45$　答え 45枚

3 木の高さが7.5mのかげの長さは6mです。

(1) かげの長さが8mのときの，木の高さを求めましょう。

（解答例）
式 $7.5:6=x:8$
$7.5\times\frac{4}{3}=10$　答え 10m

(2) （解答例）9.2mのときの，木の高さを求めましょう。

式 $7.5:6=x:9.2$
$7.5\times\frac{23}{15}=\frac{23}{2}(11\frac{1}{2},11.5)$　答え $\frac{23}{2}(11\frac{1}{2},11.5)$m

(3) （解答例）5mのときの，かげの長さを求めましょう。

式 $7.5:6=4.5:x$
$4.5\div7.5=\frac{3}{5}$
$6\times\frac{3}{5}=\frac{18}{5}(3\frac{3}{5},3.6)$　答え $\frac{18}{5}(3\frac{3}{5},3.6)$m

4 320mLのジュースを父と私で3:2に分けて飲みます。私が飲むのは何mLになりますか。

式 $320\times\frac{2}{5}=128$　答え 128mL

5 6mのリボンをAさんとBさんで5:3に分けます。Aさんと Bさんはそれぞれ何cmになりますか。

6m＝600cm　$600\times\frac{5}{8}=375$
$600\times\frac{3}{8}=225$
答え Aさん 375cm　Bさん 225cm

解答 児童に実施させる前に，必ず指導される方が問題を解いてください。本書の解答は，あくまでも１つの例です。指導される方の作られた解答をもとに，本書の解答例を参考に児童の多様な考えに寄り添って○つけをお願いします。

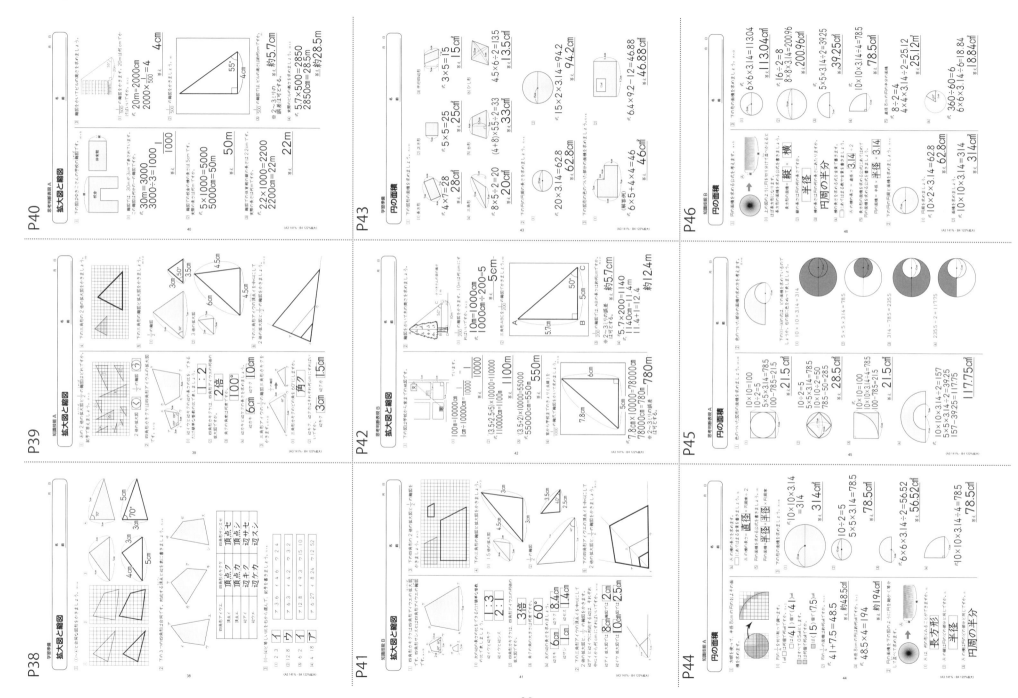

P38

学習準備

拡大図と縮図

名前　　月　日

1 ①〜④と合同な図形をかきましょう。

4cm　3cm　5cm　5cm　3cm　70°

2 下の３つの四角形は合同です。対応する頂点と辺を表に書きましょう。

四角形アイウエ	四角形カキクケ	四角形サシスセ
頂点イ	頂点ク	頂点セ
頂点エ	頂点カ	頂点シ
辺アイ	辺キク	辺サセ
辺ウエ	辺ケカ	辺スシ

3 (1)〜(4)と等しい比を右から選んで，記号を書きましょう。

(1) 2：3　イ　ア 3：6　イ 4：6　ウ 2：4

(2) 12：8　ウ　ア 6：3　イ 4：2　ウ 3：2

(3) 6：2　イ　ア 12：8　イ 9：3　ウ 15：10

(4) 4：18　ア　ア 6：27　イ 8：24　ウ 12：52

38

P39

知識技能 A

拡大図と縮図

1 あの２倍の拡大図と $\frac{1}{2}$ の縮図はどれですか。記号で答えましょう。

２倍の拡大図 く　$\frac{1}{2}$ の縮図 う

2 四角形カキクケは四角形アイウエの拡大図です。

(1) 辺イウと辺キクの辺の長さの比を，できるだけ簡単な整数の比で表しましょう。 1：2

(2) 四角形カキクケは，四角形アイウエの何倍の拡大図ですか。 2倍

(3) 角クの角度は何度ですか。 100°

(4) 辺カキと辺ケクの長さを求めましょう。 辺カキ 6cm　辺ケク 10cm

3 三角形アイウの $\frac{1}{2}$ の縮図三角形カキクをかきます。

(1) 三角形カキクのどの角を60°にしますか。 角ク

(2) 辺キク，辺クカはそれぞれ何cmにすればいいですか。 辺キク 3cm　辺クカ 1.5cm

4 下の三角形の２倍の拡大図をかきましょう。

5 下の三角形の縮図と拡大図をかきましょう。

(1) $\frac{1}{2}$ の縮図　3cm　50°　3.5cm

(2) ３倍の拡大図　6cm　4.5cm　4.5cm

6 下の三角形アイウの頂点イを中心にして２倍の拡大図と $\frac{1}{2}$ の縮図をかきましょう。

39

P40

思考判断表現 A

拡大図と縮図

1 下の図はゆきこさんの学校の縮図《しゅくず》です。

校舎　体育館

(1) 縮図では，30m が 3cm で表されています。この縮図は何分の一の縮図ですか。

式 30m＝3000
3000÷3＝1000
答え $\frac{1}{1000}$

(2) 縮図での校舎の横の長さは5cmです。実際の長さは何mですか。

式 5×1000＝5000
5000cm＝50m
答え 50m

(3) 縮図での体育館の縦の長さは2.2cmです。実際の長さは何mですか。

式 2.2×1000＝2200
2200cm＝22m
答え 22m

3 縮図をかいてビルの高さを求めましょう。

(1) $\frac{1}{500}$ の縮図をかきます。20mは何cmでかけばいいですか。

式 20m＝2000cm
$2000\times\frac{1}{500}=4$
答え 4cm

(2) $\frac{1}{500}$ の縮図をかきましょう。

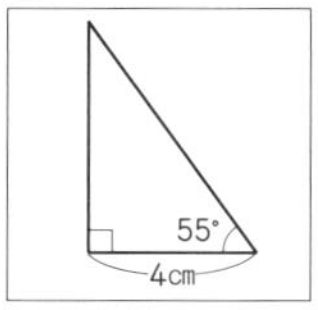

(3) $\frac{1}{500}$ の縮図では，ビルの高さは約何cmですか。

※２〜３ミリの誤差は可とする。　答え 約5.7cm

(4) 実際のビルの高さを求めましょう。

式 5.7×500＝2850
2850cm＝28.5m
答え 約28.5m

40

P41

知識技能 B

拡大図と縮図

1 四角形カキクケは四角形アイウエの拡大図です。四角形サシスセは四角形アイウエの縮図です。

(1) 次の辺の長さの比をできるだけ簡単な整数の比で表しましょう。

辺イウと辺キク 1：3
辺イウと辺シス 2：1

(2) 四角形カキクケは，四角形アイウエの何倍の拡大図ですか。 3倍

(3) 角クの角の大きさは何度ですか。 60°

(4) 次の辺の長さを求めましょう。

辺カキ 6cm　辺ケク 8.4cm
辺サシ 1cm　辺セス 1.4cm

2 下の三角形アイウの頂点イを中心にして２倍の拡大図と，$\frac{1}{2}$ の縮図をかきます。辺アイと辺イウに対応する辺は，それぞれ中心イから何cmにすればいいですか。

辺アイ 拡大図では 8cm 縮図では 2cm
辺イウ 拡大図では 10cm 縮図では 2.5cm

3 下の四角形の２倍の拡大図と $\frac{1}{2}$ の縮図をかきましょう。

4 下の三角形の縮図と拡大図をかきましょう。

(1) 1.5倍の拡大図　4.5cm　3cm　3cm

(2) $\frac{1}{2}$ の縮図　3.5cm　40°　2.5cm

5 下の四角形アイウエの頂点イを中心にして２倍の拡大図と，$\frac{1}{2}$ の縮図をかきましょう。

41

P42

思考判断表現 B

拡大図と縮図

1 下の図は学校から家までの地図です。

(1) 100m＝10000cm
1cm÷10000cm＝$\frac{1}{10000}$
答え $\frac{1}{10000}$

(2) 式 (3.5+2.5+5)×10000＝110000
110000cm＝1100m
答え 1100m

(3) 式 (3.5+2)×10000＝55000
55000cm＝550m
答え 550m

(4) 家から学校までのきょり（点線）を $\frac{1}{1000}$ の縮尺で縮図をかいて求めましょう。

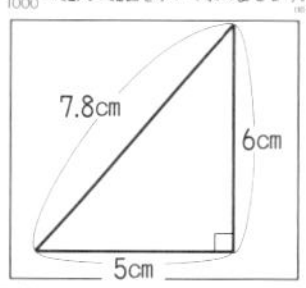

式 7.8cm×10000＝78000cm
78000cm＝780m
※２〜３ミリの誤差は可とする。
答え 780m

2 縮図をかいて木の高さを求めましょう。

さつきさんの目の高さ 1m

(1) $\frac{1}{200}$ の縮図をかきます。10mは何cmにすればいいですか。

式 10m＝1000cm
1000cm÷200＝5
答え 5cm

(2) 三角形ABCを $\frac{1}{200}$ の縮図でかきましょう。

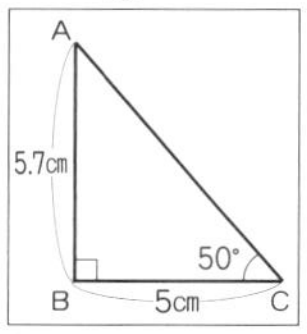

(3) $\frac{1}{200}$ の縮図では，ABの長さは約何cmですか。

※２〜３ミリの誤差は可とする。　答え 約5.7cm

(4) 式 5.7×200＝1140
1140cm＝11.4m
11.4+1＝12.4
答え 約12.4m

42

P43

学習準備

円の面積

1 下の図形の面積を求めましょう。

(1) 長方形　式 4×7＝28　答え 28cm²

(2) 正方形　式 5×5＝25　答え 25cm²

(3) 平行四辺形　式 3×5＝15　答え 15cm²

(4) 三角形　式 8×5÷2＝20　答え 20cm²

(5) 台形　式 (4+8)×5.5÷2＝33　答え 33cm²

(6) ひし形　式 4.5×6÷2＝13.5　答え 13.5cm²

2 下の円の円周の長さを求めましょう。

(1) 式 20×3.14＝62.8　答え 62.8cm

(2) 式 15×2×3.14＝94.2　答え 94.2cm

3 下の図形の色のついた部分の面積を求めましょう。

(1) （解答例）式 6×5+4×4＝46　答え 46cm²

(2) 式 6.4×9.2−12＝46.88　答え 46.88cm²

43

P44

知識技能 A

円の面積

1 方眼を使って，半径8cmの円のおよその面積を求めます。

(1) 円の $\frac{1}{4}$ を切り取って調べます。

□は何個で何cm²ですか。
□は (41) 個で (41) cm²
▨はすべて0.5cm²とします。
▨は何個で何cm²ですか。
▨は (15) 個で (7.5) cm²

(2) 円の $\frac{1}{4}$ の面積は約何cm²ですか。

式 41+7.5＝48.5　答え 約48.5cm²

(3) 半径8cmの円は約何cm²ですか。

式 48.5×4＝194　答え 約194cm²

2 円の面積を下の図のように円を細かく等分して並べて求めます。

(1) Ⓐは，何の形とみることができますか。 長方形

(2) Ⓐの縦は円のどの部分と同じですか。 半径

(3) Ⓐの横は円のどの部分と同じですか。 円周の半分

(4) Ⓐの横の長さを求めます。□にあてはまる言葉を書きましょう。

Ⓐの横の長さ＝ 直径 ×円周率÷2

(5) 円の面積を求める公式を書きましょう。

円の面積＝ 半径 × 半径 ×円周率

3 下の形の面積を求めましょう。

(1) 式 10×10×3.14＝314　答え 314cm²

(2) 式 10÷2＝5
5×5×3.14＝78.5　答え 78.5cm²

(3) 式 6×6×3.14÷2＝56.52　答え 56.52cm²

(4) 式 10×10×3.14÷4＝78.5　答え 78.5cm²

44

P45

思考判断表現 A

円の面積

1 色のついた図形の面積を求めましょう。

(1) 10×10＝100
10÷2＝5
5×5×3.14＝78.5
100−78.5＝21.5
答え 21.5cm²

(2) 10÷2＝5
5×5×3.14＝78.5
10×10÷2＝50
78.5−50＝28.5
答え 28.5cm²

(3) 10×10＝100
10×10×3.14÷4＝78.5
100−78.5＝21.5
答え 21.5cm²

(4) 式 10×10×3.14÷2＝157
5×5×3.14÷2＝39.25
157−39.25＝117.75
答え 117.75cm²

2 色のついた部分の面積の求め方を考えます。

下の(1)〜(4)の式は，どの面積を求めているのでしょうか。右の図に色をぬって表しましょう。

(1) 10 × 10 × 3.14 = 314

(2) 5 × 5 × 3.14 = 78.5

(3) 314 − 78.5 = 235.5

(4) 235.5 ÷ 2 = 117.75

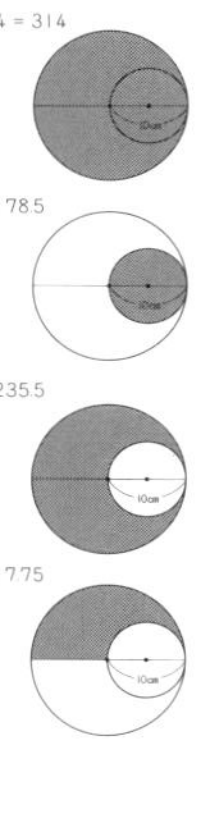

45

P46

知識技能 B

円の面積

1 円の面積を求める公式を考えます。

(1) 上の図のように円を切り分けて並べかえるとほぼ長方形になります。長方形の面積を求める公式を書きましょう。

長方形の面積＝ 縦 × 横

(2) 縦の長さは円の何の長さですか。 半径

(3) 横の長さは円の何の長さにあたりますか。 円周の半分

(4) 横の長さを求める式を言葉で書きます。□にあてはまる数や言葉を書きましょう。

Ⓐの横の長さ ＝ 直径 × 3.14 ÷2

(5) 長方形の面積を求める公式にあてはめて円の面積を求める公式を書きましょう。

円の面積＝ 半径 × 半径 × 3.14

2 下の円の円周と面積を求めましょう。

(1) 円周を求めましょう。

式 10×2×3.14＝62.8　答え 62.8cm

(2) 面積を求めましょう。

式 10×10×3.14＝314　答え 314cm²

3 下の形の面積を求めましょう。

(1) 式 6×6×3.14＝113.04　答え 113.04cm²

(2) 式 16÷2＝8
8×8×3.14＝200.96　答え 200.96cm²

(3) 式 5×5×3.14÷2＝39.25　答え 39.25cm²

(4) 式 10×10×3.14÷4＝78.5　答え 78.5cm²

(5) 直径8mの円の半分の面積

式 8÷2＝4
4×4×3.14÷2＝25.12　答え 25.12m²

(6) 式 360÷60＝6
6×6×3.14÷6＝18.84　答え 18.84cm²

46

児童に実施させる前に，必ず指導される方が問題を解いてください。本書の解答は，あくまでも１つの例です。指導される方の作られた解答をもとに，本書の解答例を参考に児童の多様な考えに寄り添って○つけをお願いします。

P47

思考判断表現 B

円の面積

1 色のついた図形の面積を求めましょう。

(1) 式 10×10×3.14÷2=157
答え 157㎠

(2) 10×10×3.14÷2=157
10÷2=5
5×5×3.14=78.5
157−78.5=78.5
答え 78.5㎠

(3) 10×10×3.14÷4=78.5
10÷2=5
5×5×3.14÷2=39.25
78.5−39.25=39.25
答え 39.25㎠

(4) 20×20=400
20÷2=10
10×10×3.14=314
400−314=86
答え 86㎠

(5) 式 10×10×3.14÷2=157
20×10÷2=100
157−100=57
答え 57㎠

(6) 式 10×10=100
5×5×3.14=78.5
100+78.5=178.5
答え 178.5㎠

2 色のついた部分の面積の求め方を考えます。

下の(1)～(4)の式は，どの面積を求めているのでしょうか。右の図に色をぬって表しましょう。

(1) 10×10×3.14÷4=78.5

(解答例)

(2) 10×10÷2=50

(3) 78.5−50=28.5

(4) 28.5×2=57

P48

学習準備

角柱と円柱の体積

1 下の図形の面積を求めましょう。

(1) (解答例)
5×10=50
(8−5)×6=18
50+18=68
答え 68㎠

(2) 式 16×8÷2=64
答え 64㎠

(3) 式 12÷2=6
6×6×3.14=113.04
答え 113.04㎠

2 下の立体の体積を求めましょう。

(1) 式 4×8×6=192
答え 192㎤

(2) 式 5×5×5=125
答え 125㎤

(3) (解答例)
5×10×5=250
10×10×10=1000
1000+250=1250
答え 1250㎤

3 角柱について（　）にあてはまる言葉を下の□から選んで書きましょう。

(1) 角柱では，向かい合った２つの合同な面を（底面）といい，それ以外のまわりの面を（側面）といいます。
(2) 角柱の２つの底面は，たがいに（平行）な関係になっています。
(3) 角柱の底面と側面は，たがいに（垂直）な関係になっています。

底面・側面・曲面・平行・垂直

4 円柱について（　）にあてはまる言葉を下の□から選んで書きましょう。

(1) 円柱の２つの底面は合同で，（平行）な関係になっています。底面と側面は（垂直）な関係になっています。
(2) 円柱の側面のように曲がった面を（曲面）といいます。
(3) ２つの底面に垂直な直線の長さを（高さ）といいます。

曲面・平行・垂直・円・高さ

P49

知識技能 A

角柱と円柱の体積

1 四角柱の体積の求め方を考えます。

(1) この四角柱の底面積は何㎠ですか。
式 4×5=20
答え 20㎠

(2) 角柱の体積を求める公式を書きましょう。
角柱の体積＝底面積×高さ

(3) 上の四角柱の体積を求めましょう。
式 20×8=160
答え 160㎤

2 円柱の体積の求め方を考えます。

(1) この円柱の底面積は何㎠ですか。
式 4×4×3.14=50.24
答え 50.24㎠

(2) 円柱の体積を求める公式を書きましょう。
円柱の体積＝底面積×高さ

(3) 上の円柱の体積を求めましょう。
式 50.24×6=301.44
答え 301.44㎤

3 下の立体の底面に色をぬりましょう。

4 角柱の体積を求めましょう。

(1) 式 6×5÷2×8=120
答え 120㎤

(2) 式 (6+8)×4÷2=28
28×16=448
答え 448㎤

5 円柱の体積を求めましょう。

(1) 式 5×5×3.14=78.5
78.5×8=628
答え 628㎤

(2) 式 2×2×3.14=12.56
12.56×5=62.8
答え 62.8㎤

P50

思考判断表現 A

角柱と円柱の体積

1 下の図のような立体の体積の求め方を考えます。

(1) 立体の底面積は何㎠ですか。
式 5×5+2×2=29
答え 29㎠

(2) 立体の体積を求めましょう。
式 29×5=145
答え 145㎤

2 下の四角柱の体積を求めましょう。

式 12×6÷2+14×5÷2=71
71×20=1420
答え 1420㎤

3 下のような立体の体積を求めましょう。

(1) 式 10÷2=5
5×5×3.14÷2=39.25
39.25×14=549.5
答え 549.5㎤

(2) 式 10÷2=5
5+5=10
10×10×3.14−5×5×3.14=235.5
235.5×5=1177.5
答え 1177.5㎤

P51

知識技能 B

角柱と円柱の体積

1 四角柱の体積の求め方を考えます。

(1) この四角柱の底面積は何㎠ですか。
式 8×6=48
答え 48㎠

(2) 角柱の体積を求める公式を書きましょう。
角柱の体積＝底面積×高さ

(3) 上の四角柱の体積を求めましょう。
式 48×10=480
答え 480㎤

2 円柱の体積の求め方を考えます。

(1) この円柱の底面積は何㎠ですか。
3×3×3.14=28.26
答え 28.26㎠

(2) 円柱の体積を求める公式を書きましょう。
円柱の体積＝底面積×高さ

(3) 上の円柱の体積を求めましょう。
式 28.26×4=113.04
答え 113.04㎤

3 下の立体の底面に色をぬりましょう。

4 角柱の体積を求めましょう。

(1) 式 6×5÷2=15
15×12=180
答え 180㎤

(2) 式 (3+5)×2÷2=8
8×6=48
答え 48㎤

(3) 式 4×6÷2=12
12×5=60
答え 60㎤

5 円柱の体積を求めましょう。

(1) 式 3×3×3.14=28.26
28.26×3=84.78
答え 84.78㎤

(2) 式 2×2×3.14=12.56
12.56×5=62.8
答え 62.8㎤

(3) 式 1×1×3.14=3.14
3.14×25=78.5
答え 78.5㎤

P52

思考判断表現 B

角柱と円柱の体積

1 下の図のような展開図《てんかいず》でできる立体の体積を求めましょう。

(1) 式 9×6÷2=27
27×12=324
答え 324㎤

(2) 31.4÷3.14÷2=5
5×5×3.14=78.5
78.5×10=785
答え 785㎤

2 下の立体の□の長さを求めましょう。

(1) 体積 637㎤
式 7×7=49
637÷49=13
答え 13(cm)

(2) 体積 47.1㎤
2÷2=1
1×1×3.14=3.14
47.1÷3.14=15
答え 15(cm)

3 下のような立体の体積を求めましょう。

(1) 4÷2=2
2×2×3.14÷2=6.28
6.28×9=56.52
答え 56.52㎤

(2) 式 (4+5)×4+4×5=56
56×3=168
答え 168㎤

(3) 式 8−5=3
5×(8+3+8)=95
95×8=760
答え 760㎤

(4) 式 (2×4)×10÷2=400
答え 400㎤

(5) 式 4÷2=2　3+2=5
5×5×3.14−2×2×3.14=65.94
65.94×10=659.4
答え 659.4㎤

(6) １辺が16cmの立方体の箱にぴったり入る円柱の体積
16÷2=8
8×8×3.14=200.96
200.96×16=3215.36
答え 3215.36㎤

P53

学習準備

およその面積と体積

1 下の図形の面積を求めましょう。

(1) 長方形
0.8×1.2=0.96
0.96㎡=9600㎠
答え 9600㎠
0.96㎡

(2) 長方形
1×1.5=1.5
1.5km²=1500000㎡
答え 1.5km²
1500000㎡

(3) 三角形
式 5.5×2.6÷2=7.15
答え 7.15㎠

(4) 台形
(8+4)×6÷2=36
答え 36㎠

(5) ひし形
5×6.6÷2=16.5
答え 16.5㎠

(6) 円
8÷2=4
4×4×3.14=50.24
答え 50.24㎠

2 下の立体の体積を求めましょう。

(1) 式 0.8×1.5×1=1.2
答え 1.2㎥
1200000㎤

(2) 式 1×1×3.14×0.4=1.256
答え 1.256㎥
1256000㎤

P54

知識技能 A

およその面積と体積

1 下の葉っぱの形をひし形と見ておよその面積を求めましょう。
式 14×8.8÷2=61.6
答え 約61.6㎠

2 下の土地の面積を台形と見て，およその面積を求めましょう。
式 (40+80)×45÷2=2700
答え 約2700㎡

3 山梨県を円と見て，およその面積を求めましょう。答えは四捨五入して，整数で表しましょう。
式 76÷2=38
38×38×3.14=4534.16
答え 約4534㎢

4 買い物用のトートバッグを直方体と見て，およその体積を求めましょう。
式 10×30×25=7500
答え 約7500㎤

5 ショートケーキをおよそ三角柱と見て，およその体積を求めましょう。
式 8×6÷2=24
24×5=120
答え 約120㎤

P55

思考判断表現 A

およその面積と体積

解答はどれも例です。児童の工夫した考え方を尊重しましょう。

1 イチョウの葉を何かの形と見るなどして，工夫して求めましょう。また，考え方の説明も書きましょう。
1ますは1cm×1cm
式 6×6×3.14=113.04
113.04÷3=37.68
答え 約37.68㎠
説明：イチョウの葉を半径6cmの円の3分の1と考えた。

2 秋田県の面積を何かの形と見るなどして，工夫して求めましょう。また，考え方の説明も書きましょう。
式 160×70=11200
答え 約11200㎢
1ますは10km×10km
説明：秋田県をおよそ縦160km,横70kmの長方形と考えた。(実際の面積は11637.52㎢)

3 コップの容積を求めましょう。工夫して容積を求めましょう。また，考え方の説明も書きましょう。
(9+7)÷2=8
8÷2=4
4×4×3.14=50.24
50.24×10=502.4
答え 約502.4㎤
説明：コップを円柱とみて，上と下の直径に差があるので，平均をとって考えた。

4 下から60cmの高さまでのゴミ箱の容積は何Lでしょうか。工夫して求めましょう。容器の厚さは，考えないものとします。また，考え方の説明も書きましょう。
(38+30)÷2=34
(28+22)÷2=25
34×25×60=51000
51000㎤=51L
答え 約51L
説明：ゴミ箱を四角柱とみて，上と下の面の縦と横の長さに差があるので，平均をとって考えた。

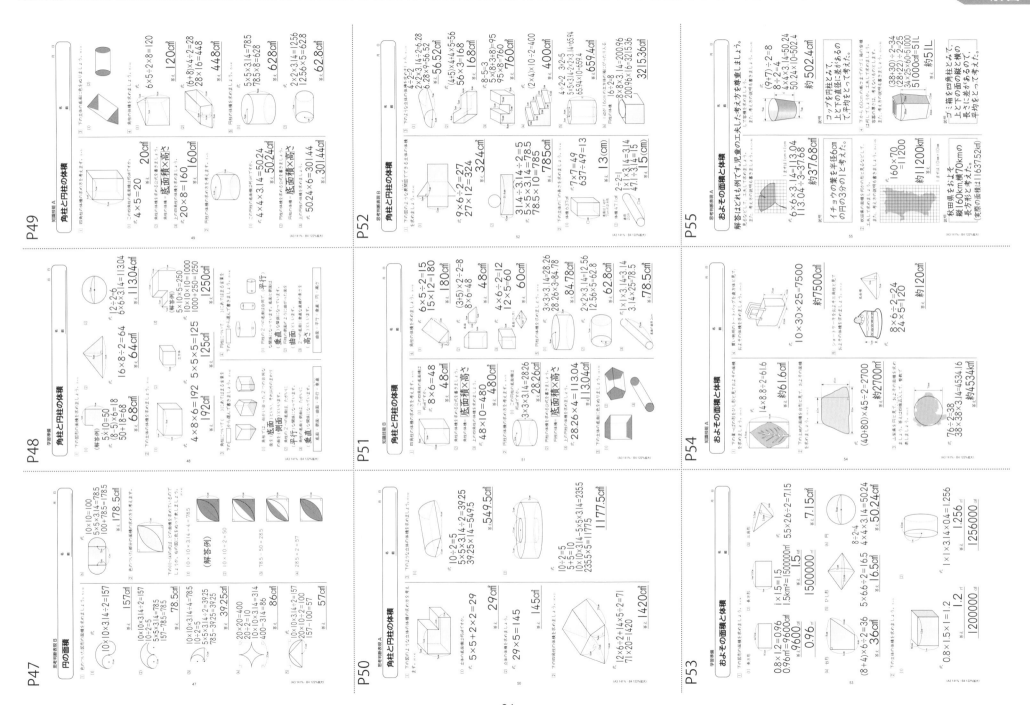

解答　児童に実施させる前に，必ず指導される方が問題を解いてください。本書の解答は，あくまでも１つの例です。指導される方の作られた解答をもとに，本書の解答例を参考に児童の多様な考えに寄り添って○つけをお願いします。

P56

学習準備　　月　日

比例と反比例

名前

1 次の x と y の関係を式に表しましょう。(5×5)

(1) １個が x 円のドーナツを８個買った代金は，y 円です。　$x \times 8$ $=y$

(2) 1mが55gの針金《はりがね》が x mあると，重さは y gです。　$55 \times x$ $=y$

(3) 底辺の長さが x cmで，高さが14cmの平行四辺形の面積は y ㎠です。　$x \times 14$ $=y$

(4) 直径が x cmの円周の長さは，y cmです。　$x \times 3.14$ $=y$

(5) x Lのジュースを５人で等しく分けると１人分は y Lです。　$x \div 5$ $=y$

2 次の２つの量は比例していますか。比例している場合は○を，していない場合は×を（　）に書きましょう。(5×5)

(1) (○) １本140円のえんぴつを買うときの，えんぴつの本数と代金

(2) (×) １日の生活で，寝ている時間と起きている時間

(3) (×) 正方形の１辺の長さと，面積

(4) (○) 毎日15分の読書をしている人の日数と，読書時間の合計

(5) (○) 高さが20cmの積木を積むときの積木の個数と，高さ

3 １枚《まい》が60円の色画用紙を買います。１枚，２枚…と買っていくときの代金を調べましょう。

(1) 色画用紙を買う枚数と代金を表にしましょう。(5×6)

色画用紙の枚数と代金

枚数（枚）	1	2	3	4	5	6
代金（円）	60	120	180	240	300	360

(2) 枚数が次の数の場合，代金は何円ですか。(5×4)

① ９枚の場合　式 $60 \times 9 = 540$　答え 540円

② 12枚の場合　式 $60 \times 12 = 720$　答え 720円

56　(A3 141%・B4 122%拡大)

P57

知識技能Ａ　　月　日

比例と反比例

名前

1 直方体の水そうに水を入れたとき，水の量 x (L) と水の深さ y (cm) の関係を調べます。水１Lでは，5cmの深さになりました。

(1) 下の表のあいているところに，あてはまる数を書きましょう。(5×2)

水の量と深さ

水の量 x (L)	1	2	3	4	5	6
深さ y (cm)	5	10	15	20	25	30

(2) □にあてはまる数や言葉を書きましょう。(10)
水の量が２倍，３倍になると，深さも 2倍，3倍 になります。
このとき，水の深さは水の量に 比例 しているといいます。

(3) x と y の関係を式に書きましょう。(5)　$y=$ $5 \times x$

2 面積が12㎠の長方形について，縦《たて》の長さ x (cm) と横の長さ y (cm) の変わり方を調べます。

(1) 下の表のあいているところに，あてはまる数を書きましょう(5×2)

面積12㎠の長方形の縦と横の長さ

縦の長さ x (cm)	1	2	3	4	5	6
横の長さ y (cm)	12	6	4	3	2.4	2

(2) □にあてはまる数や言葉を書きましょう。(10)
縦の長さが２倍，３倍になると横の長さは $\frac{1}{2}$ 倍，$\frac{1}{3}$ 倍 になります。
このとき，横の長さは縦の長さに 反比例 しているといいます。

(3) x と y の関係を式に書きましょう。(5)　$y=$ $12 \div x$

3 時速3kmで歩きます。時間 x (時間) と道のり y (km) は比例しています。(10×3)

(1) 下の表のあいているところに，あてはまる数を書きましょう。

歩いた時間と道のり

時間 x (時間)	1	2	3	4	5	6
道のり y (km)	3	6	9	12	15	18

(2) x と y の関係を式に書きましょう。　$y=$ $3 \times x$

(3) x と y の関係を右のグラフにかきましょう。

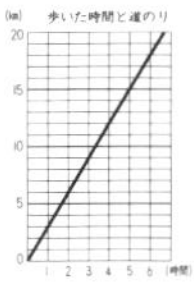

4 24kmの道のりを同じ速さで進みます。速さを x (km)，かかる時間を y (時間) とします。(10×2)

(1) 下の表のあいているところに，あてはまる数を書きましょう。

速さとかかる時間

速さ x (km)	1	2	3	4	5	6
時間 y (時間)	24	12	8	6	4.8	4

(2) x と y の関係を式に書きましょう。　$y=$ $24 \div x$

57　(A3 141%・B4 122%拡大)

P58

思考判断表現Ａ　　月　日

比例と反比例

名前

1 下のグラフは，ＡとＢの２種類の針《はり》金の長さ x (m) と重さ y (g) の関係を表したものです。グラフを見て答えましょう。

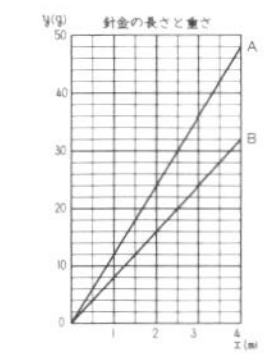

(1) Ａ，Ｂそれぞれ１mの重さは何gですか。(5×2)　Ａ 12g　Ｂ 8g

(2) Ａ，Ｂの針金では同じ長さだと，どちらの方が重いといえますか。(10)　Ａ

(3) Ａ，Ｂそれぞれ x (m) と y (g) の関係を式に表しましょう。(10×2)
Ａ $y=$ $12 \times x$
Ｂ $y=$ $8 \times x$

(4) Ａ，Ｂそれぞれ3.5mの重さは何gですか。(10×2)　Ａ 42g　Ｂ 28g

(5) 8mが64gの針金は，Ａ，Ｂのどちらの方ですか。(10)　Ｂ

2 次の２つの量はどのような関係ですか。
▶ 比例しているものには（　）に㋪と書き，x と y の関係を関係を式に表しましょう。
▶ 反比例しているものには（　）に㋩と書き，x と y の関係を関係を式に表しましょう。
▶ どちらでもない場合は（　）に×を書きましょう。(10×3)

(1) 面積が24㎠になる平行四辺形の底辺の長さ x (cm) と高さ y (cm)

面積24㎠の平行四辺形の底辺の長さと高さ

底辺の長さ x (cm)	1	2	3	4	6	12
高さ y (cm)	24	12	8	6	4	2

(㋩)　$y=$ $24 \div x$

(2) 正方形の１辺の長さと面積

正方形の１辺の長さと面積

１辺の長さ x (cm)	1	2	3	4	5	6
面積 y (㎠)	1	4	9	16	25	36

(×)　$y=$

(3) １本が3gのくぎの本数と重さ

１本が3gのくぎの本数と重さ

くぎの本数 x (本)	1	2	3	4	5	6
重さ y (g)	3	6	9	12	15	18

(㋪)　$y=$ $3 \times x$

58　(A3 141%・B4 122%拡大)

P59

知識技能Ｂ　　月　日

比例と反比例

名前

1 時速40kmで走る自動車が走った時間 x (時間) と道のり y (km) の関係を調べます。

(1) 時間と道のりの関係を表にかきましょう。(4×5)

走った時間と道のり

時間 x (時間)	1	2	3	4	5	6
道のり y (km)	40	80	120	160	200	240

(2) □にあてはまる数や言葉を書きましょう。(4×3)
時間が２倍，３倍になると，道のりも 2倍，3倍 になります。
このとき，道のりは時間に 比例 しているといいます。

(3) x と y の関係を式に書きましょう。(4)　$y=$ $40 \times x$

(4) 表を右のグラフに表しましょう。(8)

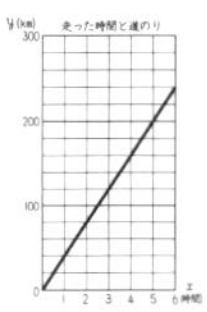

2 水そうに水を入れる時間 x (分) と水の深さ y (cm) は比例しています。(4×2)

(1) 時間と深さの関係を表に書きましょう。

時間と水の深さ

時間 x (分)	1	2	3	4	5	6
深さ y (cm)	3	6	9	12	15	18

(2) x と y 関係を式に書きましょう。　$y=$ $3 \times x$

3 24kmの道のりを同じ速さで進みます。速さ x (km) とかかる時間を y (時間) の関係を調べます。

(1) 速さとかかる時間の関係を表に書きましょう。(4×4)

速さとかかる時間

速さ x (km)	1	2	3	4	6	8	12	24
時間 y (時間)	24	12	8	6	4	3	2	1

(2) □にあてはまる数や言葉を書きましょう。(4×3)
速さが２倍，３倍になると，かかる時間は $\frac{1}{2}$ 倍，$\frac{1}{3}$ 倍 になります。
このとき，かかる時間は速さに 反比例 しているといいます。

(3) x と y の関係を式に書きましょう。(4)　$y=$ $24 \div x$

(4) x と y の関係をグラフにかきましょう。(8)

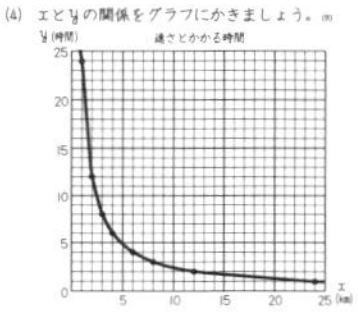

4 面積が48㎠の長方形の縦の長さ x (cm) と横の長さ y (cm) は反比例しています。(4×2)

(1) 縦と横の長さの関係を表に書きましょう。

面積48㎠の長方形の縦と横の長さ

縦の長さ x (cm)	1	2	3	4	6	12	24	48
横の長さ y (cm)	48	24	16	12	8	4	2	1

(2) x と y 関係を式に書きましょう。　$y=$ $48 \div x$

59　(A3 141%・B4 122%拡大)

P60

思考判断表現Ｂ　　月　日

比例と反比例

名前

1 下のグラフは，自動車Ａ，Ｂ，Ｃの進んだ時間 x (時間) と道のり y (km) の関係を表したものです。グラフを見て答えましょう。

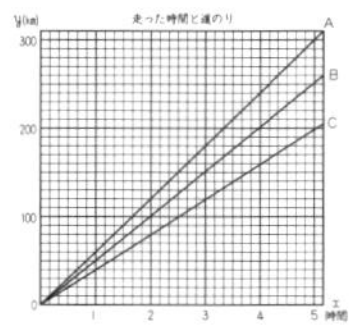

(1) Ａ，Ｂ，Ｃは時速何kmですか。(5×3)　Ａ 60km　Ｂ 50km　Ｃ 40km

(2) Ａ，Ｂ，Ｃそれぞれの x (時間) と y (km) の関係を式に表しましょう。(5×3)
Ａ $y=$ $60 \times x$
Ｂ $y=$ $50 \times x$
Ｃ $y=$ $40 \times x$

(3) Ａ，Ｂ，Ｃそれぞれ3.5時間では何km進んでいますか。(5×3)　Ａ 210km　Ｂ 175km　Ｃ 140km

(4) 150km進むのに，それぞれ何時間何分かかりますか。(5×3)
Ａ 2時間30分
Ｂ 3時間
Ｃ 3時間45分

2 次の２つの量はどのような関係ですか。
▶ 比例しているものには（　）に㋪と書き，x と y の関係を関係を式に表しましょう。
▶ 反比例しているものには（　）に㋩と書き，x と y の関係を関係を式に表しましょう。
▶ 比例でも反比例でもない場合は（　）に×と書きましょう。(5×8)

(1) 1mが16gの針《はり》金の長さ x (m) と重さ y (g)

針金の長さと重さ

長さ x (m)	1	2	3	4	5	6
重さ y (g)	16	32	48	64	80	96

(㋪)　$y=$ $16 \times x$

(2) 面積が20㎠になる平行四辺形の底辺の長さ x (cm) と高さ y (cm)

面積20㎠の平行四辺形の底辺の長さと高さ

底辺の長さ x (cm)	1	2	4	5	10	20
高さ y (cm)	20	10	5	4	2	1

(㋩)　$y=$ $20 \div x$

(3) 正方形の１辺の長さと面積

正方形の１辺の長さと面積

１辺の長さ x (cm)	1	2	3	4	5	6
面積 y (㎠)	1	4	9	16	25	36

(×)　$y=$

(4) 正方形の１辺の長さと周りの長さ

正方形の１辺の長さと周りの長さ

１辺の長さ x (cm)	1	2	3	4	5	6
周りの長さ y (cm)	4	8	12	16	20	24

(㋪)　$y=$ $4 \times x$

60　(A3 141%・B4 122%拡大)

P61

学習準備　　月　日

並べ方と組み合わせ方

名前

1 Ａ，Ｂ，Ｃの３人でリレーのチームを作ります。３人の走る順番を考えましょう。

(1) Ａさんが第１走者の場合は，何通りありますか。図にかいて答えましょう。(5×2)

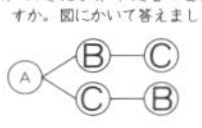

2 通り

(2) Ｂさんが第１走者の場合は，何通りありますか。(5)　2 通り

(3) Ｃさんが第１走者の場合は，何通りありますか。(5)　2 通り

(4) 全部で何通りありますか。(5)　6 通り

2 Ａ，Ｂ，Ｃ，Ｄの４人でリレーのチームを作ります。４人の走る順番を考えましょう。(5×7)

(1) Ａさんが第１走者の場合は，何通りありますか。図にかいて答えましょう。

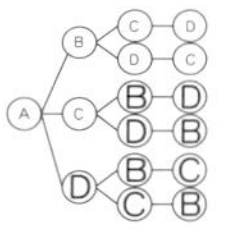

6 通り

(2) Ｂ，Ｃ，Ｄさんが第１走者の場合は，それぞれ何通りありますか。　6 通り

(3) ４人で走る順番は全部で何通りですか。　24 通り

3 2 5 8 の３枚《まい》の数字カードを並《なら》べて，３けたの整数を作ります。(5×4)

(1) できるすべての整数を書きましょう。
百の位が２の場合　258　285
百の位が５の場合　528　582
百の位が８の場合　825　852

(2) 全部で何通りの整数ができますか。　6 通り

4 Ａ，Ｂ，Ｃ，Ｄの４チームで，必ずどのチームとも１回ずつサッカーの試合をするようにします。全部で何試合ありますか。(5×2)

(1) 右の表にかいて調べましょう。

	A	B	C	D
A		○	○	○
B	/		○	○
C	/	/		○
D	/	/	/	

(2) 全部で何試合になりますか。　6 試合

5 ４種類のあめから３種類を選びます。選び方は何通りありますか。(5×2)

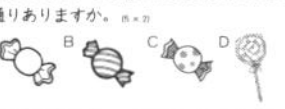

(1) 右の表にかいて調べましょう。

A	B	C	D
○	○	○	
○	○		○
○		○	○
	○	○	○

(2) 全部で何通りありますか。　4 通り

61　(A3 141%・B4 122%拡大)

P62

思考判断表現Ａ　　月　日

並べ方と組み合わせ方

名前

1 1 2 3 4 の４枚《まい》の数字カードを並《なら》べて４けたの整数を作ります。(10×2)

(1) 並べてできた整数が偶数《ぐうすう》になるのは，何通りですか。　12 通り

(2) 並べてできた整数が奇数《きすう》になるのは，何通りですか。　12 通り

2 レストランでＡ，Ｂ，Ｃそれぞれのグループから１点ずつを選んで注文します。(10×3)

Ａグループ
カレーライス（700円）
ハンバーグ（750円）
とんかつ　（600円）

Ｂグループ
サラダ（180円）
スープ（150円）

Ｃグループ
ジュース（150円）
コーラ（120円）
ウーロン茶（100円）

(1) 注文の方法は，全部で何通りありますか。　18 通り

(2) いちばん高くなるのは，どのような注文をしたときで，何円ですか。　ハンバーグ・サラダ・ジュース　1080

(3) 代金が1000円以下になるのは，何通りありますか。　12 通り

3 はるのさん(女子)，るなさん(女子)，かずきさん(男子)の３人で写真をとります。(10×2)

(1) 女子と男子が交互になる並び方は，何通りありますか。　2 通り

(2) 女子２人がとなり合った並び方は，何通りありますか。　4 通り

4 Ａ町からＢ町を通ってＣ町へ行きます。(10×3)

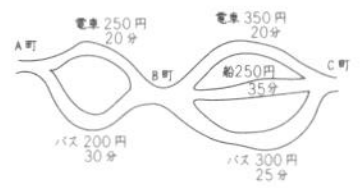

(1) 行く方法は全部で何通りありますか。　6 通り

(2) 待ち時間を考えないことにすると，いちばん早く行けるのはどんな方法で，何分間ですか。　電車→電車　40 分間

(3) いちばん安く行けるのは，どんな方法で，費用はいくらですか。　バス→船　450 円

62　(A3 141%・B4 122%拡大)

P63

知識技能Ｂ　　月　日

並べ方と組み合わせ方

名前

1 0 4 6 9 の４枚《まい》の数字カードを並《なら》べて４けたの整数を作ります。(5×4)

(1) 千の位を 4 にした場合何通りの整数ができるでしょうか。図に表して求めましょう。

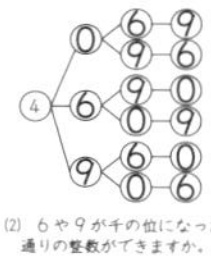

6 通り

(2) ６や９が千の位になった場合，それぞれ何通りの整数ができますか。　6 通り

(3) 全部で何通りの整数ができますか。　18 通り

2 赤，青，黄，緑の４色のうち３色を使って右のような旗に色をぬります。何通りのぬり方ができますか。

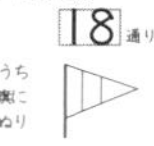

(1) いちばん左を赤にした場合には，何通りのぬり方ができますか。下の旗を使って表しましょう。（旗があまる場合もあります）(10)

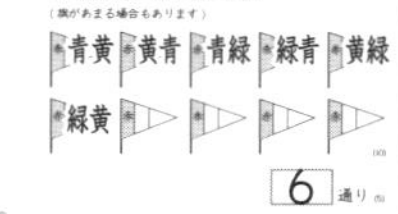

6 通り (5)

(2) 青，黄，緑がいちばん左側になった場合それぞれ何通りありますか。　6 通り (5)

(3) 全部で何通りの旗ができますか。　24 通り (5)

3 Ａ，Ｂ，Ｃ，Ｄ，Ｅの５チームで必ずどのチームとも１回ずつサッカーの試合をします。

(1) 右の表にかいて調べましょう。(10)

	A	B	C	D	E
A		○	○	○	○
B			○	○	○
C				○	○
D					○
E					

(2) 全部で何試合になりますか。(5)　10 試合

4 Ａ，Ｂ，Ｃ，Ｄの４人でボートに乗ります。

(1) ３人ずつ乗ると，何通りの乗り方ができますか。下の表にかいて調べましょう。(5×2)

A	○	○	○				
B	○	○		○			
C	○		○	○			
D		○	○	○			

4 通り

(2) ２人ずつ乗ると，何通りの乗り方ができますか。下の表にかいて調べましょう。(5×2)

A	○	○	○						
B	○			○	○				
C		○		○		○			
D			○		○	○			

6 通り

5 箱の中には赤白の玉がたくさん入っています。そこから，３回玉を取り出します。取り出し方は何通りあるでしょうか。(5×4)

(1) １回目に赤玉を取り出した場合を，図の続きをかいて何通りになるか調べましょう。

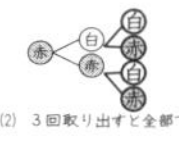

4 通り

(2) ３回取り出すと全部で何通りになりますか。　8 通り

(3) ３回を４回にすると，取り出し方は全部で何通りになりますか。　16 通り

63　(A3 141%・B4 122%拡大)

P64

思考判断表現Ｂ　　月　日

並べ方と組み合わせ方

名前

1 みゆさん(女子)，まなさん(女子)，はるとさん(男子)，こうきさん(男子)の４人で写真をとります。(5×3)

(1) 女子と男子が交互《こうご》になる並《なら》び方は，何通りありますか。　8 通り

(2) 女子２人がとなり合った並び方は，何通りありますか。　12 通り

(3) 男子２人が両はしになる並び方は，何通りありますか。　4 通り

2 レストランでＡ，Ｂ，Ｃそれぞれのグループから１点ずつを選んで注文します。(5×7)

Ａグループ	Ｂグループ	Ｃグループ
ハンバーガー（400円）	プリン（210円）	ジュース（180円）
ハヤシライス（650円）	アイスクリーム（250円）	コーラ（120円）
カレーライス（700円）	ゼリー（180円）	
スパゲティー（750円）		

(1) 注文の方法は，全部で何通りありますか。　24 通り

(2) 代金がいちばん高くなるのはどのような注文をしたときで，何円ですか。　スパゲティー，アイスクリーム，ジュース　1180

(3) 代金がいちばん安くなるのはどのような注文をしたときで，何円ですか。　ハンバーガー，ゼリー，コーラ　700 円

(4) 代金が1000円以下になるのは，何通りありますか。　9 通り

(5) 代金がちょうど1000円になるのは，どんな注文をしたときですか。　カレーライス，ゼリー，コーラ

3 0 4 5 6 の４枚《まい》の数字カードを並べて４けたの整数を作ります。(5×4)

(1) 5500よりも大きくなるのは，何通りありますか。　8 通り

(2) 偶数《ぐうすう》になるのは，何通りありますか。　14 通り

(3) 奇数《きすう》になるのは，何通りありますか。　4 通り

(4) 並べてできる整数で，5000にいちばん近い数を書きましょう。　5046

4 Ａ町からＢ町を通ってＣ町へ行きます。(5×6)

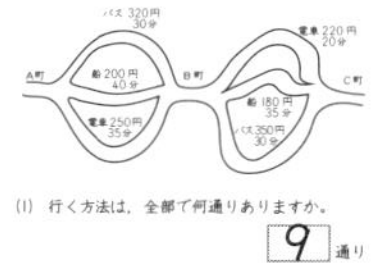

(1) 行く方法は，全部で何通りありますか。　9 通り

(2) 待ち時間を考えないことにすると，いちばん早く行けるのはどんな方法ですか。また，何分間ですか。　バス→電車　50 分間

(3) 費用が500円以下で行ける方法は何通りありますか。　5 通り

(4) いちばん安く行けるのは，どんな方法ですか。また，費用はいくらですか。　船→船　380

64　(A3 141%・B4 122%拡大)

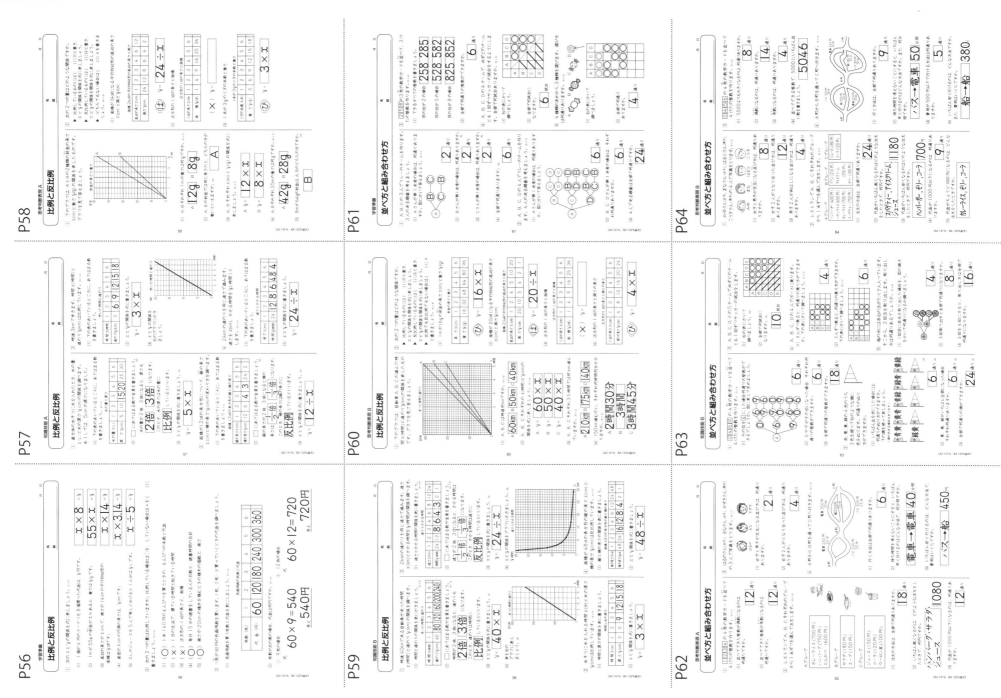

児童に実施させる前に，必ず指導される方が問題を解いてください。本書の解答は，あくまでも１つの例です。指導される方の作られた解答をもとに，本書の解答例を参考に児童の多様な考えに寄り添って○つけをお願いします。

P67

思考判断表現A　データの調べ方

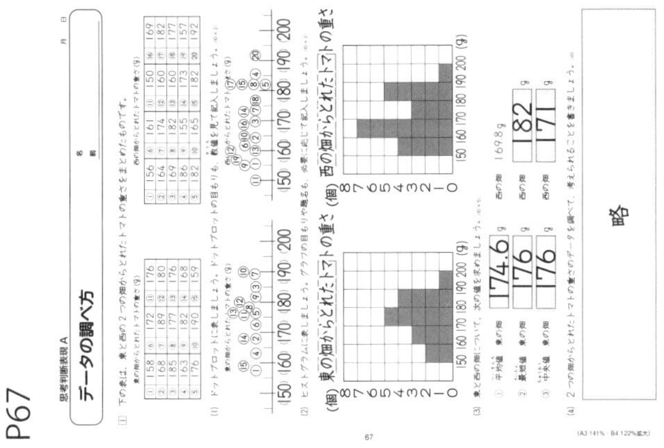

P70

知識技能A　算数のまとめ（数と計算）

P73

思考判断表現B　算数のまとめ（数と計算）

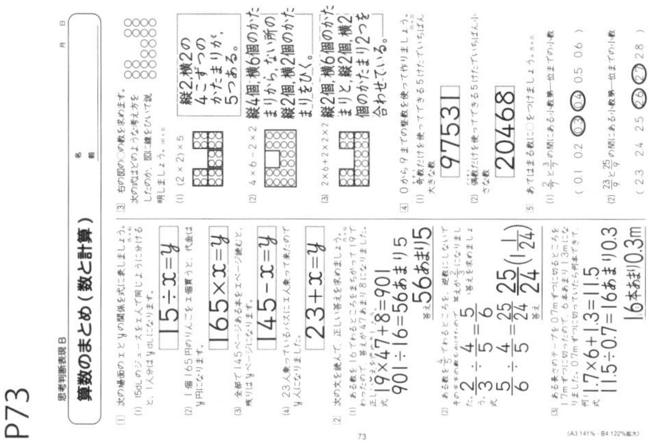

P66

知識技能A　データの調べ方

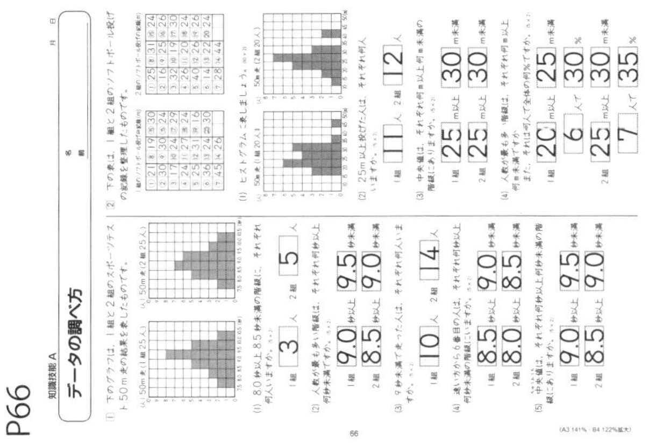

P69

思考判断表現B　データの調べ方

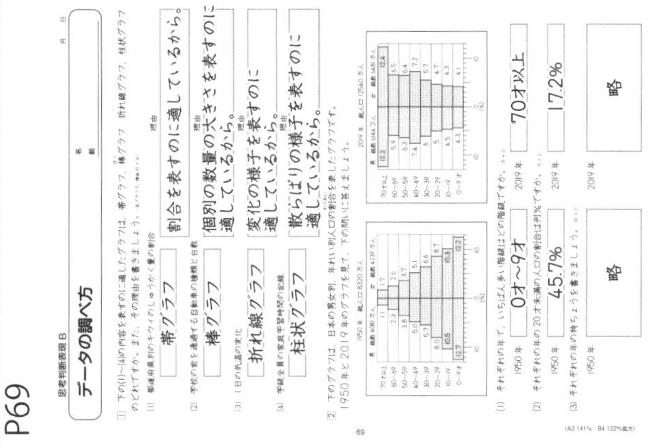

P72

知識技能B2　算数のまとめ（数と計算）

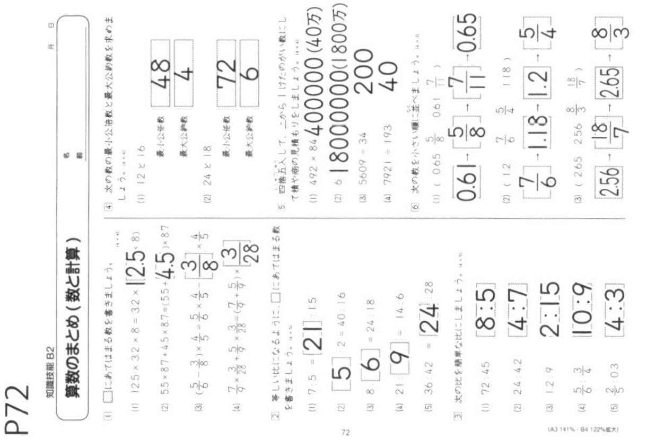

P65

学習準備　データの調べ方

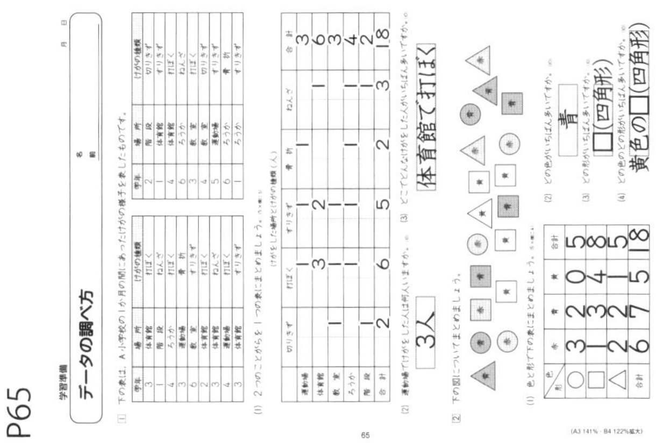

P68

知識技能B　データの調べ方

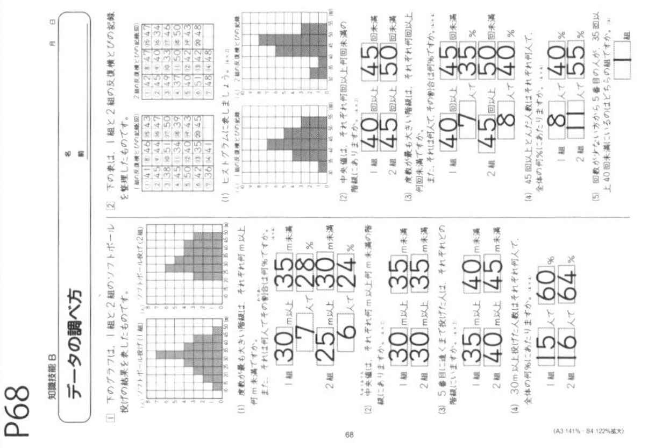

P71

知識技能B1　算数のまとめ（数と計算）

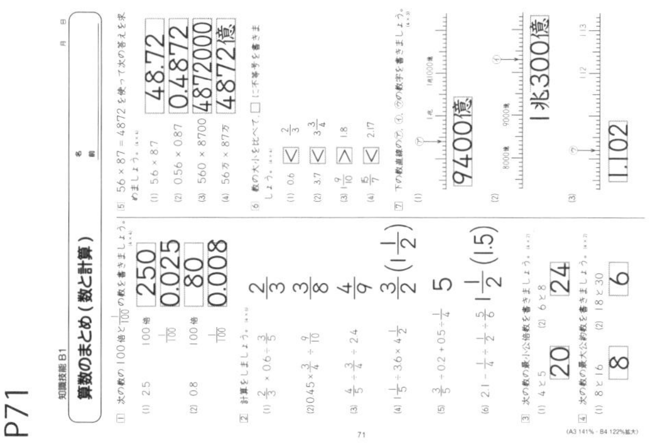

児童に実施させる前に，必ず指導される方が問題を解いてください。本書の解答は，あくまでも１つの例です。指導される方の作られた解答をもとに，本書の解答例を参考に児童の多様な考えに寄り添って○つけをお願いします。

P74

知識技能 A

算数のまとめ（量・図形）

1 □にあてはまる単位を書きましょう。
(1) はがきの横の長さ　10 cm
(2) 教室の横の長さ　7 m
(3) ノートの面積　435
(4) 四国の面積　約２万 km²

2 垂直や平行な直線をひきましょう。
(1) 点Aを通り，直線あに平行な直線
(2) 点Aを通り，直線いに垂直な直線

3 面積を求めましょう。
(1) 式 3.3×4.6=15.18　答え 15.18㎠
(2) (4.4+6.6)×4÷2=22　答え 22㎠

4 体積を求めましょう。
(1) 4×4×4=64　答え 64㎤
(2) 4×5.6×5=112　答え 112㎤

5 次の図形をかきましょう。
(1) 直線ABを対称の軸にした線対称な図形
(2) 点Oを対称の中心とする点対称な図形

6 次の直方体の辺や面の垂直や平行の関係について答えましょう。
(1) 平行な面は何組ありますか。　3 組
(2) 面うに垂直な面を４つ書きましょう。　面あ 面い 面え 面お
(3) 辺カキに垂直な辺は何本ありますか。　4 本
(4) 辺イウに平行な辺を３つ書きましょう。　辺アエ 辺オク 辺カキ

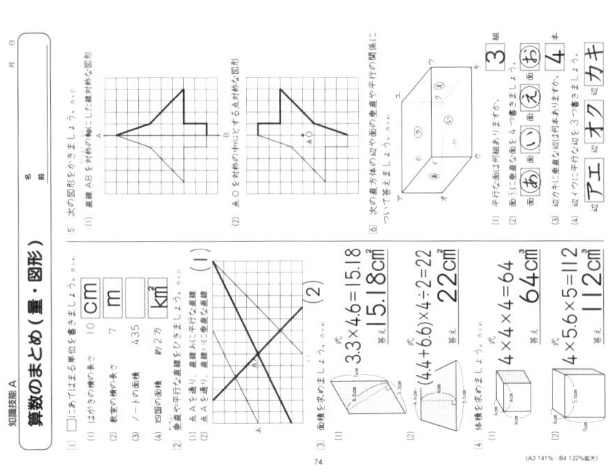

P75

思考判断表現 A

算数のまとめ（量・図形）

1 色のついた部分の面積を求めましょう。
(1) 式 8×8×3.14÷2=100.48　100.48㎠
(2) 10×10×3.14÷4=78.5
10÷2=5
5×5×3.14÷2=39.25
78.5−39.25=39.25　答え 39.25㎠

2 体積を求めましょう。
(1) 6×12×2+(12−6)×6=180
180×10=1800　1800㎤
(2) 4÷2=2
4+2=6
6×6×3.14−2×2×3.14=100.48
100.48×8=803.84　803.84㎤

3 下の立方体の展開図を見て答えましょう。
(1) 次の辺と重なる辺を書きましょう。　辺キク 辺エオ　辺シサ 辺セア
(2) 次の点と重なる点をすべて書きましょう。　点ア 点サ，点ケ　点キ 点オ
(3) 面あと垂直になる面をすべて書きましょう。　面い 面う 面え 面お

4 縮図をかいてビルの高さを求めましょう。
(1) $\frac{1}{250}$の縮図をかきます。10mは何cmにすればいいですか。
10m=1000cm
10000÷250=4　答え 4cm
(2) $\frac{1}{250}$の縮図をかきましょう。
(3) 縮図ではビルの高さは約何cmですか。　約5.7cm
※２～３ミリの誤差は可とする。
(4) ビルの高さは約何mですか。上から２けたのがい数で答えましょう。
5.7cm×250=1425cm
1425cm=14.25m　答え 約14m

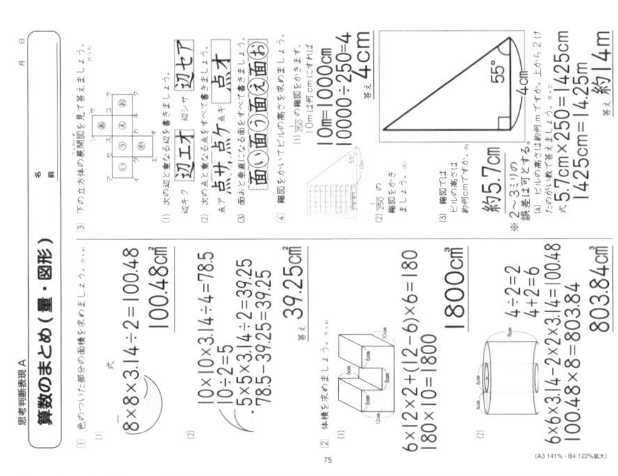

P76

知識技能 B

算数のまとめ（量・図形）

1 色のついた部分の面積を求めましょう。
(1) 4.2×4÷2=8.4　答え 8.4㎠
(2) 7×7×3.14=153.86　答え 153.86㎠
(3) 10×10×3.14÷4=78.5　答え 78.5㎠

2 体積を求めましょう。
(1) (8×6÷2)×18=432　答え 432㎤
(2) (2×2×3.14)×40=502.4　答え 502.4㎤

3 （　）の言葉から，正しい方を選び○をつけましょう。
(1) 200mLは（牛乳パック，ふろ）にいっぱいに入っている量です。
(2) 1100gは（たまご１個，国語辞典１冊）の重さです。
(3) 3000㎠は（机の上，教室）の広さです。

4 あてはまる四角形を書きましょう。
(1) １組の辺が平行な四角形　台形
(2) ２本の対角線の長さが等しい四角形　正方形 長方形
(3) ２本の対角線が垂直に交わる四角形　正方形 ひし形
(4) ２本の対角線が交わった点で，それぞれの対角線を２等分する四角形　正方形 長方形 ひし形 平行四辺形

5 下の㋐㋑㋒の角度を計算で求めましょう。
90−45=45　答え 45°
180−45−60=75
(180−75)=105　答え 105°
360−(65+100+105)=90　答え 90°

6 下の三角形ABCの頂点Bを中心にして，２倍の拡大図と，$\frac{1}{2}$の縮図をかきましょう。

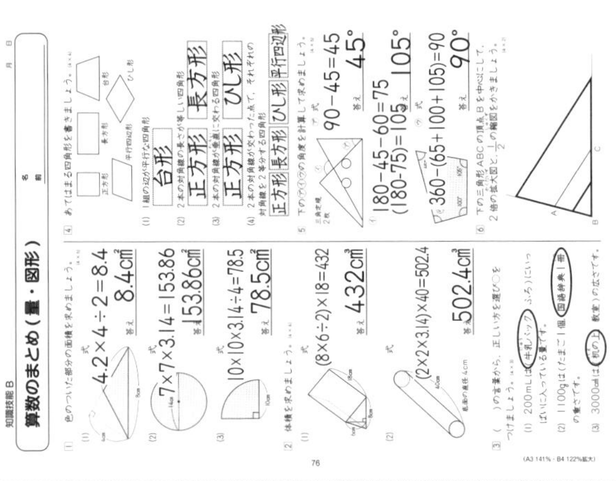

P77

思考判断表現 B

算数のまとめ（量・図形）

1 色のついた部分の面積を求めましょう。
(1) 5×6=30
4×3÷2=6
2×5÷2=5
6×2÷2=6
30−(6+5+6)=13　13㎠
(2) 6×2÷2=6
6×4÷2=12
6+12=18　18㎠

2 次の平行四辺形の面積を求めましょう。また，求めた考え方を説明しましょう。
平行四辺形（解答例）
式 10×2=20　答え 20㎠
考え方の説明
三角形と平行四辺形の底辺と高さは等しい。面積を求める公式では三角形は底辺×高さ÷2でわるが，平行四辺形は底辺×高さでわらないから，面積は三角形の２倍になる。

3 次の展開図を組み立ててできる立体の体積を求めましょう。
(1) 31.4÷3.14=10
10÷2=5
5×5×3.14×10=785　答え 785㎤
(2) 8×3÷2=12
12×6=72　答え 72㎤

4 三角形ACFの頂点Aを中心にして拡大図と縮図をかきました。
(1) 三角形ABEは，三角形ACFの何分の１の縮図になっていますか。　$\frac{1}{2}$
(2) 三角形ADGは，三角形ABEの何倍の拡大図になっていますか。　3倍
(3) 三角形ADGは，三角形ACFの何倍の拡大図になっていますか。　1.5倍

5 厚さ１cmの板でできた水そうがあります。
(1) 内のりを考えて，この水そうの容積を求めましょう。
(52−2)×(42−2)×(31−1)=60000　60000㎤
(2) この水そうに20Lの水を入れました。
20L=20000㎤
20000÷(50×40)=10　10cm
(3) 石を入れると，2cm深くなりました。石の体積は，何㎤でしょうか。
式 50×40×2=4000　4000㎤

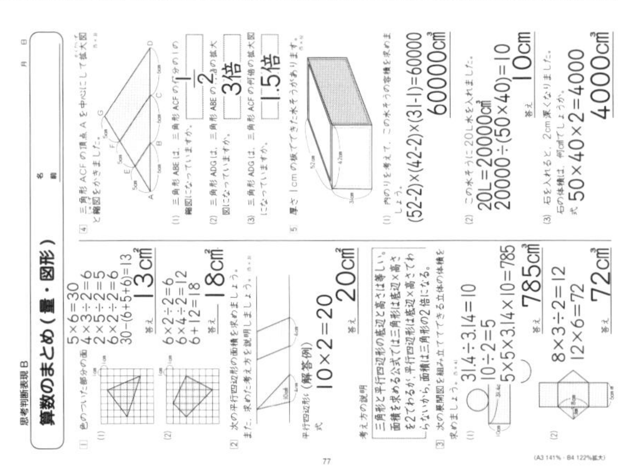

P78

知識技能 A

算数のまとめ（変化と関係）

1 □にあてはまる数を求めましょう。
(1) 20mは50mの□％です。
式 20÷50×100=40　答え 40
(2) 600gの25％は□gです。
式 600×0.25=150　答え 150
(3) □人の30％は12人です。
式 12÷0.3=40　答え 40

2 A市は面積が400㎢で人口が52000人です。A市の人口密度を求めましょう。
式 52000÷400=130
1㎢あたり　答え 130人

3 ある金属は，体積が80㎤で重さが216gでした。この金属１㎤の重さを求めましょう。
式 216÷80=2.7　答え 2.7g

4 赤いペンキと白いペンキを２：７の割合で混ぜて，……
式 $5\times\frac{7}{2}=\frac{35}{2}\left(17\frac{1}{2}\right)$
$\frac{35}{2}\left(17\frac{1}{2},17.5\right)$ dL

5 くだものと野菜を５：３になるように合わせます。……
$2000\times\frac{5}{8}=1250$
$2000\times\frac{3}{8}=750$
答え くだもの 1250mL　野菜 750mL

6 □にあてはまる数を求めましょう。
(1) 秒速12.5mで走る犬が，同じペースで40秒走ると道のりは□mです。
式 12.5×40=500　答え 500
(2) 20分で8km走った自転車の分速は，□kmです。
式 8÷20=0.4　0.4
(3) 時速40kmの速さで自動車が走ります。50kmを□時間で走ることができます。
式 50÷40=1.25　答え 1.25

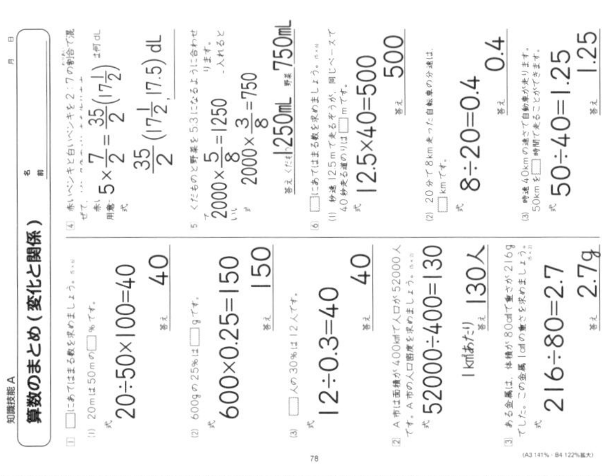

P79

思考判断表現 A

算数のまとめ（変化と関係）

1 縦の長さと横の長さが５：８になるように長方形をかきます。
(1) 縦に…
$12\times\frac{8}{5}=\frac{96}{5}\left(19\frac{1}{5},19.2\right)$
$\frac{96}{5}\left(19\frac{1}{5},19.2\right)$cm
(2) 横の長さを20cmにしたら，縦の長さは何cmにしますか。
式 $20\times\frac{5}{8}=\frac{25}{2}\left(12\frac{1}{2},12.5\right)$
$\frac{25}{2}\left(12\frac{1}{2},12.5\right)$cm

2 Aのリボンは3.2mで800円でした。Bのリボンは2.5mで650円でした。1mあたりの値段を求めて比べましょう。
（Aのリボン）
式 800÷3.2=250　250円
（Bのリボン）
式 650÷2.5=260　260円
どちらの方が高いですか。　Bのリボン

3 時速を求めて比べましょう。
(1) ２時間20分で126km走った自動車
式 $126\div2\frac{1}{3}=54$　答え 時速54km
(2) 秒速20mで泳ぐカツオ
式 20×60×60=72000
72000m=72km　答え 時速72km
(3) どちらの方が速いですか。　カツオ

4 針金の長さx(m)と重さy(g)をグラフに表しました。
(1) グラフを見て，表を完成させましょう。

長さx(m)	1	2	3	4
重さy(g)	60	120	180	240

(2) 長さxと重さyの関係を式に表しましょう。　y=60×x
(3) 6mでは何gになりますか。
式 60×6=360　答え 360g
(4) 1kg500gでは何mになりますか。
式 1500÷60=25　答え 25m

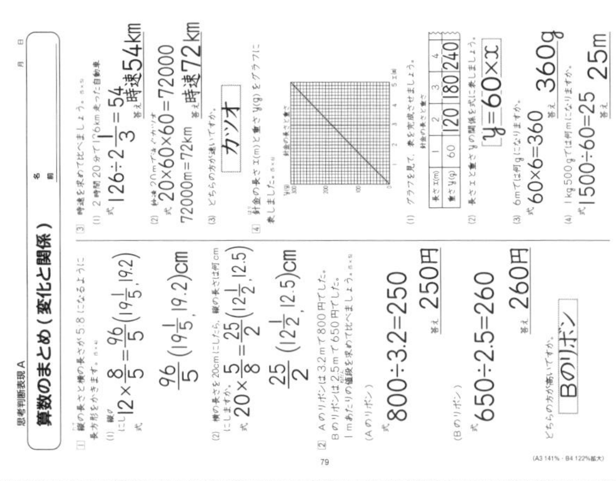

P80

知識技能 B

算数のまとめ（変化と関係）

1 Aの畑は60㎡で186kgのジャガイモができました。Bの畑は70㎡で224kgのジャガイモができました。1㎡あたりの収かく量を求めましょう。
（Aの畑）式 186÷60=3.1　答え 3.1kg
（Bの畑）式 224÷70=3.2　答え 3.2kg
どちらの畑の方がよくできたといえますか。　Bの畑

2 沖縄県は面積が約2300㎢で，人口が約150万人です。沖縄県の人口密度を上から２けたのがい数で求めましょう。
式 1500000÷2300=652…　答え 約650人

3 □にあてはまる数を求めましょう。
(1) 時速240kmで走る新幹線が，１時間20分で走る道のりは□kmです。
式 $240\times1\frac{1}{3}=320$　320
(2) １時間30分で60km走った自動車の時速は□kmです。
式 60÷1.5=40　40
(3) 時速30kmで自転車に乗って走り続けると，75kmの道のりを□時間で走れます。
式 75÷30=2.5　答え 2.5

4 定員160人の電車に200人乗っているときの割合は，何％ですか。
式 200÷160×100=125　答え 125％

5 3Lの40％は何mLですか。
式 3×0.4=1.2
1.2L=1200mL　答え 1200mL

6 2.4kmは，ハイキング全体の道のりの60％です。ハイキング全体の道のりは，何kmですか。
式 2.4÷0.6=4　答え 4km

7 １段の高さが20cmの階段があります。この階段の段数x(段)と高さy(cm)の関係を調べましょう。
(1) 階段の段数xと高さyを表に書きましょう。

段数x(段)	1	2	3	4	5	6
高さy(cm)	20	40	60	80	100	120

(2) 段数xと高さyの関係を式に表しましょう。　y=20×x
(3) 段数が15段のときの高さは何cmですか。
式 20×15=300　答え 300cm
(4) 高さが5mになるのは，何段のときですか。
式 500÷20=25　答え 25段

P81

思考判断表現 B

算数のまとめ（変化と関係）

1 AとBの２つの金属があります。右の金属の重さの表を参考にして，何の金属かをいいましょう。

金属名	重さ(g)
金	19.32
銀	10.5
鉄	8.96
銅	7.87
アルミニウム	2.69

A 24㎤ 252g　B 40㎤ 314.8g
（Aの金属）式 252÷24=10.5　銀
（Bの金属）式 314.8÷40=7.87　鉄

2 洋服屋さんでの買い物について答えましょう。
(1) 6400円の洋服が20％引きになっています。代金は，何円ですか。
式 6400×(1−0.2)=5120　答え 5120円
(2) 3000円のシャツが2100円になっています。これは，定価の何％引きですか。
式 2100÷3000=0.7　答え 70％
(3) 6000円の洋服が5100円になっています。これは，定価の何％引きですか。
式 5100÷6000=0.85
1−0.85=0.15　答え 15％
(4) シャツが20％引きで，2000円になっていました。このシャツの定価は，何円だったでしょうか。
式 2000÷(1−0.2)=2500　答え 2500円

3 次の動物の分速を求めて，速さを比べましょう。
(1) 秒速45mで飛ぶツバメ
式 45×60=2700　答え 分速 2700m
(2) １分15秒間で1750mを走るライオン
式 1750÷1.25=1400　答え 分速 1400m
(3) 時速105kmで泳ぐカジキ
式 105000÷60=1750　答え 分速 1750m
(4) 速い順に書きましょう。　ツバメ→カジキ→ライオン

4 AとBの２本の針金の長さx(m)と重さy(g)の関係を，グラフから読み取りましょう。
(1) AとBの２本の針金の長さx(m)と重さy(g)の関係を，式に表しましょう。
Aの針金 y=60×x　Bの針金 y=25×x
(2) Aの針金5mの重さは，何gですか。
式 60×5=300　答え 300g
(3) Bの針金が1kgのときの長さは，何mですか。
式 1000÷25=40　答え 40m

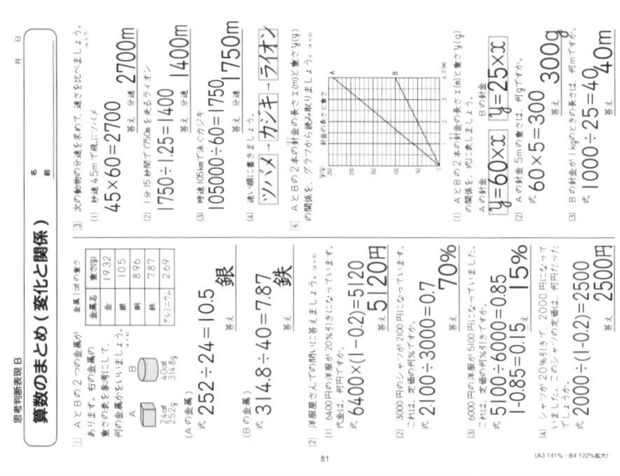

P82

知識技能 A

算数のまとめ（データの活用）

1 下のグラフを見て答えましょう。
(1) グラフの名前を書きましょう。
A 棒グラフ　B 折れ線グラフ
C 円グラフ　D 柱状グラフ
(2) A，B，C，Dのグラフがあてはまる内容を選んで，記号を書きましょう。
A（イ）B（エ）C（ア）D（ウ）
ア 全体に対する割合を表す。
イ それぞれのことがらの大きさを表す。
ウ 全体の散らばりの様子を表す。
エ 変化の様子を表す。
(3) 次の文が正しければ（　）に○を，まちがっていたら×をつけましょう。また，その判断に使ったグラフの記号を□に書きましょう。
①（○）D　15冊以上20冊未満を借りた人がいちばん多い。
②（×）B　4月から7月まで借りた本の数が増えている。

2 下の表は，６年生20人の長座体前くつの記録をまとめたものです。

① 35	② 31	③ 16	④ 25	⑤ 24
⑥ 26	⑦ 11	⑧ 16	⑨ 34	⑩ 39
⑪ 34	⑫ 16	⑬ 24	⑭ 16	⑮ 44
⑯ 16	⑰ 24	⑱ 16	⑲ 24	⑳ 19

(1) 記録を表に整理しましょう。

長さ(cm)	人数(人)
10以上～15未満	1
15～20	6
20～25	4
25～30	3
30～35	3
35～40	2
40～45	1

(2) ヒストグラムに表しましょう。
(3) 最頻値を求めましょう。　16 cm
(4) 平均値を求めましょう。（全員の合計は500cm）
式 500÷20=25　25 cm
(5) 中央値はどの階級にありますか。　20 cm以上 25 cm未満
(6) 中央値を求めましょう。　24 cm
(7) 度数がいちばん多いのは，どの階級ですか。　15 cm以上 20 cm未満

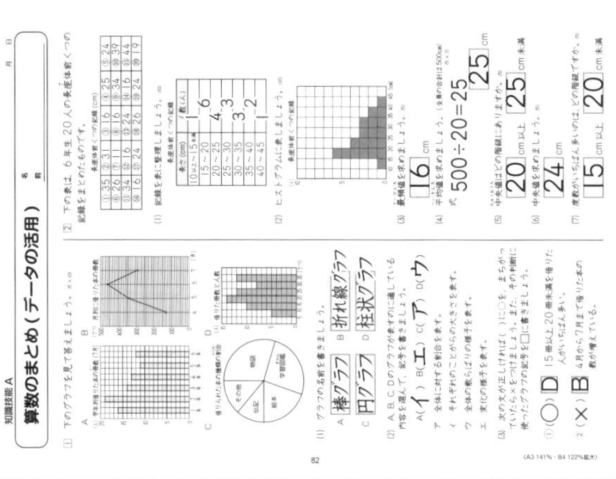

P85

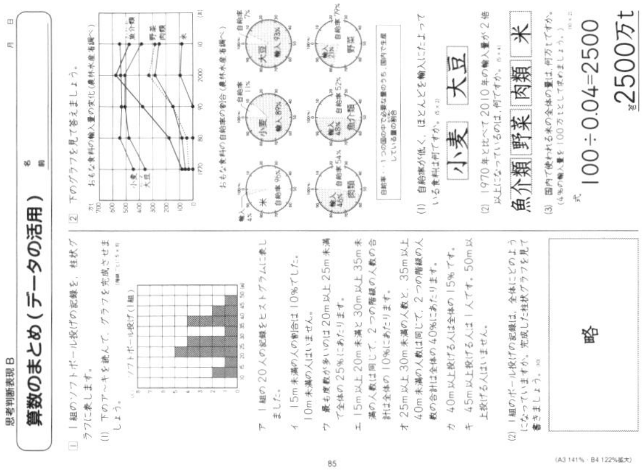

思考判断表現B 算数のまとめ（データの活用）

略

小麦 大豆

魚介類 野菜 肉類 米

100÷0.04=2500

答え 2500万t

P84

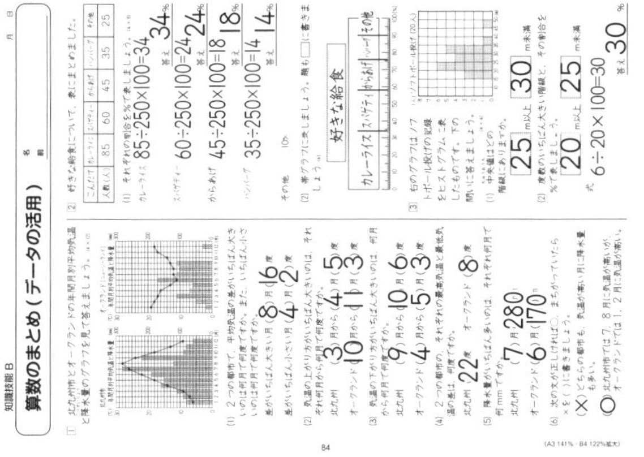

知識技能B 算数のまとめ（データの活用）

8月 16度　4月 2度

3月から 4月 5度　10月から 11月 3度

9月から 10月 6度　4月から 5月 3度

22度　8度

7月 280　6月 170

（×）（○）

85÷250×100=34 答え 34%

60÷250×100=24 答え 24%

45÷250×100=18 答え 18%

35÷250×100=14 答え 14%

好きな給食

25 m以上 30 m未満

20 m以上 25 m未満

6÷20×100=30 答え 30%

P83

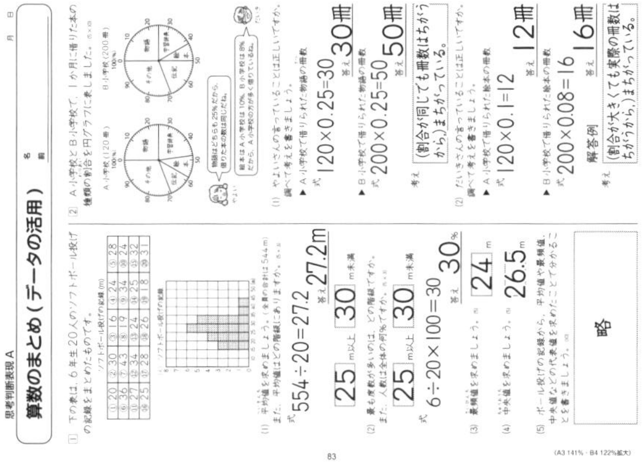

思考判断表現A 算数のまとめ（データの活用）

554÷20=27.2 答え 27.2m

25 m以上 30 m未満

25 m以上 30 m未満

6÷20×100=30 答え 30%

24 m

26.5 m

略

120×0.25=30 答え 30冊

200×0.25=50 答え 50冊

（割合が同じでも冊数はちがうから。）まちがっている。

120×0.1=12 答え 12冊

200×0.08=16 答え 16冊

解答例（割合が大きくても実際の冊数はちがうから，まちがっている。）

コピーしてすぐ使える　観点別で評価ができる
教科書算数テストプリント　6年

2021年7月1日　第1刷発行

著　　　者：新川　雄也
企画・編集：原田　善造（他8名）

発行者：　岸本 なおこ
発行所：　喜楽研（わかる喜び学ぶ楽しさを創造する教育研究所）
〒604-0827　京都府京都市中京区高倉通二条下ル瓦町 543-1
TEL　075-213-7701　FAX　075-213-7706
HP　https://www.kirakuken.co.jp/
印　刷：　創栄図書印刷株式会社

ISBN：978-4-86277-340-1

Printed in Japan